高 校 思 想 政 治 工 作 研 究 文 库

教育部思想政治工作司　组编

我国高校交换生
思想政治教育研究

刘海春　沈永英　等 ◎著

人 民 出 版 社

前　言

党的十九大报告指出："加快一流大学和一流学科建设，实现高等教育内涵式发展。"① 高等教育发展的宏大愿景，需要以创新、协调、绿色、开放、共享的发展理念统领教育改革发展，吸收国际先进人才培养理念与方式，全面提高教育质量。当前，在中国走近世界舞台中央的背景下，中国的发展受到世界的瞩目，中国智慧和中国方案的输出影响深远。《国家中长期教育改革和发展规划纲要（2010—2020年）》指出："坚持以开放促改革、促发展。开展多层次、宽领域的教育交流与合作，提高我国教育国际化水平。"无论是从中国的发展还是从中国高等教育的发展层面，人才的境外输出与培养都是势在必行且意义深远的。

在世界经济全球化与高等教育国际化的背景下，高校的国际交流与合作日益频繁，表现形式日益多样化。作为人才培养方式的一种新探索，交换生项目是目前各国新兴的、参与者最多的文化交流项目，也是国际化人才培养的重要形式。国际交换学习的经历有利于大学生开阔视野、提升见识、提高素质、增长才干，也有利于高校国际化管理服务水平的提高和中外文化交流的扩大。但不容忽视的是，国际交换生项目面临的挑战与机遇并重。党的十

---

① 《中国共产党第十九次全国代表大会文件汇编》，人民出版社2017年版，第37页。

九大报告指出："意识形态领域斗争依然复杂，国家安全面临新情况"①。当交换生离开祖国与学校，其学习生活环境发生改变，不可避免地受到他国的意识形态和文化理念的冲击，更有甚者受到西方和平演变思想和宗教势力的渗透。这些问题亟待正视并提出解决方案，否则既有损我国交换生的健康成长，也不利于中外校际间交流项目的进一步开展，更有可能影响国家的长治久安。习近平总书记在全国高校思想政治工作会议上的讲话中指出："高校思想政治工作关系高校培养什么样的人、如何培养人以及为谁培养人这个根本问题。要坚持把立德树人作为中心环节，把思想政治工作贯穿教育教学全过程，实现全程育人、全方位育人，努力开创我国高等教育事业发展新局面。"② 因此，中国高校交换生的思想政治教育情势紧迫，意义重大。

鉴于交换生境外学习期间的思想引领、安全应急、心理适应和健康、专业学习、党团组织活动和形式等方面与国内教育相比发生了巨大的变化，本书着力探索和思考如何提升交换生的教育管理手段和水平，构建高校交换生思想政治教育的模式和机制，以期帮助交换生顺利完成国外学习生活的有序过渡和承接，开阔视野之余兼具战略远见，坚持社会主义核心价值观，增强对主流意识形态和民族文化的认同感，自觉抵制资本主义腐朽意识形态和价值观念的渗透和侵蚀。如何顺应时代，结合国内外形势和学生的特点，创新思想政治教育的模式和活动载体，使交换生思想政治教育不再停留在缺失与真空状态，而萌发新的活力和创新点，是本书重点研究的难点问题。

本书具有较突出的理论价值。首先，拓宽大学生思想政治教育的研究空间，将交换生境外活动纳入社会主义核心价值观的教育范畴内，拓展了思想政治教育的研究范畴，努力推进"思想政治工作贯穿教育教学全过程"理念，实现全程育人、全方位育人。其次，多年来这个研究领域一直处于敏感地带，但是海外交换生的思想政治教育中面临的问题不是危言耸听，存在的

---

① 《中国共产党第十九次全国代表大会文件汇编》，人民出版社 2017 年版，第 8 页。
② 《习近平谈治国理政》第二卷，外文出版社 2017 年版，第 376 页。

问题亟待解决，交换生的思想政治教育，事关意识形态工作领导权的关键问题，事关社会主义合格建设者和可靠接班人的有效培养，因而本书所涉研究具备理论方向的战略高度。

本书具有实际操作的实践意义。当前，做好我国高校交换生的思想政治教育工作是高校思想政治教育的重要组成部分，但囿于制度设置、认知偏差等原因，这一领域的实际操作并未得到足够的重视和开展。探索开展交换生思想政治教育的途径与方法，总结其管理服务的模式与机制，为我国高校交换生思想政治教育提供借鉴和指导，具有较强的实践意义、创新意义和指导意义。另外，做好我国高校交换生的思想政治教育工作对于"一带一路"倡议的实施，为我国培养国际化人才具有重要的意义。"一带一路"沿线国家间的教育交流为各国政策沟通、设施联通、贸易畅通、资金融通、民心相通提供了人才支撑。

新时代我国高校交换生的思想政治教育是高校思想政治工作的重要组成部分，部分高校也开始尝试探索发展。广东外语外贸大学是一所国际化特色鲜明的重点大学，每年有交换生近1000人，占年招生人数的近20%。这几年，我们高度重视交换生的思想政治教育，努力为我国高等教育国际化人才培养探索有益的经验做法，并将之提升到理论高度。本书在纵向历史梳理和横向国际比较基础上，围绕交换生思想政治教育中的问题、契机、方法、思考，努力构建教育管理模式和机制，促进我国交换生的思想政治教育理论创新。

刘海春（广东外语外贸大学党委常委、副校长，教授、博士生导师）

2019年1月

目　录

绪　论

一、研究背景及意义

（一）研究背景

教育培养和造就人才，事关一个国家和民族的发展。习近平总书记2016 年在全国高校思想政治工作会议上指出："我们对高等教育的需要比以往任何时候都更加迫切，对科学知识和卓越人才的渴求比以往任何时候都更加强烈。"[①] 2017 年 10 月，习近平总书记在党的十九大报告中指出："要以培养担当民族复兴大任的时代新人为着眼点，强化教育引导、实践养成、制度保障，发挥社会主义核心价值观对国民教育、精神文明创建、精神文化产品创作生产传播的引领作用"[②]。"青年兴则国家兴，青年强则国家强。青年一代有理想、有本领、有担当，国家就有前途，民族就有希望。中国梦是历史的、现实的，也是未来的；是我们这一代的，更是青年一代的。中华民族伟大复兴的中国梦终将在一代代青年的接力奋斗中变为现实。"[③] 我国高等教育"培养什么人""如何培养人"以及"为谁培养人"成为学者们研究

[①] 《习近平谈治国理政》第二卷，外文出版社 2017 年版，第 376 页。
[②] 《中国共产党第十九次全国代表大会文件汇编》，人民出版社 2017 年版，第 34 页。
[③] 《中国共产党第十九次全国代表大会文件汇编》，人民出版社 2017 年版，第 56 页。

的重要课题。

1. 全球化发展趋势推动高等教育国际化

21 世纪，在全球化的影响下各国之间的政治、经济、文化交流逐渐增多，作为文化传播的主要方式之一——教育方面的交流也日益增多。高等教育国际化成了经济全球化背景下的必然发展趋势。据教育部的最新统计数据显示，2015 年度我国出国留学人员总数达 52.37 万人。据美国国际教育研究所（IIE）发布的 *Project Atlas, 2015* 显示，2014 年全球共有 450 万名国际学生，前八大主要留学目的国为美国、英国、中国、德国、法国、澳大利亚、加拿大及日本，这八个国家接收了全世界 69% 的国际学生。中国是全球第一大国际生源国。[①] 在出国留学人员中有一大部分群体是交换生，中国多所高校为了提升国际化程度，与国外的多所高校开展国际交换留学项目，也出台了相关政策。《国家中长期教育改革和发展规划纲要（2010—2020年）》明确提出，要扩大政府间学历学位互认，支持国际大学间的教师互派、学分互换、学分互认和学位互授联授，加强与联合国教科文组织等国际组织的合作，积极参与双边、多边和全球性、区域性教育合作。文件中所提出的学分互换与学分互认是开展大学交换生项目的前提条件与重要保障，而积极参与双边、多边和全球性、区域性教育合作是开展大学交换生项目相对成熟的存在形态。该纲要明确了国际教育交流的方向和方法，成为大学交换生工作的背景性材料和指导性文件。

作为人才培养方式的一种新探索，大学交换生项目是世界参与者最多的文化交流项目，每年有 60 多个国家和地区的学生参加交流项目。我国也积极参与该项目。浙江省的教育国际化呈现蓬勃发展的势头，2012—2013 年全省高校派出的交换生、交流生接近 10000 人。[②] 从具体高校来看，华中师

---

① 《2016 中国出国留学发展趋势报告》，见 http：//www.eol.cn/html/lx/report2016/yi.shtml。

② 综合开发研究院（中国·深圳）：《中国开放报告（2012—2013）》，中国经济出版社2014 年版，第 357 页。

范大学最新的数据显示，2016 年全年派出交换生 800 余人。广东外语外贸大学顺应国际化潮流，以培养高素质公民为使命，着力培养具有国际视野的国际化人才，每年全校有接近 1000 多名本科生和研究生奔赴美国、英国、法国、德国、日本、韩国、朝鲜、埃及、澳大利亚、新西兰、泰国、印度尼西亚、越南、印度等国家和地区的高校交换留学。中山大学在 2000 年开始开展交换生项目，最初只与日本神户大学进行互派本科生的合作，到 2002 年 4 月，中山大学以"平等互利、优势互补、共同发展"为原则，又成功与香港科技大学、香港城市大学、香港理工大学、香港岭南大学、香港浸会大学等高等院校建立了互派本科生的合作关系。经过几年的发展，中山大学与很多知名高校（如中国香港大学、韩国高丽大学、新加坡国立大学和韩国延世大学等）签订了交换生交流学习的合作协议。2005—2014 年间，中山大学的翻译学院累计派出交换学生达 800 余人次，并且呈逐年增加的趋势。①

　　2. "一带一路"倡议推动高等教育国际化

　　随着"一带一路"倡议的推进，中国对外开放战略从"引进来"转向"走出去"，其中教育的主动输出是实施对外开放战略的关键部分。"一带一路"沿线国家之间的教育加强合作、共同行动，是共建"一带一路"的重要组成部分，又为共建"一带一路"提供人才支撑。2016 年的《教育部关于印发〈推进共建"一带一路"教育行动〉的通知》提到积极签署双边、多边和次区域教育合作框架协议，制定沿线各国教育合作交流国际公约，逐步疏通教育合作交流政策性瓶颈，实现学分互认、学位互授联授，协力推进教育共同体建设。《教育部 2017 年工作要点》再次提出"推进共建'一带一路'教育行动"，与相关国家签订了 10 个学历学位互认协议，实施"丝绸之路"留学推进计划。"一带一路"倡议的实施意味着我国对国际性人才

---

　　① 《中山大学外语学科 90 年史稿（1924—2014）》，中山大学出版社 2014 年版，第 264 页。

的需求愈趋迫切。交换学生是与"一带一路"沿线国家扩大人文交流、加强人才培养的重要途径。以西南大学为例,西南大学在加快国际化办学,服务"一带一路"倡议的过程中,实施海外双向交流项目,每年面向"一带一路"沿线国家和地区派出、接收交换生项目人数逾 400 人。

(二)问题提出

国际交换学习的经历有利于大学生开阔视野、提高独立性、养成艰苦奋斗精神和提升爱国主义情感,有利于高校国际化水平的提高和中外文化交流的扩大。但国际交换项目是一把双刃剑。这些交换生离开祖国与学校,其学习生活环境发生改变,容易受到不同国家的意识形态和文化价值的冲击,更有甚者会受到西方和平演变思想和宗教势力的渗透。这些问题如果得不到及时有效解决,既有损我国交换生的健康成长,也不利于中外校际间交流项目的进一步开展,更有可能破坏整个中华民族的形象。习近平总书记 2016 年在全国高校思想政治工作会议上强调:"正确认识中国特色和国际比较,全面客观认识当代中国、看待外部世界;正确认识时代责任和历史使命,用中国梦激扬青春梦,为学生点亮理想的灯、照亮前行的路,激励学生自觉把个人的理想追求融入国家和民族的事业中,勇做走在时代前列的奋进者、开拓者"①。交换生作为留学生的一种,是人才培养的重要群体。1986 年发布的《中共中央、国务院关于改进和加强出国留学人员工作若干问题的通知》有关于中国高校交换生的思想政治教育指导性阐述:出国留学人员应该做到有理想、有道德、有文化、有纪律,成为社会主义现代化事业的专门人才。由此可见,中国高校输出国际交换生已经成为迫切需要进行思想政治教育的群体。

目前,关于交换生思想政治教育的思想引领、安全应急、心理适应和健康、专业学习、党团组织活动和形式等方面与国内教育相比发生了巨大

---

① 《习近平谈治国理政》第二卷,外文出版社 2017 年版,第 378 页。

的变化。如何帮助交换生顺利完成国外学业，在开阔视野之余又能增强学生对主流意识形态和民族文化价值的认同感，自觉抵制资本主义腐朽意识形态和价值观念的侵蚀，是我国高校交换生思想政治教育面临的主要问题。如何创新思想政治教育的模式和活动载体，使交换生思想政治教育不再停留在停滞、脱节状态，而萌发新的活力和创新点，是本书着力思考的问题。

（三）研究意义

本书具有较高的理论价值。首先，拓宽大学生思想政治教育的研究空间，将国际交换生境外活动纳入社会主义核心价值观的教育范畴内，拓展了思想政治研究的领域，从而实现大学生思想政治教育国内国外的全面覆盖。其次，有利于提高海外交换生思想政治教育的"教育、管理、服务"质量和效率，实现学生更好的成长成才，促进中外文化交流，提高学校国际化管理与研究水平。

新时期，做好我国高校交换生的思想政治教育工作是我们的一项新任务，应对此给予足够的重视。一方面，探索开展交换生思想政治教育的途径与方法，总结其管理服务的模式与经验，为我国高校交换生思想政治教育提供借鉴和指导，具有较强的实践意义。另一方面，做好我国高校交换生的思想政治教育工作对于推进"一带一路"倡议的实施，为我国培养国际化人才具有重要意义。"一带一路"沿线国家间的教育交流为各国政策沟通、设施联通、贸易畅通、资金融通、民心相通提供了人才支撑。

二、研究现状及评析

我国高校交换生工作起步较晚但发展迅速，因交换生教育具有一定的特殊性，对交换生的管理也具有一定的难度，尤其是对交换生的思想管理，思想引领方面面临着诸多挑战。做好交换生的思想政治教育工作是我国加强交换生管理和服务的一种形式之一，而国外一般以品格教育或国民教育的形式来加强交换生的管理。目前对高校交换生的思想政治教育的研究仅限于国内研究，尚未有国外研究；国内的研究主要集中在期刊论文方面，尚未有专门研究交换生思想政治教育的专著。从清代开始就有学者开始关注留学研究，到 20 世纪 90 年代国内对出国留学人员的研究出现第一次热潮，《神州学人》《出国留学工作研究》等专门研究留学问题的杂志也相继创刊，为出国留学生研究提供了大量的素材。通过整理当前关于我国出国留学生研究的相关成果和结合本书内容，下面从我国出国留学生教育历史、出国留学生教育管理现状、出国留学生思想政治教育和外国留学生教育管理经验这四个研究维度对当前研究现状进行梳理。

（一）我国出国留学生教育历史研究

留学是一种异国教育，即一国学生停留在他国学习。我国留学教育起步较晚，关于中国留学生研究的学术史则更短了。20 世纪初，人们开始关注留学生，民国时期留学生研究步入了比较正规意义上的起步阶段，1949 年后，中国留学生研究曲折发展。直到我国改革开放后，留学生研究持续升温，研究队伍和研究领域都有了大的拓展，成果斐然。

1. 留学教育的起源

"留学"一词并非随留学一开始出现而出现，起初清政府称留学为"出洋游学"，随着出国留学的政策出台和发展以及派出的人员日益增加，"留学"一词渐渐在民间被广泛使用并代替了"游学"一词。官方使用"留学"一词是出现在光绪时期《留学生具结胡鸿猷》①奏折中，到 1907 年中日两国签订的《五校特约协定》后，清政府为此制定章程九条，内文中首次使用了"留学"和"留学生"的词语。李喜所认为中国留学教育活动在汉唐时期就已经开始，高僧们前往印度研习佛学经典，还有宋元明时期赴海外学

①《交通大学校史资料选编》第一卷，西安交通大学出版社 1986 年版。

习，清代前期赴欧学习神学等文化交流活动都是一种留学教育活动，但人数较少，未成气候。留学制度是在 1840 年鸦片战争后逐渐形成，认为"洋务运动是中国留学教育兴起的产婆，容闳则起了催生的作用"。① 当前学界较为一致的观点是，中国的留学教育发端于清代西学东渐之际，其标志是 1872 年容闳促成的官费幼童留美。周棉更是认为当时清政府公派幼童留美，是中国历史上前所未有的伟大开端，对中国的教育和现代化进程，产生了深远的历史影响，在中外文化交流史上也具有开创性意义。"它不仅宣告以往中西方隔绝的历史彻底的终结，也预示着全球一体化的帷幕即将拉开"②。交换生亦属于出国留学生的一个分类。交换生项目在欧美起步较早，实施较为广泛，所以目前欧美国家对交换生制度的研究成果较为丰富。欧洲大规模的交换生项目始于 1987 年的"伊拉斯谟计划"。1995 年，中国高校开始与国外高校签订协议，互派留学生到对方学校学习，中国的交换生项目开始出现。

2. 关于留学历史的分期

目前学界比较认可的划分是历史学家戴逸等进行的分期，他们以时间轴为主线，结合重大历史事件、留学人员身份、资金来源等几个方面，将出国留学生历史分为十代。其中由容闳提议的"留学教育救国计划"，清政府派出的 120 名留美幼童为第一代，1877 年派出的近百名海军留学生为第二代，20 世纪初的留日学生为第三代，"庚款留学生"和赴美求学的"自助学者"为第四代，留法勤工俭学学生为第五代，20 世纪 20 年代的留苏学生为第六代，1927—1937 年间国民政府官费和自费赴美欧的留学生为第七代，1938—1948 年间留学欧美的学生为第八代，20 世纪 50 年代中国政府向苏联和东欧派出的留学生为第九代，改革开放至今各类公派、自费留学生为第十代。③ 就新中国成立后的留学教育史而言，程希、苗丹

---

① 李喜所：《百年留学潮与中国现代化》，《河北学刊》2006 年第 2 期。
② 周棉：《论中国留学教育的产生》，《教育评论》2002 年第 6 期。
③ 宋健：《百年接力留学潮》，《光明日报》2003 年 4 月 15 日。

国综合归纳了一些研究者的分期观点，认为新中国成立 60 多年来的留学活动与留学政策发展可划分为七个阶段：新中国成立初期、改革探索时期、"文化大革命"时期、改革开放初期、调整发展时期、规范化发展时期和繁荣发展时期。① 刘国福以出国留学管理文件颁布时间为线索，演绎了我国出国留学政策的历史变化，将 1978 年以来的发展历程分为出国留学管理、公派出国留学、自费出国留学、自费出国留学中介和出国留学人员回国五个阶段。②

3. 关于我国出国留学教育的地位、影响

出国留学生是我国受教育人群中比较特殊的一部分人群，他们既接受了国内传统教育的长期熏陶又接受了国外文化教育的熏陶，教育背景多元，在文化传播、推动教育发展等方面有着特殊的作用，尤其是在社会转型期的出国留学生对于推动社会转型有着重大的贡献。美国圣约翰大学终身教授、美国华族留美史研究会会长李又宁曾提出："任何文化，都是双向或多向的，承认文化的多样性、必要性，是留学的主要缘由和起点；中国留学生的历史使命是带领中国走向世界；留学不是国耻，不是目的，而是一种学习另类文化以期融合和创新的过程和方式。"③ 李喜所从研究百年中国留学史和近代中国社会变革的相互关系出发，认为"留学生和近代中国社会的变革呈现一种相互依存又互相制约的同一性中的良性互动关系"。④ 百年以来在社会转型时期的许多重要的社会革新运动，众多留学生在其中发挥了无法替代的作用。

关于中国留学史的研究，除了有大量的期刊和硕博论文外，还有多部研

① 程希、苗丹国：《出国留学六十年若干问题的回顾与思考（1949—2009 年)》，《东南亚研究》2010 年第 1 期。
② 刘国福：《近三十年中国出国留学政策的理性回顾和法律思考》，《浙江大学学报（人文社会科学版)》2009 年第 6 期。
③ 李又宁：《中国留学生的历史使命与贡献》，《徐州师范大学学报》2004 年第 2 期。
④ 李喜所：《留学生与近代中国社会变革的良性互动》，《社会科学研究》2004 年第 5 期。

究中国留学教育历史的专著出版，这些专著或全面系统研究中国留学史，或针对某个时期的留学断代史进行研究，或专门研究我国去日、美、法等国家留学的留学史，抑或针对容闳、邓小平等人留学教育思想进行研究，成果丰富。第一部系统研究中国留学史的专著是 1927 年中华书局出版的舒新城的《近代中国留学史》①，该书按时间顺序从容闳促成洋务运动时期留美幼童的派遣谈起，分别研究了我国学生留欧、留日、留美等留学状况及其与中国社会发展的关系，并就我国留学政策、留学生的成就和问题进行了较客观的评析。该书中的各种统计表为后来的留学生研究奠定了基础。黄新宪的《中国留学教育的历史反思》② 是我国第一本涉及新中国成立以后的留学史专著，记录了从 1847 年至 1986 年 140 年间的留学历史。李喜所的《近代留学生与中外文化》③ 创新地从文化交流的角度来审视近代中国的留学历史，使我国留学史的研究跳出了"就留学研究留学史"的狭隘领域，丰富了留学生在文化交流方面的研究成果。王奇生的《中国留学生的历史轨迹：1872—1949》④ 以翔实的史料和全面的论述研究，在很多方面填补了当时留学史研究的空白，为今后的留学史研究提供了宝贵的历史资料。黄利群的《中国近代留美教育史略》⑤ 是我国第一部系统研究留美教育的专门著作，为我国留美学生的研究奠定了基础。

中国台湾和香港地区关于留学史的研究在 20 世纪七八十年代比较活跃。王焕琛编著的大型史料书《留学教育——中国留学教育史料》⑥ 共 5 大本，收录了清末、民国和 1949 年后中国台湾地区的留学教育的最基本档案、文献、日记、书信、回忆录等基本史料，为研究留学生历史提供了丰富的史料。相比较中国台湾留学研究的活跃，香港地区的研究较少，主要是一些论

① 舒新城编：《近代中国留学史》，中华书局 1927 年版。
② 黄新宪：《中国留学教育的历史反思》，四川教育出版社 1991 年版。
③ 李喜所：《近代留学生与中外文化》，天津人民出版社 1992 年版。
④ 王奇生：《中国留学生的历史轨迹：1872—1949》，湖北教育出版社 1992 年版。
⑤ 黄利群：《中国近代留美教育史略》，辽宁大学出版社 1990 年版。
⑥ 刘真主编，王焕琛编著：《留学教育——中国留学教育史料》，台北编译馆 1980 年版。

文发表。国外学者对中国留学生的研究，多集中在与他们国家有关系的华人留学生上。日本学者主要关注中国留日学生的研究，出版的著作有 20 多部，发表的论文达 200 多篇。大里浩秋、孙安石合编的《中国人日本留学史研究之现阶段》① 论述了日本学界对中国留学史研究的历史和现状进行了较详尽的学术梳理。美国学者对中国留学生的研究除了重点关注中国留美学生以外，也对中国的整体留学生教育有所研究。圣约翰大学的李又宁教授十几年来一直致力于中国留美学生的研究，成立华族留美史研究会，定期召开学术研讨会，并出版集刊，对中国留学生的研究贡献良多。英国、德国、俄国和法国等国家的研究视角多放在中国赴这些国家的留学名人和重大事件上。

（二）我国出国留学生教育管理现状研究

出国留学实际上包含出国留学前期准备、出国留学、留学归国三个阶段，关系到个人、家庭、社会、国家和国际等多方面问题。具体来讲，出国留学涵盖了留学动机、成本效益评估、适应问题、政策制定与落实、人员统一管理、教育和服务等方方面面。根据《中国留学发展报告（2016）》②蓝皮书显示，我国是全球留学大国，留学生人数占世界留学生总数的 1/4，从 1978 年到 2015 年，我国派出的各类出国留学人员累计404.21 万人，持续增长增速放缓，累计留学回国人数超过出国留学总人数的一半。根据当前一些研究成果，可总结出我国出国留学呈现出几大趋势：一是人数持续增多，但增长速度有所放缓；二是留学低龄化现象明显，中学生人数呈现快速增长之势；三是自费留学生数量已达到了总量的 90% 以上；四是赴美留学依然是众多留学生的首选，同时北欧等国家日益受到关注；五是留学专业选择多元化，凸显理性回归；六是归国人

---

① ［日］大里浩秋、孙安石：《中国人日本留学史研究之现阶段》，（东京）御茶水书房2002 年版。

② 王辉耀、苗绿：《中国留学发展报告（2016）》，社会科学文献出版社 2016 年版。

数不断增加，回归创业呼声日高；七是留学生质量参差不齐，社会问题突出。

1. 出国留学管理政策文件

1978 年 7 月 11 日，教育部向中央提交了《关于加大选派留学生的数量的报告》。1981 年，国务院批转了教育部等七部门《关于自费出国留学的请示》，指出对自费留学人员和公费留学人员在政治上应一视同仁。1982 年，国务院批转教育部等四部门《关于自费出国留学的规定》，旨在加强对自费留学的引导。1984 年，国务院发布《关于自费出国留学的暂行规定》，同时确立了自费出国留学须经审批的制度。1986 年发布的《国家教育委员会关于出国留学人员工作的若干暂行规定》提出："出国留学工作的方针是：按需派遣，保证质量，学用一致，加强对出国留学人员的管理和教育，努力创造条件使留学人员回国能学以致用，在社会主义现代化建设中发挥积极作用。"该规定是中国第一个全面、系统、公开发布的出国留学管理文件。1996 年，国家留学基金管理委员会成立，对国家公派出国留学实行"个人申请、专家评审、平等竞争、择优录取、签约派出、违约赔偿"的新办法。1993 年，党的十四届三中全会通过的《中共中央关于建立社会主义市场经济体制若干问题的决定》确立了指导我国出国留学工作"支持留学，鼓励回国，来去自由"的方针。2003 年，人事部提出了"拓宽留学渠道，吸引人才回国，支持创新创业，鼓励为国服务"的留学工作新要求。2006 年，国务院发布的《国家中长期科学和技术发展规划纲要（2006—2020 年）》指出，要加大吸引留学和海外高层次人才工作力度，制定和实施吸引优秀留学人才回国工作和为国服务计划，重点吸引高层次人才和紧缺人才。2007 年，教育部、财政部联合发布《国家公派出国留学研究生管理规定（试行）》，设立"国家建设高水平大学公派研究生项目"，国家公派留学重点资助对象开始从进修生向学生倾斜。虽然国家推出了大量的关于出国留学管理的政策文件，但我国的出国留学政策存在着留学生管理部门不明确、相关文件政策技术性不强、层次低且混乱，缺少健全的监督、检查出国留学政策实施机制，缺少通畅的出国留学人员权利救济渠道等问题。①

2. 我国出国留学教育管理的现状和存在的问题

作为留学大国，我国在出国留学教育管理上经过多年的摸索，已形成了制度化、全面化的管理制度，取得了一定的成就，但随着教育国际化的发展，我国出国留学教育管理在取得成就的同时还存在一些问题。部分学者认为留学教育政策要根据时代要求不断调整，留学教育政策的制定要以提高留学质量和利于留学生管理为出发点和落脚点。唐平从管理科学和信息管理角度出发，对我国留学工作的管理现状进行深入的调查研究，分析其中存在的问题，提出了在政策方面取消自费留学费用、加大出国留学支持力度、提高留学回归率和提高留学决策水平等建议；在留学工作管理方面建立留学工作管理信息系统的解决方案，以提高信息统计分析水平，从而提高留学工作管理的规范化和效率。② 还有部分文献资料从规范留学经费管理、中介机构管理等方面出发，为我国留学管理提出了许多具体的建议。在针对出国留学教育管理的现状研究中，有部分学者也针对其中的交换生的现状进行了研究。大部分学者认为当前我国交换生项目在实践过程中遇到了许多难题，主要包括语言的障碍、课程不匹配、管理部门未形成合力、学习费用过高等问题，而导致这些问题出现的主要原因之一是因为我国高等教育未能完全与国际接轨。黄金贤、陆瑾在对国外交换生制度、发展现状和国内的对比后，认为我国的高校交换生要进一步拓展合作渠道、成立信息服务机构、突出高校的主体地位、提高教学质量、完善学分制度和鼓励家庭参与交换生项目等。③

目前对留学生管理的研究大多不够全面，大部分的研究者多为高校的一线工作人员，因此这类研究大多是就留学生管理中的某个环节或者某些环节而进行研究和论述的，对于留学生管理的整个流程以及管理中各个环节是如

---

① 刘国福：《近三十年中国出国留学政策的理性回顾和法律思考》，《浙江大学学报（人文社会科学版）》2009 年第 6 期。

② 唐平：《中国留学工作管理研究及其信息系统开发》，重庆大学硕士学位论文，2003 年。

③ 黄金贤、陆瑾：《交换生事务及流程探讨》，《广西民族大学学报（哲学社会科学版）》2008 年第 1 期。

何有效联系缺乏系统的认识和研究。而部分硕博论文虽有较为全面的研究，但因缺乏实践经验导致研究成果缺乏可操作性。

（三）我国出国留学生思想政治教育研究

当前关于留学生工作研究多侧重于学生管理模式和教学质量管理，而涉及学生在国外的学习实践部分尤其是思想政治教育方面的相对较少。虽然针对我国出国留学生思想政治教育的研究成果并不丰富，但有大量围绕着我国留学生跨文化适应、爱国教育、心理健康、道德文化、党建思政等方面内容的研究，这些内容也属于留学生思想政治教育的重要内容之一。

1. 我国出国留学生思想政治教育的重要性和必要性

李国宏等人认为出国留学生群体具有特殊性，在文化、思维方式和行为之间存在冲突，且因长时间在海外缺乏家庭和中国传统社会的约束，在文化适应的过程中会出现对祖国和中国文化一定的疏离感或者不理性的"爱国主义"，因此为了帮助留学生正确认识自己、正确认识留学生活、正确选择未来职业方向，并出于对我国人才战略的长远考虑，需要重建思想政治教育在留学生群体中的指导地位。[①] 姚明、赵诤认为为了让留学生更好地传播中国文化和在国外健康成长应注重对该群体进行思想政治教育，但因为我国留学生群体的复杂性与西方腐朽文化和环境的阻碍不利于思想政治教育的开展，因此需要加强对留学生思想政治教育的途径和方法的创新性和针对性，并且要持续贯穿于留学生出国前至归国后的全过程。[②] 崔紫娟在其硕士学位论文《文化多元化对大学交换生政治认同的影响研究》中认为多元异国文化对大学交换生的思想和行为有十分重要的影响，但也是一把"双刃剑"，引导不当可能会造成对个人主义、拜金主义、享乐主义的崇拜，以及对传统道德的叛逆等。因此，需要不断创新和完善思想政治教育的理论内容、载体

---

① 李国宏等：《浅谈留学生思想政治教育的必要性》，《时代教育（教育教学版）》2010年第2期。

② 姚明、赵诤：《中国海外留学生思想政治教育刍议》，《东南亚纵横》2006年第5期。

平台、方式方法等，不断增强文化交汇下的大学交换生的政治认同。① 我国出国留学教育虽然取得了长足的发展，出国留学人数持续增多，但其中暴露的问题也日益增多并引起社会关注。因此，为了解决当前存在的一些问题，为了出国留学生的健康成长和我国人才战略的需要，减少人才流失，需要加强出国留学生思想政治教育，帮助这一群体在复杂的文化背景和环境中树立正确的人生观和价值观。

2. 我国出国留学生思想政治教育实践研究

我国留学生思想政治教育实践的研究主要集中在以下几个方面。

第一，出国留学生思想政治教育网络平台的构建。因为留学生长期停留海外，距离、地域和环境的差异阻碍了思想政治教育的开展。为了缩小差异，相关学术研究不约而同地意识到网络社交媒体对于海外交换生思想政治教育的重要性。因此，开拓思想政治教育载体，丰富沟通交流和教育的形式，改变传统的思想政治教育的模式，从而实现海外留学生思想政治教育的管理和创新成为相关研究者的一致看法。部分研究者进入留学生日常生活的网络空间，作为中立的旁观者分析他们在 QQ、微信等网络空间的思想动态，发现讨论中国文化是 QQ 群中留学生喜欢的休闲话题，并且会经常关注中国的时事政治，体现了留学生的爱国情怀。通过观察留学生的网络空间，可以了解留学生在海外的思想动态，有助于有的放矢开展留学生新媒体爱国教育方略，从而吸引更多海外留学生回国创业和发展。庄孝林更进一步提出了运用互联网搭建留学生党建工作平台，搭建海外留学生的网上精神家园。②

第二，规范外派留学生党组织建设。海外留学生的党建实践和研究是近年来的研究热点，研究成果较为丰富。利用网络信息手段推进高校基层学生

① 崔紫娟：《文化多元化对大学交换生政治认同的影响研究》，大连理工大学硕士学位论文，2015 年。

② 庄孝林：《国际化背景下出国学生思想政治教育与党建工作》，《环球市场信息导报》2016 年第 33 期。

党支部建设，这是国际化背景下加强对出国学习大学生党员教育工作开展的有效新举措。杨琳认为，逐步形成以党支部为主导、以境外学生党员为主体、以加强延续性教育为保障、以信息技术为支撑的境外党员教育管理新模式，可以进一步规范境外留学生党员的教育管理机制，有利于保持境外学生党员的先进性。① 还有许多研究者都认为通过规范境外学生党组织建设，以"网络党建"为平台，开拓境外学生党建工作新模式，加强对境外党员的思想政治教育，发挥党员的先锋模范作用，以境外党员来带动其余境外学生，以增强境外学生的向心力和凝聚力。相关海外交换生的党建工作探索为本书提供了可以借鉴的理论和经验，但是海外交换生的党建工作还可以进一步细化，针对成建制出国与非成建制出国学生的党建研究还可以进一步深入。

第三，注重加强管理人员队伍建设。在日益复杂的国际化背景下，出国留学人员的数量增多和质量参差不齐等因素对管理人员提出更高的业务能力要求，尤其是对高校辅导员的专业能力要求更高。刘莹玉的《中外合作办学中海外留学生骨干队伍建设与培养探索》、苏健的《中外合作办学模式下辅导员工作创新研究》等文章都指出中外合作办学的复杂性，对辅导员提出了更高的业务能力要求，比如英语和计算机水平要提高，国际合作与协调能力要增强，等等。但是对于海外留学生的管理方面，目前相关研究尚未对辅导员提出实际的要求。另外，除了对高校辅导员的专业能力提出更高要求外，庄孝林提出了应该充分发挥在外进修或攻读学位的教师党员的示范作用。② 这样不仅可以壮大出国留学生的管理人员队伍，还可以兼顾国内和国外两方面的管理。

第四，强调思想政治理论课的改革与教育创新。姜彦君的《中外合作办学模式下思政课管理理念的新发展》③ 等文章认为，中外合作办学机构的

---

① 杨琳：《海外大学生党员教育与管理探析》，《学校党建与思想教育》2014 年第 19 期。
② 庄孝林：《国际化背景下出国学生思想政治教育与党建工作》，《环球市场信息导报》2016 年第 33 期。
③ 姜彦君：《中外合作办学模式下思政课管理理念的新发展》，《宁波大学学报（教育科学版）》2010 年第 6 期。

思想政治理论课在指导文件、课程设置和教学内容等三方面缺乏针对性，必须找到适应中外办学机构的自身特点，主动调动学生学习积极性、提高教学实效等。另外，关于思想政治教育课的设置大部分中外办学院校是在学生在国内学习期间设立，而国外留学期间，则完全缺失，这不利于学生思想政治教育的持续性进行。虽然在国外开设思想政治教育课程面临着一些客观因素的限制，但思想政治教育课程是加强海外留学生的思想政治教育的重要途径之一，可以采取选修网络课程、实践学分等办法来实现与国内思想政治教育课程的对接。

总之，学者们在学生党建、思想政治教育和管理、辅导员工作创新等方面提出的一些可以借鉴的方法，如提出解决海外留学生管理和服务的关键在于通过优化组织架构，规范管理机制、利用网络资源、加强出国前教育、发挥党员战斗堡垒作用等方式，提升党员思想觉悟，构建可操作、有实效的出国学生管理模式。

（四）外国留学生教育管理经验研究

20世纪90年代以来，高等教育越来越走向国际化道路，教育国际化是当今世界全球化的一个方面。根据经济合作与发展组织（OECD）的数据，目前全球有超过500万名学生在其祖国以外的国家接受教育，与10年前相比增长了67%，跨国流动程度明显加快。在教育国际化的时代背景下，许多国家都结合本国的实际情况，制定了适合本国发展，符合国际发展趋势的留学教育管理制度。与我国相比，美、英、德、日等国家的留学生管理理念和方法是先进的。通过考察与分析这些国家的留学生管理情况，对我国如何加强和改进留学生管理能够起到借鉴和启示作用。

1. 欧美发达国家留学生教育管理经验

汪霞和钱小龙认为，开放性和国际性是美国高等教育的显著特征，美国尤其注重出国学习，认为到国外接受教育有助于培养世界公民，并于2005年起施行"国家安全语言计划"，政府拨款鼓励更多的美国人学习外语，另外还通过各种政府资助项目鼓励学生出国留学。"9·11"事件后美国在高等教育国际化管理体系、高等教育国际化资助体系、校园国际化和国际化师资培养四个方面进行了一系列的改革。① 以此为借鉴，推进我国高等教育国际化的改革，目前急需打造国际化的教育教学体系、国际化的科学研究平台和国际化的社会服务制度。王留栓从发展留学生教育的视角探讨了英国、德国和法国实施高等教育国际化的动因，从侧面提出了我国大力发展留学生教育的几点建议：参照国际惯例设立各种留学生奖学金，鼓励更多学生出国留学；推行高校留学生管理社会化；等等。② 从这可以看出，我国要大力发展留学生教育，奖学金的设立是必不可少的，同时也强调了留学生需要社会化的管理。当前国内学者对德国高等教育国际化实践研究主要针对博洛尼亚计划进程、卓越工程师教育培养计划等。吴坚认为，德国推动高等教育国际化主要是通过积极主动参与高等教育国际化，主动"清扫"体制的障碍，与国际高等教育接轨，以推进跨国高等教育，还实施了"德国海外教育项目"。③ 澳大利亚政府将国际教育作为国家产业发展战略，通过设立专职国际教育机构、建立优秀的高等教育品质保证制度、推动大学的国际合作、设置国际奖学金等策略积极推行高等教育国际化。④ 众多研究表明，世界发达国家对出国留学生的教育管理主要是以各种奖学金或政府资助来鼓励本国学生出国学习，注重外语学习，同时积极与国际高等教育接轨，主动参与到高等教育国际化的进程中来。美国 2010 年 5 月发布的《国家安全战略》将国际教育的核心工作定位于培养公民的"全球素养"，旨在培养具有国际竞争力的全面发展的"世界公民"。⑤ 由此可见，美国鼓励学生出国学习不仅是

---

　　① 汪霞、钱小龙：《美国高等教育国际化的现状、经验及我国的对策》，《全球教育展望》2010 年第 11 期。

　　② 王留栓：《欧盟国家的高等教育国际化——从大力发展留学生教育谈起》，《外国教育研究》2000 年第 2 期。

　　③ 吴坚：《当代高等教育国际化发展》，人民出版社 2009 年版。

　　④ 杨启光：《当代不同国家高等教育国际化政策发展模式》，《现代大学教育》2008 年第 5 期。

　　⑤ 马毅飞：《中美国际教育政策研究》，华东师范大学硕士学位论文，2014 年。

为了提高其学术水平，更是为了加强学生的"世界素养"。除了鼓励学生出国留学外，部分国家也十分注重对留学生的交流活动、政治动态的管理。美国在"9·11"事件后，颁布和修订了《爱国者法案》《高等教育法》等法律和相关政策对人员流动、学科等加以限制，还成立了对国际教育交流活动进行监控的"国际教育顾问委员会"。① 这些措施将出国留学管理与维护国家安全、增强国家国际竞争力紧密联系在一起。

2. 亚洲国家留学生教育管理经验

亚洲国家在经济全球化的宏观背景下，顺应时代潮流，走教育国际化的道路，积极融入国际留学教育市场。目前亚洲已经成为世界上最大的留学生输出地区，在国际留学生市场上占有重要位置。与拥有丰富的高等教育资源的欧美发达国家不同，亚洲国家多为发展中国家，高等教育资源相对匮乏，因此有较多的学生选择出国留学。以马来西亚和新加坡为主要代表的东南亚国家，积极实行开放的高等教育国际化政策，希望以此来提高本国的教学和科研水平，加强本国教育能力的建设，加速实现国家教育现代化。为了推动本国高等教育国际化的进程，使之成为东南亚地区优质教育中心，马来西亚政府采取较为开放的高等教育政策，设置了"双联制"办学模式，与多所国际高校联合办学，为本国学生出国留学提供更多的机会。② 日本作为亚洲地区少有的发达国家之一，既是留学教育出口大国也是进口大国。日本十分重视高等教育国际化的发展，政府积极制定海外留学生政策，放宽权限、改善服务，重视提升国际高等教育品质。另外，与日本民族严谨的性格特点相似的是，其留学生管理十分完善，有专门的留学生教学指导体系，从生活、教育、语言、研究领域、文化适应等不同方面，帮助留学生尽快适应当地生活。但是据统计，从 1987 年到 2010 年，日本的出国留学生数量不断下降，

① 李联明：《后"9·11"时代美国高等教育国际化新发展研究》，南京大学博士学位论文，2012 年。

② 杨启光：《当代不同国家高等教育国际化政策发展模式》，《现代大学教育》2008 年第5 期。

为了鼓励出国留学，日本政府一方面鼓励日本公司延迟发布招聘信息，解决出国留学生的就业顾虑；另一方面政府和多方合作推出新的资助留学计划，还推出长期支持计划，扩大国际留学生交流支持体系。[①]

关于外国留学生管理，大都是从学生与教师流动性、课程设置、伙伴关系、远程教育与搭建网络几个方面，来研究国家教育国际化策略。通过梳理现有研究成果可知，国外留学生教育管理具有以下特点：一是留学生管理上制度化、法律化程度高，社会分工明确；二是政府的资金投入、政策支持力度较大；三是主动推动高等教育与国际接轨，课程设置多元化。所以，我国的留学生管理要注重法制化、规范化建设，注重转变留学教育发展理念，减少留学生的"特殊待遇"，推动我国高等教育国际化发展。

（五）对研究现状的评析

通过对相关著作、论文的整理发现，现有关于出国留学的研究虽已取得较为丰富的成果，但研究内容比较集中于某些方面，具有以下特点和不足。

1. 留学史研究全面但缺乏深度

我国的留学史研究更多侧重于时间上的纵向研究，往往忽视了横向、深度挖掘。我国的留学史研究以时间、重大事件和文件颁布为节点，注重整体研究，对各个时期的出国留学活动都有所涉及，特别是改革开放后出国留学的发展，有着清晰的脉络，但较少对某一具体时期专门展开深入研究。对容闳、邓小平等人的留学教育思想研究较少。对国家和地区的留学史研究中，集中于对赴美、日、法等发达国家的研究，对发展中国家或东南亚国家的研究较少；对我国地区的留学史研究更为缺乏。

2. 研究对象单一

当前对公派留学的研究远远超过对自费留学的研究，而公派留学中又以国家公派为主要研究对象。从目前的发展趋势来看，自费留学的规模远远超

---

① 米川英树：《日本出台措施鼓励学生出国留学》，《辽宁教育》2014 年第 12 期。

过公派留学的规模，自费留学生已经成为一个引人注目的群体。而且自费留学在规范管理上有一定的难度，应引起重视。注重对留学大学生的研究，但留学低龄化是我国目前留学教育的发展趋势之一，中学生留学群体日益壮大，且质量参差不齐，容易引发社会问题。另外，交换生作为我国出国留学生中的一部分，较少作为研究对象进行研究。

3. 研究内容过于集中

重视对出国留学人员选择出国的动因和留学人员归国后就业工作的研究，特别是对他们回国后的适应性研究较多。相反地，对留学人员出国前和在国外的生活、学习状况则较少涉及，尤其是缺乏对留学人员出国前和在国外的培训教育方面的研究。还有在出国留学管理方面，教学管理模式的探讨非常充分，但是海外留学生思想教育研究没有形成系统，没有相关的专著。另外，当前的对策研究多数是应然性研究，缺乏实证分析。不少研究者往往根据自己的主观想法提出了应对策略和方案，可操作性不强。海外留学生的思想政治教育的实践方面缺乏创新，尤其是交换生的思想政治教育的实践创新是当前研究中较为匮乏的。

交换生是我国出国留学群体中的一部分，虽然交换生在国外停留学习时间可能比出国留学学生的时间短，但交换生一旦离开祖国与学校，其学习、生活环境同样会发生改变，容易受到不同国家的意识形态和文化价值的冲击。而且时间短，只有一两年的交换学习时间，部分交换生刚刚适应了外国的文化和学习、生活环境，就要回国学习。再次面临文化适应、价值观认同等问题时，会在思想上出现一些混乱，个别交换生在资本主义意识形态和价值体系影响下，可能产生不同程度的政治信仰迷茫、理想信念模糊、价值观取向扭曲、生活方式堕落等问题。近些年来，中国留学生犯罪率呈现上升的趋势，如，留学生施虐同胞案，因情感问题导致伤人、绑架案件，中国交换生为了取得外国绿卡在参加夏令营期间"失踪"，以非正式途径强留国外的事件，交换生以代购不发货的方式实施诈骗，等等。当前，关于交换生思想政治教育的思想引领、安全应急、心理适应和健康、专业学习、党团组织活动与形式等方面与国内教育相比发生了巨大的变化，但相关的研究相对匮乏。如何帮助交换生顺利完成国外学业，在开阔视野之余，又能增强学生对主流意识形态和民族文化价值的认同感，自觉抵制资本主义腐朽意识形态和价值观念的侵蚀，是交换生思想政治教育方面的主要问题。因此，本书以此为出发点，以我国高校交换生为研究对象，从创新交换生思想政治教育的模式和活动载体出发，力图使高校交换生思想政治教育萌发新的活力和创新点。

三、核心概念界定与辨析

（一）"交换生"的概念

"交换生"是指根据校际签订的交换协议而互派到双方学校学习的学生，学习期限一般为 1—4 个学期，自主选择相关专业课，交换培养期间，其学籍不变，交换期满后应按时归校，交换生各自缴纳本校学费，互免对方学校学费，生活费等其他费用自理。交换生依据不同的标准可以划分为不同的类别，根据交换学习时间的长短，可以分为短期交换（3 个月以内）和长期交换（3 个月及其以上）等；根据交换的地域，可以分为国（境）外交换生和国内交换生；根据交换学习所获取的学位，可以分为只获取本校学位的交换生及同时获得对方学校学位的交换生。本书所涉及的交换生是国（境）外交换生（以下简称"交换生"）。

（二）"交换生思想政治教育"的内涵

思想政治教育是指社会或社会群体用一定的思想观念、政治观念、道德规范，对其成员施加有目的、有计划、有组织的影响，使他们形成符合一定社会或一定阶级所需要的思想品德的社会实践活动。从思想政治教育的内涵以及交换生的特征出发，将交换生思想政治教育定义为：通过相关知识的传授、文化的传播、生活上的关心和帮助以及情感上的交流等方式和载体对交换生施以一定的影响，使其不仅学有所成，还能始终坚持马克思主义指导思想，坚定中国特色社会主义理想信念，热爱国家，关心集体，认同本民族文化，并成功地肩负起中外文化交流的使命。

（三）相关概念辨析

1. "留学生"与"交换生"的辨析

"'留学生'一词起源于中国唐朝时期中日文化交流活动，意为当日本遣唐使回国后仍然留在中国学习的日本学生，现在泛指留居外国学习或研究的学生。"[1] "交换生"是指根据校际签订的交换协议而互派到双方学校学习的学生，学习期限一般为1—4个学期，自主选择相关专业课程。通过国内各高校与国际高校交流和合作，签订实施交换培养学生的协议，开展交换留学生项目，从本校选派优秀的学生到国外高校进行交换。在交换学习期间，被派出的学生通常称为"交换留学生"（简称"交换生"）。可见，交换生是留学生的一部分，但交换生强调互换、平等，不具备一般"留学生"概念的宽泛性，是一种经济、文化等多方面的思想价值观的交流体验。在书中，这两个概念时有"互用"，不会影响意思表达。

2. "交换生教育"与"交换生思想政治教育"的辨析

"交换生教育"指我国对暂时居留国外学习的交换生的教育管理活动，主要是对他们进行思想品德教育和遵纪守法教育以及生活管理教育等。"交换生思想政治教育"则更侧重于对交换生加强以爱国主义为起点的理想教育、革命传统教育和国内形势政策教育等。前者的范畴比后者要大，后者的教育带有鲜明的意识形态性，具体包括理想信念教育、马克思主义唯物论和科学精神教育、社会主义核心价值体系教育、党的基本知识和形势政策教育、民主法制教育、社会主义道德教育、爱国主义教育等。两者的教育目的

---

[1] 韩方明：《公共外交概论》，北京大学出版社2011年版，第116页。

侧重点也不同，前者的目的更多的是教育交换生在他国做到遵纪守法、文明礼貌，积极适应异国生活和学习环境等。后者的目的是使交换生在国外学习的过程中自觉抵制资本主义腐朽意识形态和价值观念的侵蚀，能始终坚持马克思主义指导思想，坚定中国特色社会主义理想信念，热爱国家，关心集体，肩负起中外文化交流的使命。

四、基本思路和研究内容

本书首先针对当前交换生思想政治教育的现状和问题，进行理论的建构、问卷问题的设计及量化；其次，采用实证研究的方式，发放调查问卷、进行深度访谈，着力研究高校交换生的思想动态，采用统计学、社会学等方法对数据进行深入分析；再次，通过案例归纳、访谈分析等路径，进一步修正已有的研究框架，回应本书提出的问题；最后，提炼理论成果，提出加强交换生思想政治教育的对策建议，开展各种境外学生班级组织教育的实践与探索，建设交换生思想政治教育的活动载体和网络平台。

根据研究的思路，本书的基本内容包括三大部分。第一部分为提出问题，强调开展交换生思想政治教育的重要性和意义，设定交换生思想政治教育的理论框架和理论基础，梳理海外留学生思想政治教育的历史沿革。第二部分进行实证研究，采用问卷调查和深度访谈的方式，采集相关数据，采用数据模型进行量化分析，得出较为科学的结果，从而根据调查结果提出问题。问卷调查和访谈通过爱国主义、文化认同、应急安全、社会实践、金钱观念、宗教观念、网络舆情等七个视角采集的数据和访谈的资料，总结不同地区交换生的理想信念、文化认同、思想价值观等思想意识方面的特点和状况。同时，提出交换生思想政治教育的困境和风险管理。第三部分借鉴印度和美国交换留学生的思想政治教育经验，针对我国交换生的实际情况，提出我国交换生思想政治教育的发展创新路径和前景展望，提出加强交换生思想政治教育的对策及办法。

第一章

我国高校交换生思想政治教育
研究的理论支撑

　　交换生作为极其渴望成长和发展的特殊青年群体，从国内熟悉的学习、生活环境迅速步入陌生、新鲜的国外环境，他们通过各种各样的途径了解到国外的新奇世界。环境的改变以及多元文化的冲击对他们的思想产生前所未有的震撼。如何提高交换生思想政治教育的"教育、管理、服务"质量和效率，促进中外文化交流，提高国内高校国际化管理水平，无论在理论研究还是实际管理中，都为高校思想政治教育工作带来新挑战和新机遇。实现人的全面发展是社会发展与教育现代化的客观要求，马克思主义关于人的全面发展理论为高校交换生思想政治教育提供了价值指引。除此之外，交换生在交换学习过程中必然会面临环境变化、文化差异等引起的系列风险问题，思想政治教育环境理论及风险社会理论能为高校交换生思想政治教育提供科学的分析框架与方法论。

第一节　马克思主义关于人的全面发展理论

　　思想政治教育是培养人、塑造人的教育实践活动，其活动对象是人，根

本目标是实现人的自由全面发展。马克思主义关于人的全面发展理论以
"人"为研究对象，立足于人的需要，以实现人的全面发展为目标旨归，为
思想政治教育提供了理论和实践的哲学基础。对交换生思想政治教育的理论
探索必须要从马克思主义的经典理论中汲取养分，以马克思主义关于人的全
面发展理论为指引，加强交换生思想政治教育，实现交换生的全面发展。

一、马克思主义关于人的全面发展理论

人的全面发展是人的发展的理想状态，人的全面发展理论是马克思主义
的重要组成部分。人的全面发展主要包括人的社会关系、能力、需要、个性
等方面的发展。马克思主义关于人的全面发展理论是以关注"现实的个人"
为逻辑起点，强调人的现实性与实践性；以"人的需要"为线索，尊重人
的本质需求与个性发展；以"人的全面发展"为价值指引，追求人的自由
解放、全面发展。何谓人的全面发展？人的全面发展是相对片面发展而言
的，人的全面发展就是"人以一种全面的方式，就是说，作为一个完整的
人，占有自己的全面的本质"。① 由此可见，人的全面发展是一个历史的、
实践的过程。人的全面发展是人在历史发展过程中，于一定社会关系中，通
过劳动实践不断地表现、生成、实现其需要、能力、社会关系与个性的全面
发展。人的全面发展的过程也是实现人由"人的依赖"到"物的依赖"再
到"自由个性"的发展过程。人的全面发展的内涵也包含了人的需要的全
面发展、人的能力的全面发展、人的社会关系的全面发展与人的个性的全面
发展。

（一）人的需要的全面发展

在马克思看来，人首先是有生命且具有需要的人，人的全面发展首先表

---

① 《马克思恩格斯文集》第 1 卷，人民出版社 2009 年版，第 189 页。

现为人的需求得到多方面的满足。需要是人的内在规定性，也是人类一切活动的源泉和动力。"任何人如果不同时为了自己的某种需要和为了这种需要的器官而做事，他就什么也不能做。"① 人的一切社会实践活动在一定程度上来说，都是为了追求和满足某方面的需要而进行的。人的需要的满足程度也直接关系到人的自我实现的程度。人的需要可以分为生存需要、生活需要和精神需要。而在社会生产力发展的不同阶段，人们的需要也会不断发展变化。在物质资料匮乏时期，人们更多关注的是自身的生存需要，还有对"人的依赖"。随着生产力的发展，人的衣食住行得到保障，人们会在生存的基础上追求生活需要，也表现为对"物的依赖"。当物质资料丰富，人的物质需要得到满足后便会关注精神世界的需要，开始寻求在多方面实现其内在本质力量的需要。全面发展的人的本质需要不仅是以"占有"来实现欲望，而且是以"实现"来使自己内在本质力量得到充实。人的全面发展程度是随着人的需求的满足而深化的，人的现实需求也会随着社会的进步而提升。人为了满足自身不断变化和提升的需要，会不断地提高自身能力，从而实现超越自我，实现人的全面发展。交换生在交换学习的过程中，面对不同的生活环境、文化环境必然会产生不同的需求，不同的生活环境、教育环境也能在不同方面满足交换生的需要。交换生项目有助于交换生增长见识、拓宽视野、丰富经历，满足学生对于生活需要和精神需要上的需求，实现交换生的需要的全面发展。

（二）人的能力的全面发展

马克思从社会分工、劳动异化导致人的片面发展这一问题出发，提出了人的全面发展理论。马克思主要是从劳动者的劳动能力的角度来探究人的自由而全面的发展，这其中的能力主要包括体力和智力活动。因为马克思认为人与动物的本质区别就在于人能够从事生产劳动，与此同时劳动为人类提供

---

① 《马克思恩格斯全集》第 3 卷，人民出版社 1960 年版，第 286 页。

了全面发展自我、展现自我的机会和场所。马克思认为人的全面发展的核心内容就是人的能力的全面发展,"任何人的职责、使命、任务就是全面发展自己的一切能力,其中也包括思维的能力"。① 人的能力在劳动实践活动中得以提升,并通过劳动实践活动得以体现。因此,人的能力的全面发展在一方面可以表现为实践活动的内容和形式充分达到丰富性、完整性和全面性。人的能力的全面发展意味着人参与的活动得到全面的生成和丰富,人能全面发展自己的一切能力和潜力,并能在丰富的活动中全面地发挥才能。毋庸置疑,交换生项目对于交换生个人而言最主要的就是要在其他高校体验不同的教育教学方法和内容,促进交换生在学习能力、生活适应能力、跨文化人际交往能力等各方面能力的发展。交换生项目能够受到大学生们热捧,其重要原因也是因为交换生能够在多元文化环境中,感受到知识的交流、价值的碰撞,还能参加多元丰富的实践活动。多元的环境和丰富的实践活动都有利于交换生个体能力的全面发展。

(三)人的社会关系的全面发展

马克思在《关于费尔巴哈的提纲》中精辟地指出:"人的本质不是单个人所固有的抽象物,在其现实性上,它是一切社会关系的总和。"② 马克思在研究人的全面发展时经常强调他所说的"人","不是他们自己或别人想象中的那种个人",而是"现实中的个人",而"现实中的个人"都需要在一定的社会关系中才能得以生存和发展,同时每一个个体的行为又受到其所处自然环境和社会环境的制约,这里的社会环境指的就是社会关系的总和。人的社会关系总和是人的现实本质,人的本质存在于人的社会关系、物质生活条件、历史文化环境之中。人的能力的全面发展虽然是人的全面发展的核心,但是人的能力的全面发展离不开人的社会关系的全面发展,这就如同生

① 《马克思恩格斯全集》第3卷,人民出版社1960年版,第330页。
② 《马克思恩格斯选集》第1卷,人民出版社1995年版,第60页。

产力必须存在于与其相对应的生产关系中一样。人的社会关系的全面发展意味着人能摆脱阶层利益、社会分工、民族等狭隘的局限性，形成包括经济关系、政治关系、文化关系在内的全面、丰富、开放的社会关系。人的社会关系的全面发展必然包含着人的社会交往的普遍性与多元性。人与人之间通过交往建立了广泛的社会关系，能使个人活动的空间、社会空间得到扩张。交换生在不同社会制度和不同社会价值观的国家学习、生活，会促进交换生在超越民族、地域、文化等局限性的条件下，建立更加开放、多元、丰富的社会关系。因此，交换生、留学生可以被视为国家、地区之间交流的纽带。交换生之间的相互交流、交往能有效促进不同国家青年之间的思想交流，增加国家间的友谊，促进国家间的友好互通关系。

（四）人的个性的全面发展

人的个性可以理解为每一个体区别于他人的差异性和独特性，是人的内在主体性。当然，马克思所指的人的全面发展中的"人"并不是某一个具体的人或是特殊的人，而是指社会全体成员中的"每个人"。所以，人的个性的全面发展是指社会中的每个成员都获得自由、全面的发展，人的个性的全面发展是人的全面发展的重要内容。因为，马克思提出的人的全面发展并不是使人十全十美、整齐划一的发展，而是主张人按照其内在个性，自由而全面的发展。生产力越发达，人的能力越发展，人的社会关系越丰富，人与人之间的差异化个性必将越多样化地得以表现和发展。共产主义社会最终的目标就是要解放全人类，"在那里，每个人的自由发展是一切人的自由发展的条件"[1]。所以，从某种意义上来说，人的个性的全面发展才能促进社会各方面由单一向多元、由贫乏向丰富的全面发展，才能实现人类社会的真正进步。交换生项目的出现就反映了中国教育人才培养模式的多样性，体现了我国高等教育对大学生个性发展多样化需求的满足，引导大学生更加自由而

---

[1] 《马克思恩格斯选集》第 1 卷，人民出版社 1995 年版，第 294 页。

全面的发展。交换生项目可以令大学生在不同的高校体验差异性的教育资源，通过不同的体验使他们更能发掘自我的内在个性，有利于大学生的全面健康发展，而个性发展的激发是人才创新的摇篮。

二、马克思主义关于人的全面发展理论在中国的发展

列宁在运用辩证法论证真理观时就非常强调，没有抽象的真理，真理是具体的。马克思主义关于人的全面发展学说也需要与具体的时代和国情相结合，为此，中国共产党人在不同时期都继承和发展了马克思主义关于人的全面发展理论，使这一真理与时俱进、不断发展，更符合我国的具体情况。

（一）新中国成立初期：德、智、体全面发展

作为新中国成立的奠基人，毛泽东是一位具有浪漫主义情怀的革命家，但同时他也是一位注重实践的共产党人。毛泽东深切地意识到我国当时正处在一穷二白、百废待兴的阶段，社会主义建设急需人才，他继承了马克思的人的全面发展之理论并结合中国的实际，提出要实现人的全面发展首先要把人从旧的封建社会制度中解放出来，实现人的个性的解放和发展。另外，毛泽东主张推进德、智、体全面发展的社会主义教育，尤其将"德育"放在首要位置，培养社会主义新人，实现人的全面发展。毛泽东于1957年在《关于正确处理人民内部矛盾的问题》中说：特别是对于青年，"我们的教育方针，应该使受教育者在德育、智育、体育几方面都得到发展，成为有社会主义觉悟的有文化的劳动者"①。毛泽东认为全面发展的人应该是德、智、体全面发展的社会主义新人，尤其要重视以德育为先。毛泽东鼓励应该把人的改造融入社会的改造中，德育工作更要注重实践。他号召全国人民向张思德同志学习全心全意"为人民服务"的精神；向雷锋同志学习"全心全意

---

① 《毛泽东文集》第七卷，人民出版社1999年版，第226页。

为人民服务，为了人民的事业无私奉献"的精神；向白求恩同志学习"毫不利己，专门利人"的精神。通过这些具体的实践办法，使"德、智、体全面发展"不是一句空洞的口号，而是有榜样可模仿、有事迹可学习的具体行动。因此，毛泽东关于人的全面发展理论的观点是从无产阶级革命、民族解放和教育的角度给人的全面发展提供条件，为实现人的全面发展提供制度上的保障。

（二）改革开放初期："四有"新人

邓小平在马克思主义中国化过程中最大的贡献应是关于社会主义初级阶段的论断，他根据中国当时的生产力发展水平和人民的生活状况，科学地提出我国正处于社会主义社会发展的初级阶段；清楚地意识到要建设有中国特色的社会主义，只有通过发展社会主义市场经济体制，实行改革开放，才能实现真正的"解放和发展生产力"；只有在社会生产力高度发展的社会主义社会，才能消除影响人的全面发展的不公平现象的根源；只有物质资料丰富，人的物质生活需要得到保障，人们才能进一步追求更高层次的精神需要。但是，市场经济对人的发展可以说是一把"双刃剑"，生产力的大力发展和人民物质生活水平的显著提高并不等同于人的全面发展，因此邓小平提出了要为社会主义建设培养全面发展的"有理想、有道德、有文化、有纪律"的社会主义新人。[①] 培养社会主义"四有"新人首先要解放思想、鼓励创新，为人的全面发展创造宽松自由的发展环境。其次要加强教育，培育"四有"新人。所以，邓小平提出社会要协调发展就需要物质文明建设和精神文明建设"两手一起抓，两手都要硬"。只有做到"有理想、有道德、有文化、有纪律"，才能称得上个人全面发展。培育社会主义"四有"新人的思想提出伊始就是对青少年儿童全面发展的寄语，它既是邓小平在改革开放初期将中国的实际国情与马克思主义基本原理相结合而迸发出马克思主义关

---

① 《邓小平文选》第三卷，人民出版社 1993 年版，第 110 页。

于人的全面发展理论中国化的伟大成果，也是对毛泽东德、智、体全面发展思想的继承与发展。

（三）和谐社会时期："以人为本"促进人的全面发展

中国依靠改革开放的不断深入发展，取得了举世瞩目的成绩，综合国力显著增强，人民生活水平大幅提高，这些条件都促使人的全面发展向更高的目标发展。但是中国社会的发展也遇到了很多新的问题，江泽民审时度势提出"三个代表"重要思想，其中包含的"代表中国先进生产力的发展要求"和"代表中国先进文化的前进方向"主要体现的是物质文明建设和精神文明建设要协调发展的思想，是对邓小平"两手一起抓，两手都要硬"的思想的继承和发展；而"代表中国最广大人民的根本利益"是最终目的，正是对马克思主义人的全面发展理论中国化的新成果。江泽民还进一步指出："我们建设有中国特色社会主义的各项事业，我们进行的一切工作，既要着眼于人民现实的物质文化生活需要，同时又要着眼于促进人民素质的提高，也就是要努力促进人的全面发展。这是马克思主义关于建设社会主义新社会的本质要求。"①

进入 21 世纪后，在中国现代化的宏大进程中，中国社会也呈现出各种现代性弊端。面对深层次的社会问题，从"现实中的每个人"——马克思主义关于人的全面发展的基点出发，胡锦涛提出以人为本、全面协调可持续的科学发展观。和谐社会才是社会主义社会应有的属性，只有经济、政治、文化、生态环境等社会各个方面和谐发展才能为人的全面发展提供可靠的保障，也只有人的全面发展才能真正实现社会的和谐发展。"坚持以人为本，就是要以实现人的全面发展为目标，从人民群众的根本利益出发谋发展、促发展，不断满足人民群众日益增长的物质文化需要，切实保障人民群众的经

---

① 江泽民：《在庆祝中国共产党成立八十周年大会上的讲话》，人民出版社 2001 年版，第 43 页。

济、政治和文化权益，让发展的成果惠及全体人民。"① "以人为本"的科学发展观是马克思主义关于人的全面发展理论在中国特色社会主义建设过程中的中国化理论成果。"以人为本"的科学发展观中蕴含的人民本位及人与自然协调发展是人的全面发展的本质要求，也为将人的全面发展融入社会生活的丰富发展与社会的全面进步之中提供科学的理论指导。

（四）新时代：中国梦的实现就是人的全面发展的生动实践

党的十八大以来，以习近平同志为核心的党中央开创了马克思主义中国化的新境界，对人的全面发展思想作出了生动诠释，体现了我们党全心全意为人民服务的根本宗旨，体现了人民是推动发展的根本力量的唯物史观，对于实现"两个一百年"奋斗目标和中华民族伟大复兴的中国梦，促进人类解放，具有重大而深远的意义。习近平同志关于人的全面发展理论的观点是基于中国特色社会主义进入新时代的时代背景提出的，立足于实现中国梦的实践，以"五位一体"总体布局和"四个全面"战略布局为制度保障，以全面推进中国特色社会主义教育现代化为重要途径，实现人的全面发展。

"两个一百年"奋斗目标和中国梦是实现人的全面发展的战略目标，也是激励人的全面发展的理想动力。习近平同志认为，以"两个一百年"为核心目标的"中国梦"一定能实现，中华民族伟大复兴的梦想一定能实现。中国梦是民族的梦，也是每个中国人的梦。中国梦的出发点与落脚点是人民，中国梦的实现"意味着每一个人都能在为中国梦的奋斗中实现自己的梦想"②！在中国梦这一伟大梦想的感召下，能团结全国人民共同努力，不断进步，实现人的全面发展。"以人民为中心""人民立场""民众获得感"是实现中国梦的关键，中国梦最终就是把人的全面发展作为奋斗的目标，使

---

① 《十六大以来重要文献选编》（上），中央文献出版社 2005 年版，第 850 页。

② 《习近平谈建设社会主义文化强国》，人民网，2014 年 8 月 7 日。

人民过上美好生活，使得社会成果惠及每个人，每一个人的进步和发展都可以在社会的进步和发展中得以实现。

"五位一体"总体布局和"四个全面"战略布局，是实现人的全面发展的重要制度保障和战略部署。"五位一体"总体布局和"四个全面"战略布局，既包含促进人的解放和全面自由发展的物质基础、发展需要和精神需要，也包括人与人关系、人与社会关系以及人与自然关系等一切方面，是实现中华民族伟大复兴、促进人的解放和全面自由发展的重要手段和重要部署。建设小康社会、实现中国梦只有依靠"五位一体"总体布局和"四个全面"战略布局才能实现，而人的全面发展在新时代的当代形态也表现在经济、政治、文化、社会和生态文明的全面发展中。

全面推进中国特色社会主义教育现代化，建设教育强国是实现人的全面发展的重要途径。马克思认为，教育"它不仅是提高社会生产的一种方法，而且是造就全面发展的人的唯一方法"[1]。习近平总书记在 2018 年的全国教育大会的讲话中提出，要坚持中国特色社会主义教育发展道路，以凝聚人心、完善人格、开发人力、培育人才、造福人民为工作目标，培养德智体全面发展的社会主义建设者和接班人。习近平总书记在毛泽东提出的"培养德智体美劳全面发展的社会主义新人"的人才培养目标上对其进一步发展，增加了劳动教育与审美教育的维度。另外，习近平总书记还把培养"社会主义新人"的目标进一步明确为培养"社会主义建设者和接班人"，明确了教育工作的根本任务和人的自我实现目标。在习近平总书记关于人的全面发展的相关论述中体现了其主张要坚持以德育为先、注重综合素质全面提升以及理论学习与社会实践并重的具体要求。习近平总书记反复强调教育要以立德树人为根本任务，要加强理想信念教育、培育爱国情怀和艰苦奋斗精神，扣好"人生的第一颗扣子"。他强调少年儿童从小就要立志向，广大青年一定要坚定理想信念，还殷切期望当代大学生要志

---

[1] 《马克思恩格斯全集》第 23 卷，人民出版社 1972 年版，第 530 页。

存高远。新时代全面发展的人才不仅是德智体全面发展的人才，更要实现德智体美劳综合素质的全面发展。习近平总书记还强调广大学生要坚持理论学习与社会实践并重，注重提高创新能力和实践能力，积极投身到基层社会建设中，将自身成长成才的美好愿望融入实现"中国梦"的伟大实践之中。总而言之，新时代，人的全面发展与中国梦的实现息息相关，互相依赖。决胜全面建成小康社会，夺取新时代中国特色社会主义伟大胜利，就是人的全面发展的生动实践。

三、实现交换生的全面发展教育的途径

"少年智则国智，少年富则国富，少年强则国强"。大学生是中国当代年轻且具有良好教育的群体，他们必将是中国特色社会主义现代化建设的栋梁之材。交换生项目作为高校人才培养的一种新模式，更需要我们着力于交换生的全面发展而不是简单地交换学习科学文化知识。习近平新时代中国特色社会主义思想中提出了要培养德智体美劳全面发展的社会主义建设者和接班人，为实现交换生的全面发展提供了理论指导。

首先，思想政治教育为交换生全面发展教育确定了正确方向。对马克思主义关于人的全面发展理论的研究是交换生思想政治教育的理论基础，是实现其全面发展的前提保障和最终归宿。通过对中国化的马克思主义关于人的全面发展理论中"德、智、体"全面发展中的"德育"为首、"四有"新人中的"有理想、有道德"和"中国梦"中的"每个人都有理想和追求"的梳理，我们清楚地认识到要实现交换生的全面发展，必须进一步加强交换生思想政治教育，坚持立德树人，坚持加强理想信念教育，厚植爱国情怀，培育社会主义核心价值观，帮助交换生树立正确的人生观、价值观和世界观。中国正处在现代化社会转型嬗变的特殊历史时期，在这一宏观图景下作为存在于这一社会结构中具有主体性的现实个体的大学生，同时在大众传播媒介的推波助澜下，会受到良莠不齐的多元文化的冲

击，从而使得身处国外的交换生们有着难以名状的困惑。只有在思想政治教育和科学文化知识学习互相协调发展的情况下，他们的全面发展才成为可能，才能最大限度地激发他们的潜能，才能使大学生的发展不犯方向上的错误。

其次，身体与心理素质的协调发展为交换生全面发展教育提供保障。强健的体魄和阳光的心理是大学生发展一切素质的基础。青少年从生理发展阶段来看本就属于身体各方面机能比较好的时期，这使得很多交换生忽视了体育锻炼。在国外交换生基本没有选修体育课，而身处异地他乡参加运动锻炼的机会更是少之又少。同时因为既要学习知识又要克服语言上的障碍，过度的忙碌及缺乏锻炼导致部分交换生身体素质下降。高校应当注重对交换生的体育教育的发展，指导交换生在繁重的学习之余进行体育锻炼，并通过体育运动中的快乐来缓解异国求学过程中学习、生活的压力，从而在素质教育中使身体素质得到应有发展。由于国内应试教育往往只注重学生的知识培养而忽视学生的心理健康问题，导致部分大学生缺乏良好的心理素质。只有能够客观正确地自我评价、积极面对人生、努力适应社会的人，才能在全面发展的方向上走得更远。而对暂居国外的交换生来说，心理健康教育不能仅仅停留在一封慰问信、一些日常生活学习指导等方面上，而是应该注重通过网络虚拟平台，切实解决他们的困难，使交换生身处他乡求学时更感受到祖国的温暖，并通过日常沟通渗透思想政治教育，提高交换生心理健康教育和思想政治教育的实效性。

最后，理论学习与实践教育协调发展为交换生全面发展教育提供重要途径。从高校教学评价体系上注重实践教育的发展，加强对实践教育的引导，避免大学生出现读死书，只会一味"纸上谈兵"，理论脱离实际的现象。交换生项目作为一种新型的人才培养方式还有很多有待完善的地方，只有学以致用，将理论学习与实践活动相结合，在课堂上认真学习的同时积极参与到所交换国的各种社会实践活动中去，才能真正实现交换生项目的宗旨，使交换生能够利用这种宝贵的机会实现自身的全面发展的升华。

第二节 思想政治教育环境理论

环境，是一个极为宽泛且具有包容性的概念。环境是人类赖以生存与发展的自然条件、社会条件和文化条件等外部条件的总和，既有物质形态，又有精神形态。环境为人类的生存与发展提供了条件，也制约着人类的主体性活动，因此环境成为人类实践活动的对象。思想政治教育作为一种教育实践活动，不是在真空中进行的，而是在一定的环境中进行的。在思想政治教育过程中，除了思想政治教育的主体和客体之外，思想政治教育环境的好坏对思想政治教育的效果有着重要的影响。所谓思想政治教育环境，是指对思想政治教育活动以及思想政治教育对象的思想品德形成和发展产生影响的一切外部因素的总和。① 思想政治教育与环境是相互影响、相互作用的辩证关系。环境，既是思想政治教育活动的外在条件，也是思想政治教育发挥作用和改造的对象。环境一旦发生变化，不仅意味着思想政治教育的外在条件发生变化，包括思想政治教育的对象、载体和内容等方面都会发生一定的变化。改革开放以来，我国社会各个领域发生了深刻的变化，总体来说就是环境发生了变化。环境的变化引起了人们生活方式和思想意识的变化，也对思想政治教育的目标、内容、载体和方法等要素提出了新的要求和挑战。事实上，交换生教育不仅仅意味着交换培养，更意味着学生要到一个崭新甚至是跨文化的环境中学习和生活。交换生的思想政治教育处在一个多层次、多要素的流动性较强的动态环境中。交换生所处的环境的变化使交换生思想政治教育面临严峻的挑战。思想政治教育能否适应复杂的新环境，并在多元文化环境中有效发挥其作用，是加强和改进交换生思想政治教育的重要而紧迫的课题。

---

① 陈万柏、张耀灿主编：《思想政治教育学原理》，高等教育出版社 2007 年版，第210页。

一、马克思恩格斯关于人与环境的辩证关系思想

人与环境具有辩证统一的关系这一论断，是马克思恩格斯在克服了唯心主义的"环境无用论"和机械唯物主义的"环境绝对决定论"的基础上得出的。马克思恩格斯通过对人的本质及其主体性的发现而对前人的思想进行了超越式的批判。他们以"社会存在决定社会意识"为基础，以实践活动为中介，提出了历史理论与生产现实相结合、自然与社会相统一的"人—环境"互化的实践观。人与环境的辩证统一的思想是融辩证唯物主义和历史唯物主义于一体的人与环境的关系论，科学地阐明了环境与人之间相互依存、相互作用的辩证关系。

（一）社会存在决定社会意识

"物质生活的生产方式制约着整个社会生活、政治生活和精神生活的过程。不是人们的意识决定人们的存在，相反，是人们的社会存在决定人们的意识。"[①] 马克思关于社会存在决定社会意识的理论，揭示了社会意识产生的客观规律，奠定了思想政治教育环境论的唯物论、历史观和辩证法基础。人的意识是对社会存在的反映，是人们在实践活动过程中以客观世界为基础的主观映像。而且人的思想观念受客观环境的影响，会随着环境的变化而变化，"人们的观念、观点和概念，一句话，人们的意识，随着人们的生活条件、人们的社会关系、人们的社会存在的改变而改变"[②]。人与环境的关系会随着生产力的发展、社会的发展而变化。人的思想道德观念建立在社会生产与交换的经济关系基础上，是社会经济关系的反映，具有阶级性、社会性和历史性。恩格斯曾经指出："人们自觉地或不自觉地，归根到底总是从他

---

① 《马克思恩格斯文集》第 2 卷，人民出版社 2009 年版，第 591 页。
② 《马克思恩格斯文集》第 2 卷，人民出版社 2009 年版，第 50—51 页。

们阶级地位所依据的实际关系中——从他们进行生产和交换的经济关系中,获得自己的伦理观念。"① 人的思想道德观念虽然是由社会的经济基础所决定,但是政治环境、文化环境等上层建筑因素也对人的道德观念有着巨大的影响。正是因为社会存在的客观环境的复杂多变造成了人的思想道德观念的复杂化和多元化。

(二) 人与环境的互动关系

"人创造环境,同样,环境也创造人"②。马克思的这句话表明,人与环境之间具有相互作用的互动关系。旧唯物主义认识论提出"环境决定论",认为人是环境和教育的产物。马克思对于这种观点进行了批判,指出,"这种学说忘记了:环境正是由人来改变的,而教育者本人一定是受教育的。……环境的改变和人的活动的一致,只能被看做是并合理地理解为变革的实践。"③ 马克思在承认客观环境能制约和影响人的作用的同时,也肯定了人的主观能动性,人可以改造环境。人在处理自身与环境的关系中始终占有主体性的主导地位。尽管人会受到环境的制约和影响,但人能够通过发挥自己的主观能动性来改造客观世界,并支配客观世界为自己服务,这就是人能够区别于其他动物的本质差别。马克思还指出只有革命的实践活动,才能将人与环境有机连接,将客观世界与人的主观认识统一起来。人与环境之间通过实践活动发生相互作用,人类在改造环境的同时也改变着自己。虽然马克思恩格斯在分析人与环境的关系时,批判了"环境决定论",强调了人对于环境的主观能动性,但是马克思同时也强调了环境对人的影响,尤其强调了人们在进行实践活动时不能忽视外部环境这一客观前提条件的影响。"人们自己创造自己的历史,但是他们并不是随心所欲地创造,并不是在他们自己选定的条件下创造,而是在直接碰到的、既定的、从过去承继下来的条件

---

① 《马克思恩格斯文集》第9卷,人民出版社2009年版,第99页。
② 《马克思恩格斯文集》第1卷,人民出版社2009年版,第545页。
③ 《马克思恩格斯文集》第1卷,人民出版社2009年版,第504页。

下创造。"① 人的实践活动需要以客观环境为前提，人类创造历史也要以当下的客观环境和时代背景为前提条件。

环境创造人，环境的变化影响或制约着人的发展，人的思想观念也会受到客观环境的影响。马克思恩格斯关于人与环境的辩证关系的思想既是唯物的、辩证的，也是实践的。环境影响和制约人的发展，经济基础对人的思想意识有着决定性的影响，政治环境、文化环境也对人的思想意识有着巨大的、直接的影响。但是人对于环境也有能动的反作用，人同样可以创造环境。人通过实践活动可以改变、创造环境，从而改变自己的思想观念和道德观念。

二、中国共产党主要领导人的思想政治教育环境思想

在我国革命、建设、改革发展的不同历史时期，以毛泽东、邓小平、江泽民、胡锦涛、习近平等为主要代表的中国共产党人，运用马克思主义的基本原理，结合我国具体国情和社会实践，创造性地构建了中国共产党思想政治教育的理论体系与实践运作体系。不同时期的领导人赋予了思想政治教育不同的时代特色，但是每一代领导人都十分重视思想政治教育环境的建设，并不断丰富和发展了思想政治教育环境理论。

毛泽东提出了"外因是变化的条件，内因是变化的根据"② 的著名论断，科学地概括了思想政治教育环境的重要地位。毛泽东所讲的"外因"就是指所有的外部环境、外部条件。毛泽东强调了内因与外因之间是相互联系、相互制约影响的，并指出实践是统一且改造外部客观世界与内在主观世界的力量。实践是获得客观认识的来源，也是改造世界的推动力量。毛泽东倡导一切从实际出发，理论联系实际，重视社会实践与环境对人的思想的塑

---

① 《马克思恩格斯文集》第 2 卷，人民出版社 2009 年版，第 470—471 页。
② 《毛泽东选集》第一卷，人民出版社 1991 年版，第 302 页。

造作用。他倡导理论学习应与社会实践相结合，鼓励广大青年到社会实践中去"经风雨、见世面"。在思想政治教育环境诸要素中，毛泽东注重思想政治舆论环境的营造，注重发挥党的思想政治工作优势，发挥人的主观能动性。"一切革命的历史都证明，并不是先有充分发展的新生产力，然后才改造落后的生产关系，而是要首先造成舆论，进行革命，夺取政权，才有可能消灭旧的生产关系。"① 因此，毛泽东提出了政治建军、思想领先、宣传鼓动、制造正确的舆论氛围，为调动群众参与革命、投身社会主义建设营造良好的舆论环境。尤其是面对西方国家和平演变的图谋之时，毛泽东更加注重马克思主义在意识形态领域与舆论环境中的领导地位。"在我们无产阶级专政的国家里，当然不能让毒草到处泛滥。无论在党内，还是在思想界、文艺界，主要的和占统治地位的，必须力争是香花，是马克思主义。毒草，非马克思主义和反马克思主义的东西，只能处在被统治的地位。"②

邓小平立足于改革开放，建设有中国特色社会主义伟大实践的时代背景，提出了"三个面向"的教育发展战略思想，倡导教育要有改革开放的精神，放开眼光看世界、看未来。邓小平还总结了新中国成立以来的经验教训，提出坚持"一个中心，两个基本点"的基本路线，提出"国际大气候和国内小气候"交互作用及国内大小环境的辩证作用的思想，强调发挥环境的整体合力作用。邓小平十分重视物质文明与精神文明的建设。他认为物质文明是精神文明的基础，"物质是基础，人民的物质生活好起来，文化水平提高了，精神面貌会有大变化"③。而精神文明是物质文明的保障，邓小平强调要在加强物质文明建设的基础上，大力加强社会主义精神文明的建设，以精神文明促进物质文明。江泽民也坚持和贯彻了"两手一起抓，两手都要硬"的方针，强调在做好经济工作的同时，切实加强宣传思想工作和精神文明建设。面对国内外复杂多变的形势和挑战，江泽民强调："要做

---

① 《毛泽东文集》第八卷，人民出版社 1999 年版，第 132 页。
② 《毛泽东文集》第七卷，人民出版社 1999 年版，第 197 页。
③ 《邓小平文选》第三卷，人民出版社 1993 年版，第 89 页。

好新时期的思想政治工作，必须从国际和国内、历史和现实的角度，深刻分析新形势下对广大干部群众的思想活动发生作用的客观环境及其基本特点，正确审视和解决那些影响干部群众思想活动的重大理论问题和实际问题。"[①] 其中江泽民尤其注重精神文化环境的建设，提出"以先进的思想办教育，以科学的精神办教育，以务实的态度办教育，以发展的眼光办教育"的"四以"方针营造良好的思想政治教育精神文化环境。胡锦涛则十分重视和关心青年成长成才的环境问题，提出全社会都要为青年的成长成才营造良好的环境，"努力在全社会形成爱护青年、关心青年、鼓励青年成才、支持青年干事业的良好氛围"[②]。胡锦涛认为大学生思想政治教育是一项涉及国家发展、社会进步的重大工程，必须动员全社会各方力量，整合多方资源，特别是大力营造良好的文化环境、舆论环境、校园周边环境，营造健康向上的良好社会环境，形成大学生思想政治教育工作的强大合力。

改革开放以来，我国取得了全方位、开创性的成就，党的十九大对中国特色社会主义建设事业的历史方位作出了精准的判断："中国特色社会主义进入新时代"。随着中国特色社会主义事业进入新时代，我国面临的国内环境和国际环境更加纷繁复杂。其中经济全球化和随之而来的信息多元化、文化多元化不仅给我国的经济社会发展带来前所未有的机遇，也在很大程度上改变了人们的思想观念，特别是在西方的意识形态及生活方式冲击下，我国的传统价值取向受到前所未有的挑战，也给国家认同、民族文化自信和爱国主义教育等方面造成影响。针对新形势给思想政治教育工作提出的新任务、新挑战，习近平总书记在全国高校思想政治工作会议上提出："要坚持把立德树人作为中心环节，把思想政治工作贯穿教育教学全过程，实现全程育人、全方位育人，努力开创我国高等教育事业发展新局面。"[③] 这说明，思

---

① 《江泽民文选》第三卷，人民出版社 2006 年版，第 76 页。

② 胡锦涛：《在同团中央新一届领导班子成员和团十五大部分代表座谈时的讲话》，《中国青年报》2003 年 8 月 8 日。

③ 《习近平谈治国理政》第二卷，外文出版社 2017 年版，第 376 页。

想政治工作不应仅局限于专门的课堂教学和学校教育，更应通过各种形式扩散到教育对象成长的全过程，实现其学习、生活、工作场景的全覆盖，实现全环境育人。习近平总书记重视营造良好的思想政治教育环境，尤其强调要将思想政治教育融入、渗透到社会的方方面面，"利用各种时机和场合，形成有利于培育和弘扬社会主义核心价值观的生活情景和社会氛围，使核心价值观的影响像空气一样无所不在、无时不有"[1]。其中，习近平总书记特别重视文化环境、舆论环境和网络环境的营造与优化。强调要继承弘扬优秀传统文化，向世界传播中国文化，"让收藏在禁宫里的文物、陈列在广阔大地上的遗产、书写在古籍里的文字都活起来"[2]。习近平总书记还指出，宣传思想工作要牢牢掌握意识形态工作领导权和话语权，要加强舆论环境的管理与营造，要敢抓敢管，敢于亮剑，坚持党对新闻舆论工作的领导。另外，根据社会信息化发展的需要，习近平总书记指出要把网络环境治理作为宣传思想工作的重中之重。新时代思想政治教育工作者要提高用网治网的水平与能力，推动媒体融合发展，使网络空间更加清朗，为实现"两个一百年"奋斗目标、实现中华民族伟大复兴的中国梦提供强大精神力量和舆论支持。

三、跨文化环境对交换生造成"文化冲击"

文化，是指人类社会在发展过程中所创造的物质财富和精神财富的总和。[3] 文化能潜移默化地影响人的思想品德、行为习惯。不同时代有不同的文化，不同区域的文化反映了不同的区域文化背景，不同的文化也反映了不同的社会阶层、社会利益集团的需求，因此文化对人的思想品德形成的影响具有社会性、时代性和区域性。在各区域、各民族文化之间，存在文化观

---

① 《习近平总书记系列重要讲话读本（2016 年版）》，学习出版社、人民出版社 2016 年版，第 192 页。

② 《习近平谈治国理政》第一卷，外文出版社 2018 年版，第 161 页。

③ 陈万柏、张耀灿主编：《思想政治教育学原理》，高等教育出版社 2007 年版，第 213 页。

念、文化传统的差异是绝对的，这种绝对的差异性既构成了文化的多样性，也导致了思想政治教育过程中认同的差异。在经济全球化的时代背景下，各种文化伴随着资本的流动在全球流动、融合，甚至发生冲突。对于一个国家、民族而言，它总是有着自己的文化传统、意识形态和价值观念，因此不同的国家、民族往往有着不同的文化环境。但一个人从原生环境到另一个国家、区域中学习和生活时，必然需要面对跨文化环境的问题。

跨文化交际理论中，文化冲突常发生在突然离开自己熟悉的本族文化或社会环境而迁移到完全陌生的异族文化和社会的人员身上，会导致人员出现一时的紧张和不安。决定人们经受文化冲突影响程度大小的因素，是其生活经历、受教育程度和自身适应周围环境的应变能力。奥伯格曾经提出跨文化适应经历的四个阶段：蜜月阶段、危机阶段、恢复阶段和适应阶段。交换生在离开自己熟悉的文化环境和社会环境后，需要融入一个新的文化环境。在这一过程中，交换生往往需要面对从发现文化差异或冲突到逐渐适应，再到能够融入环境并进行跨文化交际的一个过程。交换生如果不能及时处理因文化差异带来的问题，就可能会导致他们在交换期间出现交际障碍、认同障碍、情感障碍等问题。

交换生在跨文化环境中出现文化差异和文化冲突问题的原因主要是思维方式、风俗习惯等方面的差异和冲突、道德观念方面的差异和冲突、价值观念方面的差异和冲突。大学生正处于人格发展的重要阶段，如果在这一特殊阶段到境外交换学习生活，将会给他们的自我认同带来非常大的影响。交换生因接触到跨文化环境，受到多元文化的冲击远比国内的大学生要大得多。交换生体验过不同的文化后，有的就算身处异地、异国，面对西方的文化及意识形态的冲击，可能会更加坚定其政治信仰，他们对于国家以及民族的认同反而会更加坚定。这是积极的影响体现。这类交换生往往具有强烈的国家、民族自豪感，会竭力维护我国在国际中的良好形象，积极宣传我国优秀文化，希望祖国得到世界的认可、尊重以及赞扬。但也有一部分交换生可能会因为文化差异和文化冲突，容易对中国的传统文化和社会道德规范产生怀疑和批判。例如，政治认识出现偏差，价值取向与思维模式受到影响。西方文化中的资产阶级自由化、拜金主义、享乐主义等思想也会对交换生产生极大的冲击。交换生除了在交换期间会面临文化差异问题之外，当他们回国后，也需要一定的时间面对"逆文化冲击"，再适应国内的环境、文化传统和行为习惯。短期内的环境变化对交换生的跨文化适应能力提出了较高的要求。提高个人知识技能、包容接纳文化差异、构建多元化社会支持系统、保持正确合理的心理预期等举措，是改善跨文化适应现状的有效对策。而如何在跨文化环境下，加强对交换生的思想政治教育，引导他们扬弃和改造异质文化环境中具有消极性和局限性的因素，实现思想政治教育与文化环境的同构，增强交换生的文化自信与国家认同，是一个现实且重要的课题。

第三节　风险社会理论

风险社会理论是对现代社会观照性很强的一种新型的社会发展理论。近年来，随着交换生人数、规模的快速增加，我国高等教育学生国际化流动的新趋势的加强，也使交换生思想政治教育面临更多的挑战和任务。在风险社会理论的视域下研究交换生思想政治教育，将交换留学安全摆在首位，不仅可以规避和防范交换生项目在发展中所要面临的风险，同时也拓宽了风险社会理论在不同领域的发展研究。

一、风险社会理论及其对交换生思想政治教育的启示

德国学者乌尔里希·贝克是风险社会理论的奠基人，他于 1986 年在其著作《风险社会》中第一次提出了"风险社会"这一概念。贝克提出这一理论后，在西方学界引起学者们的广泛关注。道格拉斯、吉登斯、卢曼、拉什等学者成为风险社会理论研究的代表人物，他们都从不同角度和学科领域

对社会风险问题进行了研究，使得风险社会理论取得了很大发展。但时至今日，风险社会理论并没有形成一个统一的流派或成为主流思潮。对我国最有影响的是吉登斯的相关风险社会理论，流传最广，学界讨论也最多。吉登斯在《现代性的后果》《现代性——吉登斯访谈录》《失控的世界》《超越左与右》等多部著作中对人类社会全球化、现代化带来的副作用进行了系统深入的探讨，从而建立了他的风险社会理论体系。

对于"风险社会"这一概念，目前西方学界没有形成一个统一的具体概念。"风险社会"的提出者贝克认为："风险是一种应对现代化本身诱致和带来灾难与不安全的系统方法。与以前的危险不同的是，风险是具有威胁性的现代化力量以及现代化造成的怀疑全球化所引发的结果，它们在政治上具有反思性。"[①] 从中我们可以看出贝克认为"风险"是一个现代性的概念，与社会发展的副作用密切相关，"风险社会"是一个全球化的风险。有学者称之为"自反性现代化"。"风险社会"表明了人们开始反思现代化，并为了处理现代化自身引致的危险或副作用，会有意地采取预防性动作以及相应的制度化措施。英国社会学家安东尼·吉登斯将风险划分为外部风险和人造风险两类。外部风险主要由外部的自然因素引起，人造风险则是由我们不断发展的知识对这个世界的影响所产生的风险。当今风险社会的最大特征就是人造风险的加大。因此，吉登斯强调风险社会中人的"反思性"，特别是从制度理性的角度进行反思。所以，吉登斯提出风险社会的应对政策时，在宏观上倡导乌托邦现实主义，从制度上化解风险；在微观上，个体应接受风险意识教育，提升预防或抵御的能力。从"风险社会理论"的视角来讲，风险是无法避免的，是人类社会长期发展的产物。在人类社会发展的进程中，由于人类认识的局限性，对自然及社会发展的规律缺乏科学的认识，导致一系列的问题出现。另外，风险社会也是现代化的产物。当人类进入后工业时代后，技术的迅速发展虽然给人类带来了许多便利，但也暗藏许多无可

---

① 转引自杨雪冬：《风险社会与秩序重建》，社会科学文献出版社 2006 年版，第 2 页。

预测、不可控制的潜在风险。

在经济全球化和现代化的时代背景下，中国的社会转型和改革开放在不断地推进。与此同时，中国社会的各种问题也不断涌现，如经济发展乏力、发展不平衡问题，资源紧缺问题，环境污染问题等风险对中国社会构成了巨大的威胁。中国的社会转型面临着前所未有的文明冲突和文化碰撞，历史与现实、传统与现代、本土文化与西方文明多重因素交织在一起，这些错综复杂的风险景况使得当代中国在一定意义上处于一个"高风险社会"。①

交换生的出现也是现代化的产物。交换生需要交换到另外一个区域或者到境外去生活与学习，面临的社会风险也是很大的，需要社会给予高度关注。

"留学安全"② 是交换留学过程中必须关注的首要问题，而交换生的人身安全是处于"留学安全"的首要位置。交换生远离中国社会主义的社会环境和意识形态氛围，身处对象国不同的社会经济文化和意识形态之中，无论自然环境还是社会环境都存在一定程度的风险。尤其是那些身处于吉登斯所描述的发达资本主义社会的风险之中的交换生，受到西方意识形态的渗透和围猎可能性很大。这也给我们对交换生的思想政治教育研究提供了创新性的课题。具体来说，交换生所遭遇的风险分为以下类型：交换生个人在境外学习交流的过程中的人身安全、心理健康、文化适应的个人风险；从自然环境来看，境外交换留学生有遭遇地震海啸、火山爆发、山洪泥石流等自然灾害的风险；从社会经济环境来看，交换生有遭遇社会治安、交通事故、政治

---

① 薛晓源、刘国良：《全球风险世界：现在与未来——德国著名社会学家、风险社会理论创始人乌尔里希·贝克教授访谈录》，《马克思主义与现实（双月刊）》2005 年第 1 期。

② "留学安全"的概念最早由苗丹国提出，原则上是指学生、学者在境外留学或访问研究期间的生活和学习不受威胁性干涉或影响，能够正常获得真实可靠的学历学位证书。研究论文包括：苗丹国、赵莉：《人才国际化与中国留学人才安全》，《中国教育报》2006 年 8 月 30 日；李光贞、苗丹国、覃云云：《留学安全问题与中国留学安全战略的构建》，《中国高教研究》2012 年第 8 期；等等。

局势变动等社会风险。还有交换生通过在境外的学习和在跨文化环境中产生文化认同的风险，导致人生观、价值观和世界观发生改变，这是由于意识形态弱化造成的文化风险，是风险意识教育的重中之重。但是，风险并不只意味着危险，多元文化带给交换生的冲击既是一种挑战也是一种机遇，通过对其深入研究，必将为高校思想政治教育带来创新性的成就。

二、风险社会理论视域下交换生思想政治教育的转型

当今高等教育全球化浪潮以不可阻挡之势席卷世界各地，交换生成为不同国家和高校之间学术交流、人才培养的有效模式。交换生已不仅仅是被派往发达国家学习先进技术知识，而已成为一种国家外交手段，是提升我国文化软实力的有机组成部分。在全球聚焦中国崛起这一特殊背景下，交换生的风险防范成为一个复杂的课题。在风险社会环境下，交换生在交换留学过程中往往需要面对各种不确定的选择。由于他们离开了熟悉的环境和文化传统，会大大减弱其对生活的控制能力和对文化的适应能力，这也会大大增加其不安全感。因此，为了增强交换生的适应能力和安全感，推动思想政治教育价值的取向转化和思维转变，就需要加强交换生风险意识培养。交换生风险意识的构建需要他们具备一定的判断和选择能力、适应和变通能力、公民责任伦理道德以及全球性思维和处理跨文化矛盾的能力。

首先，高校应建立和完善对交换生的管理制度，加强交换生风险防范教育。高校必须加强交换生出国前的应急安全培训，加强留学过程中的思想政治教育引导，完善交换生归国后的总结反馈机制。交换生在境外的安全既与整个国际安全环境和留学所在国的安全形势有关，也与交换生自身安全意识的养成以及防范与应对能力的培养相关联。交换生管理制度的建立和完善，必将有效保障交换生的留学安全。高校应提前对交换生进行全方位的安全知识和风险防范教育，使学生掌握基本的安全知识，掌握基本的风险管理理论。通过风险教育，帮助学生掌握风险分析方法，区分不同性质的风险，掌

握基本的风险处理技能。在风险教育中，应重点培养交换生的全球性思维及处理跨文化矛盾的能力，这有利于帮助学生认识多元文化，解决跨文化交际中的困难和冲突，有利于培养其具有国际沟通和合作能力。另外，经过在异国他乡一定时间的学习、生活，交换生或可成为隐性的人才流失群体。面对这一新情况，国内高校在积极完善交换生的服务体系的同时，也要建立和完善对交换生的监督管理机制，加强交换学习前的宣传教育工作，帮助交换生事前做好自身学习发展规划。同时，国内高校也应与合作的国外院校建立良好的合作机制，通过签订协议、设立专门机构等方式搭建互信互利的合作平台，努力推动交换生项目的健康良性发展。

其次，完善国内高校对交换生的网络服务体系，积极防范交换生的安全风险，关注交换生的身心健康。近些年，西方发达资本主义国家由于恐怖主义、宗教和民族矛盾以及自然灾害等问题，使得安全问题的突发性和随机性增强，加之交换生都是从未走出校门的大学生，社会阅历不足，安全防范意识差，以致交换生的安全风险增大。由于多元文化的冲突和异国他乡的生活不适，交换生在生理健康和心理压力上都容易产生问题。我国高校应该针对日渐增多的交换生建立完善的网络服务体系，实现交换生派出学校各部门、全方位的网络服务，及时解决交换生在陌生国家求学所面临的生活、学习等方面的问题，通过对他们切身问题的关注，增强其对祖国的向心力，实现思想政治教育显性和隐性观照。作为交换生的派出方，我们应该明确学生虽然被派出到境外学习，但是学校仍然有管理和服务的责任，不能因为时间、空间上的困难而将交换生的各项教育管理工作完全假手于人。同时，国内高校应该积极搭建与交换大学的交流合作平台，加强教育资源全球共享的同时，为交换生提供由校内到校外、由国内到国外的全面服务平台，切实解决交换生的各种困难，实现对安全风险的有效防范。

最后，注重交换生意识形态安全的教育，增强交换生文化自信与国家认同。社会学家吉登斯在谈及现代性文化与自我认同两者之间的相互关系时指出，个体生活环境的变换总是需要个体不断进行心理重组，"在现代性的情境下，变化的自我作为联结个人改变和社会变迁的反思过程的一部分，被探索和建构。"① 同理，交换生会在"自我认同"建构的同时加入群体认同、社会认同、民族认同、国家认同等变量，而无论哪个层次的变量在发生作用时，文化认同都起到非常重要的作用。个体文化身份认同与群体文化认同相比，具有显著的主观性和很强的可塑性，例如，随着环境改变和发展，交换生就会内化新的异文化以适应新的变化，并在固化后通过各种社交互动进行外化，这种外化一旦产生，有可能在很长一段时间都对交换生产生深远影响。因此，在对交换生进行思想政治教育的过程中，要始终以培养中国特色社会主义建设事业的接班人为目标，以坚定的马克思主义信仰对交换生进行意识形态教育，坚持用优秀的中华传统文化和先进的社会主义文化对交换生进行文化熏陶，增加交换生的文化自信与国家认同。

---

① ［英］安东尼·吉登斯：《现代性与自我认同：晚期现代中的自我与社会》，夏璐译，中国人民大学出版社 2016 年版，第 30 页。

第二章

海外留学生思想政治教育的历史沿革

纵观近代以来海外留学生思想引领的发展，在不同的时代背景下呈现出不同的特点。两次鸦片战争后的晚清，时危民困，外患日迫。在有识之士的极力倡导下，清政府于1872年开始派出留美幼童学习西方先进技术，并对这些留美幼童实施了严格的思想管控，开启了近代以来中国留学思想教育的序幕。1895年中日甲午战争中国战败后，中国国内维新运动应声而起，在"教育救国"思想影响之下，在清政府奖励留学政策的推动下，留学欧美、东渡日本的浪潮跌宕起伏、盛极一时，大批留学生在接受新的思想文化启迪后，成为中国社会近代化的重要革新力量。随着政体的变更，留学生的思想教育也受到了极大的重视，中华民国时期各种有关留学的政策得以公布，留学生的选拔派遣逐渐呈现出稳定有序的状态。在当时资本主义思想、社会主义思想交锋的激流中，中国留学生对时局的思想认知呈现出多元化的特点，对当时的中国社会产生了巨大的影响。新中国成立后，我国的留学生教育进入了一个全新的时期，留学生的教育与管理逐渐规范化制度化，特别是改革开放以来，我国对海外留学生的思想教育的引领日益完善，呈现出留学形式多元化且思想教育蓬勃向上发展的势头。

第一节　晚清对留学生的思想
统治与教育的新探索

晚清时期留学生思想教育的发展尚处于探索之中，围绕洋务运动、维新变法以及"新政"等教育变革的举措，中国开始曲折地探索与尝试留学教育。清政府一方面采取了派遣幼童赴美留学等开放姿态，另一方面以封建传统仁义礼智信等思想来对留学生进行教育和管理，并对当时留学生的思想教育产生了重大影响。

一、浅尝辄止的留美幼童计划（1872—1894 年）

海外留学生思想引领的历史可追溯到洋务运动时期。一方面体现在晚清政府开始派遣和管控留学生，主动学习西方的器物文明，以期"开眼看世界"，挽救岌岌可危的封建统治；另一方面体现在早期留学生在面对中西方文化碰撞时所体现出的文化归宿上的分歧，体现在他们无法消解的民族主义情结和日渐浓厚的西化色彩相伴相生的相互纠葛中。

（一）留美幼童教育之确立

19 世纪六七十年代，内忧外患下的清朝，在曾国藩、李鸿章等官员的倡导下开启了一场"自强""求富"的洋务运动。与此同时，学习西方的先进技术、启用西式人才则成为洋务运动的迫切需求。在这一背景下，留学先驱——容闳的留美幼童计划，在曾国藩、李鸿章等洋务官员的多方运筹下，逐渐被清政府主政者所接纳，官方相继出台派遣幼童之管理办法，第一批留美幼童最终于 1872 年得以成功派遣。

1. 留美幼童计划之促成

容闳最早倡导和推动了清政府留美幼童计划的确立与实施，诚如舒新城先生所言："无容闳，虽不能一定说中国无留学生，即有也不会如斯之早，而且派遣的方式也许是另一个样子。"① 容闳于 1867 年提出了其欲救国强国的"条陈四则"，其第二条便是建议向美国派遣留学幼童：

> 政府宜选派颖秀青年，送之出洋留学，以为国家储备人才。派遣之法，初次可先定一百二十名学额，以试行之。此百二十人中，又分为四批，按年递派，每年派送三十人。留学期限，定为十五年。学生年龄须以十二岁至十四岁为度。视第一、第二批学生出洋留学著有成效，则以后即永定为例，每年派出此数。派出时并须以汉文教习同往，当另设留学生监督二人，以管理之。此项留学经费，可于上海总税项下，提拔数成以充之。②

条陈中容闳对留学的目的、人数、方法、管理乃至经费等作了具体的规划和周密的安排，实操性较强，与几年后清政府实行的官费留美幼童计划在派遣方式、人员规模、选择对象上相差无几。随着洋务运动的发展，培养周知外情、精通西艺的西式人才成为洋务派官僚的重要举措，容闳的留美幼童计划契合了洋务运动的需要，开始得到清政府权力阶层的重视。

以曾国藩、李鸿章为代表的洋务官员，多方运筹，使容闳的留美幼童计划最终得到落实。1870 年，曾国藩在给总理衙门的信中写道"拟选聪颖幼童赴送泰西各国书院学习军政、船政、步算、制造诸学，约计十余年，业成而归，使西人擅长之技，中国皆能谙悉，然后可以渐图自强"③，向清政府

---

① 舒新城编：《近代中国留学史》，中华书局 1927 年版，第 2 页。
② 容闳：《西学东渐记》，恽铁樵、徐凤石译，珠海出版社 2006 年版，第 122 页。
③ 《论幼童出洋肄业（致总理衙门函）》（同治十年五月初九日），载李鸿章撰，吴汝伦编：《李文忠公全书 译署函稿》第一卷，清光绪三十一年（1905）刻《李文忠公全集》本，第 19—20 页。

陈述派遣留学生之必要。为达成派遣留学生之事，曾、李二人于1871年9月3日联合上奏《选派幼童赴美肄业酌议章程折》（附章程），进一步强调派留学生"携往外国肄业，实力讲求，以仰副我皇上徐图日强之至意"的意义，该奏折与章程后成为留美幼童派遣的纲领性文件。

选派幼童赴美肄业办理章程①

一、商知美国公使，照会大伯尔士顿，将中国派员，每年选送幼童三十名至彼中书院肄业缘由，与之言明，其束修膏火一切均中国自备，并请俟学识明通，量材拨入军政船政两院肄习。至赴院规条，悉照美国向章办理。

一、上海设局，经理挑选幼童、派送出洋等事，拟派大小委员三员，由通商大臣札饬在于上海、宁波、福建、广东等处挑选聪慧幼童，年十三四岁至二十岁为止，曾经读中国书数年，其亲属情愿送往西国肄业者，即会同地方官取具亲属甘结，并开明年貌籍贯存案，携至上海公局考试。如姿性聪颖，并稍通中国文理者，即在公局暂住，听候齐集出洋；否即撤退，以节糜费。

一、选送幼童，每年以三十名为率，四年计一百二十名，驻洋肄业。十五年后，每年回华三十名，由驻洋委员胪列各人所长，听候派用，分别奏赏顶戴、官阶、差事。此系官生，不准在外洋入籍逗留，及私自先回，遽谋别业。

一、赴洋幼童学习一年，如气性顽劣，或不服水土，将来难望成就，应由驻洋委员随时撤回。如访有金山地方华人年在十五岁内外，西学已有几分工夫者，应由驻洋委员随时募补，以收得人之效，临时斟酌办理。

一、赴洋学习幼童，人学之初，所习何书，所肄何业，应由驻洋委员列册登注，四月考验一次，年终注明等第，详载细册，赍送上海道

---

① 《约章成案汇览》乙篇卷三十二上，第8—12页。

转报。

一、驻洋派正副委员二员，每员每月薪水银四百五十两；翻译员，每月薪水银二百五十两；教习二员，每员每月薪水银一百六十两。

一、每年驻洋公费银共约六百两，以备医药、信资、文册、纸笔各项杂用。

一、正副委员、翻译、教习来回川资，每员银七百五十两。

一、幼童来回川资及衣物等件，每名银七百九十两。

一、幼童驻洋束修、膏火、房租、衣服、食用等项每名每年计银四百两。

一、每年驻洋委员将一年使费开单知照上海道转报。倘正款有余，仍涓滴归公，若正款实有不足之处，由委员随时知照上海道，禀请补给。

一、每年驻洋薪水膏火等约计库平银六万两，以二十年计之，约需库平银一百二十万两。

1872 年 2 月，曾、李二人再次联合上奏，进一步落实了留学计划的具体细节，决定在美国设立中国留学生事务所，在上海设立幼童出洋肄业局，并确定了相关责任人，由陈兰彬担任出洋局委员，容闳为副委员。[①] 曾、李等洋务官员的努力，为留美幼童计划的实施提供了强大的理论支持和组织保证。

曾、李等洋务官员为促成留学计划做了诸多开创性的工作，最关键的是他们将容闳的留学救国计划与清政府维护统治的需要有效结合，使"中学为体，西学为用"的思想主张融入留学生教育之中。清政府洋务官员们突破"华夷之辨"的心理防堤，主张对外派遣留学生，又从捍卫本位文化、

---

① 舒新城编著：《近代中国留学史 近代中国教育思想史》，商务印书馆 2014 年版，第 17 页。

维护封建统治的角度，对留学生的派遣和管理提出了严格的限制与要求，奠定了日后清政府留学生思想引领之基调。

2. 派遣幼童之章程办法

为保障留美幼童计划顺利开展，清政府先后颁布了《选派幼童赴美肄业办理章程》《选派幼童出洋肄业应办章程》等章程条例，对留美幼童的选拔与管理提出了严苛的要求，是中国近现代留学生管理教育的初次尝试。

选派幼童要求严格，监督考核机制鲜明。如《选派幼童赴美肄业办理章程》规定，清政府在上海设立幼童出洋肄业局，派人专门负责幼童留学的筹备工作，要求官员们在风气开放的上海、宁波、福建、广东等处"挑选聪颖幼童，年十三四岁至二十岁为止"，幼童需满足"读中国书数年""稍通中国文理者"等条件且通过上海公局的考试，方可"齐集出洋"，否则便被淘汰。清政府统一规划幼童的回国任用情况，规定幼童"不准在外洋入籍逗留，及私自先回，遽谋别业"。此外，清政府还远程监控留美幼童，命令海外官员记录留美生的学习状况和考核情况，并"赍送上海道转报"。①

注重幼童的思想品行教育，训练幼童熟识传统禁令礼仪。《选派幼童出洋肄业应办章程》规定，"恭逢三大节以及朔望等日，由驻洋之员率同在事各员以及诸幼童望阙行礼，俾娴仪节而昭诚敬"②；又据《沪局肄业章程》规定，培训期间幼童不得私自出门游荡，不得争闹喧哗、不守学规、慢视教令，对品行不端者、屡教不改者予以除名。③

注重加强幼童对中国文化的学习，严防幼童荒废本国语言和文化。清政府在《选派幼童出洋肄业应办章程》中规定了留学生要学习中文课程，如"将来出洋后，肄习西学仍兼讲中学，课以考经、小学、五经及《国朝律

① 《约章成案汇览》乙篇卷三十二上，第11页。
② 《约章成案汇览》乙篇卷三十二上，第17—18页。
③ 《沪局肄业章程》，载《北洋纪事》第十二本，《幼童出洋》，转引自李喜所主编，元青等著：《中国留学通史（民国卷）》，广东教育出版社2010年版，第77页。

例》等书，随资高下，循序渐进。每遇房虚昂星等日，正副二委员传集各童宣讲《圣谕广训》示以尊君亲上之义，庶不至囿于异学"①，等等；在《沪局肄业章程》中还详细规定了幼童们中英文学习的作息安排："夏令时五六点钟起上生书一首，八点钟用点心，写字一纸，请先生讲书。十二点钟午饭。一点钟至三点钟温理熟书，文艺不明者质疑问难。四五六点钟学习外国语言文字。九点钟寝息。冬令时七点钟至九点钟课中国书籍或课古文字以一篇，讲先哲格言数则。"②

可见，"中学为体，西学为用"的教育思想贯穿于派遣幼童的各章程之中，体现出清政府对留学派遣慎之又慎的态度，及其在面对西方文化意识形态冲击之时对儒家三纲五常和传统道德修养的捍卫心理。

（二）留美幼童之文化心态

留美幼童远离祖国，置身于西方文明的不断熏陶之中，在感性而真实的中西方文化的冲突与对立下，逐渐形成了一种复杂矛盾的文化心态。在西方文明的熏陶之下，留美幼童的文化心态最主要的变化是，对传统文化的厌恶与疏离，转而积极学习西方的先进文化。与此同时，中西方文化的现实差距也不断提醒着他们本土文化背景，强化着留学生们朴素的民族和家国情感。

1. 初至美国后的不适与挑战

长袍马褂、留着大辫子的晚清服饰在这里遇到了美国习俗的挑战，每当头戴瓜皮帽、脚蹬厚底布靴的幼童们外出时，后面就会有一群美国人跟着大喊"中国女孩子"，让幼童们颇为尴尬与无奈。③ 幼童们被分散到美国人家里寄宿，据幼童李恩富回忆，刚到美国家庭时便被女主人拥抱亲吻④，美国

---

① 《约章成案汇览》乙篇卷三十二上，第15—16页。

② 《沪局肄业章程》，载《北洋纪事》第十二本，《幼童出洋》，转引自李喜所主编，元青等著：《中国留学通史·（民国卷）》，广东教育出版社2010年版，第77页。

③ 高宗鲁译注：《中国留美幼童书信集》，（台湾）传记文学出版社1986年版，第79页。

④ 钱钢、胡劲草：《大清留美幼童记》，当代中国出版社2010年版，第68页。

的礼俗也让保守内敛的幼童们一时间茫然不知所措。一时之间，传统与现代、东方与西方之间的各种文化冲突以各种最直接、最具体的方式接踵而来，让初到美国的幼童们不知如何应对。

2. 疏远本土文化，接纳西方文明

眼界大开的幼童，沐浴在西方文明中，逐渐表现出对封建落后文化的不满与疏离。生活习惯美国化，他们改穿洋人服装，扮洋人发束。辫子是幼童们最头痛的问题，不仅常常遭到美国人的嘲笑，而且在体育活动中也非常不便。据幼童的美国同学回忆，这些男孩穿着打扮和我们无异，玩橄榄球的时候会把辫子藏在衬衣里或是盘在头上，胆子大的就干脆剪掉辫子，见到肄业局官员的时候再弄上一条假辫子。① 不仅如此，幼童们还逐渐对封建八股文不感兴趣，对下跪叩头等封建礼仪反感与厌恶，这一系列的西化行为引起了清政府保守派的忧惧。

幼童们被西方文化精神所吸引，积极主动学习西方文明。他们从小学、中学到大学，接受的是正规系统的美式文化教育，在文化素养和知识结构方面，占绝对优势的是"西学"而不是"中学"。他们在美国所学的数学、天文、生物、化学、机械、采矿、土木工程等科目，在世界上是非常先进的，文化上的优越性使得幼童们对西方文化好感逐渐加深。幼童们不再循规蹈矩，勇于尝试各种体育运动，玩橄榄球，学滑冰，打棒球，踢足球，有时不惜用拳头与挑战者较量，这些呼吸自由独立空气的幼童渐渐被"美化了"。诚如1881年7月23日的《纽约时报》所言："中国幼童们，除却书本老师传授的知识，并受到美国政治及基督教的影响，这是可以意料中之事。如果认为这些聪慧幼童，仅由工程、数学、科学的领域中已得到满足，而他们对美国政治及社会的影响无动于衷，则将是不可思议之事。"②

在西方教育的熏陶下，幼童们逐渐吸收了西方优秀的思想和文化，根植

---

① 钱钢、胡劲草：《大清留美幼童记》，当代中国出版社2010年版，第100页。
② 李喜所：《近代留学生与中外文化》，天津人民出版社1992年版，第46页。

于美国文化中的自由、平等和民主观念逐渐冲淡了他们头脑中的封建等级观念。从起初到美国时的尴尬与不安到勇于追求文明与进步，从不理解西方礼俗到主动易服归顺，不到十年的时间里，幼童们逐渐实现了从封建学童到现代知识精英的蜕变。

3. 难忘本土情结，关心国家前途和命运

尽管受到彻底西化的诱惑，对封建传统有所不满，但留美幼童们却很难忘记其本土背景，他们依然热爱祖国，关心祖国的前途和命运，具有高昂的爱国精神和强烈的民族意识。

幼童们作为中国第一批的官派留学生，在出国前便确立了"状元榜上标金字，直入皇都作栋梁"① 的留学目标，幼童们自始至终认为自己是国家自强自立之所在，学成之后必当回国，成为国家之栋梁。尽管在西方文化的洗礼下，他们表现出了对本土文化的厌恶与不满，但其内心的祖国意识、民族意识并未有所退减，反而因为现实环境所迫形成了一种开放的、现代的民族主义观念，指引着他们的爱国行为和思想。1876 年 6 月 23 日，美国麻省理工学院的一次学生演出中，中国幼童表演了四个节目，幼童黄仲良表演了中文朗诵，幼童钟俊成进行了《中国之未来》的演说。② 身处异国他乡，在美国人民面前展示中华文化，畅谈中国之未来，体现出幼童们对祖国命运的关心与期盼。

归国的留美幼童在正统社会的敌视和排斥下，历经波折，但作为洋务运动背景下走出国门的学生群体，他们肩负着救亡图存的重大责任，他们回国后依然满腹爱国热情，以自己的技能之长为祖国默默奉献了自己的力量，成为早期现代化建设的佼佼者。留美人才的回国，对当时沉闷的中国社会在教育理念、社会心理、风俗时尚等方面产生了巨大的冲击。在美国学习了数年不等的留学生对近代科学技术的掌握已经有了一定的基础，回国后成为中国

① 刘中国、黄晓东：《珠海历史名人：中国留学之父容闳》，珠海出版社 2006 年版，第 95 页。

② 钱钢、胡劲草：《大清留美幼童记》，当代中国出版社 2010 年版，第 102 页。

近代在铁路、轮船、采矿、邮政、电报、海防乃至政治、外交、教育等方面第一批专门人才。其中最具代表性的幼童人物有修建京张铁路的詹天佑，服务于矿业界的邝荣光、吴仰曾，外交界的唐绍仪、梁诚，等等。这些留美幼童，凭借强烈的爱国心，恪守"促进中国的进步，而且使中国跻身于世界友邦之中"① 的理想信念，努力克服困难而不放弃，竭尽所能投身于祖国的建设之中，为中国的现代化事业作出了"集体性团队的贡献"。②

（三）海外留美生之管理及结局

由于派遣留美幼童，实属"中华创始之举"③，一度遭到守旧势力的反对，所以为了保证留学计划顺利进行，曾国藩、李鸿章等在考虑海外留学生管理、设立留学监督之时煞费苦心。

1. 设置机构，派遣官员，直接管理幼童

1872 年首批留美幼童赴美时，派遣保守人士陈兰彬为留学生监督，容闳为副监督，还有翻译生曾兰生和中文教习叶绪东。两位监督的职责主要是：（1）安排幼童吃住等日常生活；（2）联系学校；（3）寻找老师；（4）考核中文学习情况；（5）监督留学生的纪律和思想品德；（6）与美国方面交涉一些问题；（7）经费的管理和使用等。后来在此基础上，又在驻外使馆内设立留学生监督处，在美国哈特福德建立中国出洋肄业局，对留学生加以统一的教育与管理。

2. 儒家传统文化成为留美生思想引领核心价值观

清政府对留美幼童们实施了较为严厉的品行管控，儒家传统文化成为留美幼童思想引领核心价值观。

幼童到美后，以陈兰彬为代表的保守派官员，处处按封建纲常礼仪约束

---

① ［美］拉法格：《中国幼童留美史：现代化的初探》，高宗鲁译，台北华欣文化事业中心 1982 年版，第 6 页。

② 《吴宓自编年谱》，生活·读书·新知三联书店 1995 年版，第 151—152 页。

③ 陈学恂、田正平编：《中国近代教育史资料汇编·留学教育》，上海教育出版社 2007 年版，第 90 页。

留学生，留学生"受监督极严，须穿华服，保存辫发，守祀孔之古礼"①。幼童赴美学习西方的科学技术，在西方文化的潜移默化中，幼童们的生活方式和思想观念发生了变化，这引起了封建保守势力的深深忧虑。清翰林院编修吴嘉善奉命接替陈兰彬职务后，于1880年向全体留美学生发布了《谕示》以及出洋肄业新守则，要求留美幼童"要思出洋本意，是令尔等学外国功夫，不是令尔等忘本国规矩，是以功夫要上等学习，规矩更不可变更……至洋文汉文，更要融会贯通，方为有用"②。出洋肄业新守则更将中体西用的精神转化为具体的规章制度，不断强化儒家经典的灌输和中文的学习，规定幼童每月将中文送至出洋肄业局考查，每周末还要去肄业局聆听《圣谕广训》，并且停止美国地理、钢琴演奏、英国诗歌等课程的开设，等等。③

设于美国哈特福德的中国出洋肄业局，便是清政府传授传统儒家文化的官方学塾，也是管教处罚留美幼童的"地狱之屋"。④ 对于留学生入基督教、不行跪拜礼、剪发辫等违背纲常礼仪的行为，清政府施以严厉的管教和处罚，严重者甚至将其遣送回国。

3. 出于意识形态考虑，中途撤回留美幼童

清政府封建保守势力唯恐留美幼童西化而适异忘本，出于维护本位儒家文化的考虑，纷纷上奏朝廷，历陈幼童种种西化的思想言行，敦促清政府裁撤出洋肄业局，撤回留美幼童。

出洋肄业局吴嘉善、陈兰彬等海外监督，也纷纷指出留学生在美国多半入基督教而无敬师之礼，"若更令其久居美国，必致全失其爱国之心，他日

---

① 《华人留学美洲之今昔》，《东方杂志》1917年第12期。

② 刘真主编，王焕琛编著：《留学教育——中国留学教育史料》，台北编译馆1980年版，第91页。

③ 石霓：《观念与悲剧——晚清留美幼童命运剖析》，上海人民出版社2000年版。

④ 李书纬：《少年行：晚清留学生历史现场（1840—1911）》，广东人民出版社2016年版，第66页。

纵能学成回国，非特无益于国家，亦且有害于社会"①，极力要求朝廷撤回留美学生。国内保守派官僚李文彬也上奏朝廷，严厉斥责留美幼童流为异教、习为游戏等恶行，请求朝廷彻查洋局劣员，撤回入教学生，等等。②

在内外压力下，清政府于 1881 年 6 月 8 日下令全部撤回留美幼童，留美教育计划中止。

综上所述，1872—1875 年晚清政府先后派出四批留美幼童，这是近代中国第一次官方有组织有计划地正式派出留学生，无疑在当时具有石破天惊的意义。它不仅揭开了近代中国留学教育的序幕，也在中外文化和教育思想史上书写了浓墨重彩的篇章。留美幼童派遣过程中，清政府不仅制定了相关章程办法，而且尤为注重对留学生的品行约束和传统文化教育，这是中国对海外留学生思想引领的初次尝试，开启了中国海外留学生教育的漫漫征途。

二、被动革新下的晚清留学思想教育(1895—1911 年)

留美幼童计划开辟了中国留学教育之先河，它在孱弱的晚清社会中打开了国人了解学习西方文化的窗户，推动着晚清政府主动派遣留学生学习西方技艺及先进思想文化。尤其是中日甲午战争后，帝国主义掀起瓜分中国的狂潮，出国留学成为国人心中挽救民族危亡的重要途径。迫于严峻的国内外形势，清政府推行了一系列留学政策，促成了 19 世纪末 20 世纪初较大规模的留学潮，在中国留学教育历史上留下了浓墨重彩的一笔。

（一）晚清留学生教育管理办法与特点

西方列强的侵略日益加剧，岌岌可危的清政府于被动中开始变法革新，晚清时期的留学政策也随之发生了时代性的变化。

---

① 容闳：《西学东渐记》，恽铁樵、徐凤石译，珠海出版社 2006 年版，第 138 页。
② 《光绪六年十一月十六日江南道监察御史李士彬奏》，载中国史学会主编：《中国近代史资料丛刊·洋务运动》（五），上海人民出版社 1961 年版，第 249 页。

1. 早期留欧船政生之管理办法

留欧船政生以军事学习为目的，管理严格。欧洲留学最早始于1875年沈葆桢派遣福建船厂学生随法国教员赴法学习海军，同年李鸿章等遣天津武弁7名学生随德国教员去德学习陆军，两次留欧由于跟随外国教员带往，并未派专员监督。1877年，李鸿章连同沈葆桢商定了详细的《选派船政生徒出洋肄业章程》，对留欧生的选派、学习科目、管理考核以及纪律和待遇等作了明确的要求和严格的规定，同年在监督李凤苞的率领下，严复、林永升等35名留学生奔赴英国、法国学习海军与制造，并派中外监督各一员不分正副，督促学生学业，经理一切费用。①

2. 留日学生管理及办法

戊戌变法兴起后，派遣留学生变成了一个与救亡图存、变法维新紧密联系的政治问题，清政府对留日学生的选拔与管理较之以往也有很大不同。受制于客观条件的限制，清政府无力再由中央统一派遣，而是采用中央与地方、公费与自费相结合的留学派遣方式。在对留学生的监管方式问题上，清政府起初由各省驻日留学生监督负责本省留学生的具体事宜，各省各章，管理办法不一。后清政府开始警觉，遂在日本设立留学生监督处，选派"品端学粹之儒者"担任总监督，加强对留学生传统礼仪规范的教育和思想管控，严防留日学生指斥时政。

1899年8月2日，清廷军机处传知总理各国事务衙门，"至游学之国，西洋不如东洋，诚以路近费省，文字相近，易于通晓。且一切西书均经日本择要翻译，刊有定本，何患不事半功倍"②，这一谕令确定了赴日留学的政策方针。同年8月，清政府拟定了《总理各国事务衙门·遵议遴选生徒游学日本事宜片》，规定了留学日本的具体办法：衙门同文馆东文学生酌派数

---

① 李鸿章撰，吴汝纶编：《李文忠公奏稿》卷一百二十八，1908年影印版，第20—31页。

② 北平故宫博物院文献馆编印：《清光绪朝中日交涉史料》卷五十二，1932年版，第2页。

人，并咨行南北洋大臣、两广、湖广、闽浙各督抚，就现设学堂中遴选年幼颖悟粗通东文诸生，开具衔名，咨报衙门，知照日本使臣陆续派往。①

为了确保留日学生在日本能够循规蹈矩，清政府仍以"中学为体，西学为用"作为留日学生的思想引领，设立留日学生监督一职管理留日学生的品行、学习与生活，后又相继颁布约束留学生的规章制度：《约束游学章程》《奖励游学毕业生章程》《自行酌办立案章程》。三个章程从选派资格管理、思想管控以及学业成绩、转学和请假等方面加强了对留学生的监管，又从留学生考核、奖励、任用等方面加强了对归国留学生的管理。《约束游学章程》十条很有代表性，其具体内容如下：

　　一、此次章程奏定后，以后续往日本游学学生，无论官费生私费生，并无论日本官设学堂私设学堂，均非出使大臣总监督公文保送不准收学，而官私学堂自行收留者，将来毕业后，概不给以奖励。

　　一、总监督保送学生入私设学堂，须经文部省认可其教育程度与官学堂相等者方为合格。惟经文部省认可之专为中国学生设立之预备学堂（如弘文书院等），其章程虽多变通，亦可保送。其奖励年限，应归普通高等各学堂核计。

　　一、游学生在学堂中品行应归学校考察。其在外言动举止，如有不轨于正之据，经中国出使大臣总监督察访得实，随时知会学堂商酌，务必减其品行分数。

　　一、游学生在各学堂，非实有病症，概不准其轻易请假出外；及虽在学堂而托故不上讲堂，应请与日本学生一律督责，勿稍宽假。

　　一、学生在学堂时，应以所修学业为本分当为之事，如妄发议论，刊布干预政治之报章，无论所言是否，均属背其本分。应由学堂随时考察防范，不准犯此禁令。如经中国出使大臣总监察防留学生有犯此禁令之人，

---

① 《约章成案汇览》乙篇卷三十二下，第15—17页。

随时知会该学堂，应即剀切劝谕，学生立即停辍。如有不遵，即行退学。

一、凡现在已留学堂学生，无论官费生私费生，查有过犯及品行不端者，经中国出使大臣、总监督知会该学堂，请为斥退者，日本学堂应即照办。如日本官私学堂并不照行，仍听留学者，毕业后亦概不给予奖励。

一、各省所派官费生及私费生往日本游学者，经本省督抚查有不安本分、品行不端之人，随时咨明中国出使大臣、总监督，转达日本各学堂请为斥退者，日本各学堂亦应照办。

一、学生于课堂之暇，有编辑及译录所习科学之讲义，及翻译有裨实用之书，自不在禁例。此外无论何等著作，但有妄为矫激之说，紊纲纪、害治安之字句者，请各学堂从严禁阻。或经中国出使大臣、总监督查有凭据，确系在日本境内刊刷翻印者，随时知会日本应管官署，商酌办法，实力查禁。其污蔑人名节者，经本人或本人委托之人按律在日本应管官署指控，查实后，仍行惩办。

一、中国游学生会馆，办事有紊纲纪、害治安，若不安分之事者，应由出使大臣、总监督咨会日本应管官署，随时查禁，严加裁制，务期杜绝流弊。

一、凡现在日本各学校，及已经退校之中国留学生，如确有紊纲纪、害治安，若不安分之事者，应由该官员严加约束。如查其无悛改之望者，即行饬令回国，不准稍有逗留。①

通观《约束游学章程》，其中心思想便是对留学生的思想品行进行管控，要求留日学生安分守己，拱卫清朝统治。如其三、四、五、六、十条规定，品行不端者，轻则以减品行分数和警告为惩罚，重则以退学斥退相要挟；其八、九条规定，禁止留学生发表妄为过激的言论，严格管控留日学生的报刊和群体组织，对留日学生实行了严格的政治控制。

_____

① 《约章成案汇览》乙篇卷三十二下，第73—77页。

清政府鼓励日本留学以挽救岌岌可危的统治，但又惧怕留学生在海外受到新思想的熏陶。在留日学生的派遣过程中，清政府逐渐加强了对各行各业留学生学业与思想的控制。在法政留日学生中，清政府派遣留学生学习日本的君主立宪制度，以服务于清政府的"立宪"；在军备留学生派遣中，清政府于1908年颁发了日本陆军学生"训谕十则"，要求留日陆军生"牢记尊君亲上毋得误听邪说；恪遵监督约束毋得阳奉阴违"。[①]

3. "新政"时期的留欧学生管理

八国联军侵华后，清政府实施"新政"，积极鼓励留学，留学教育更加具有针对性，主张更为具体，留学生分布也更加广泛。特别是废除科举制度后，西方近代科学文化知识成为培养和选拔人才的主要标准，使得留学教育逐步为国人所重视。清政府命令各省选派学生出国肄业，经费由各省妥善供给，同时为了调整留学生分布的格局，留学生除派往日本外，还"派往西洋各国学习专门学问，以备回国任用"。

1902年，清政府上谕正式命令各省选派"明通端正之学生"，派往西洋各国学习专门技艺，此为晚清政府首次下令各省选派学生留欧。为了加强对留欧学生事务的管理，清政府于1904年9月颁布外务部、学部大臣奏准《游学西洋简明章程》，并从外语要求、中学根底、学生品行等方面对留学生的选拔和管理作出具体的要求。在以上留学政策指导下，赴欧留学生日渐增多，成为晚清留学教育中较为亮眼的组成部分。

起初留欧学生一般由各省派专员照料管理，随着留学人数的增加，清政府于1906年起连续颁布有关留欧的规章条例，加强对留欧教育的管理。1907年12月9日，清政府依学部所奏，在英、法、德、俄、比利时等欧洲国家分别设游学生监督一职，对不学无术、荒废学业的留学生以及宣传邪说、著书刊报等违背儒家纲常的留学生进行严格管教。[②] 1910年4月，鉴于

---

① 《陆军发给就学日本陆军学生训谕并章程》，载《大清新法令》，商务印书馆2011年版。

② 陈学恂、田正平编：《中国近代教育史资料汇编·留学教育》，上海教育出版社2007年版，第301页。

留欧学生多与外籍女子结婚，"易有乐居异域厌弃祖国之思，则虽造就成材而不思归国效用"，清政府决定"嗣后留学生未毕业时，均禁止其与外国妇女订婚及结婚，违者毕业时不给证明书，官费生追缴学费"①，对留学生实施严厉的政治管控。同年 4 月，清政府又颁布《管理欧洲游学生监督处章程准学部奏拟》，严格要求留欧生学习西洋农、工、医、格致等实业，以回馈国家，否则不给交学费，并对自费留学生攻读农工医等专业成绩优异者，酌情给予学费补助。

4. "庚款留学"下的留美学生管理特点

"庚款留学"是将庚子赔款的退赔部分用于派遣学生到国外留学的项目。它最早是由美国引起的，此后，英、法、比利时、日等国也予以效仿。② 美国与清政府协定，自赔款开始退还之年起清政府每年遣送学生赴美留学，直至该项退款用完为止。1909 年，第一批庚款生程义法、梅贻琦等 47 人赴美留学，后为了解决留美学生选派和培养中的一些问题，清政府于 1909 年设立了游美学务处。清政府为选拔和预培留美学生，于 1911 年建立清华学堂作为留美预备学校。

利用庚子退款派遣留美学生，具有不同于先前的留日教育以及同一时期其他留学教育形式的一个显著特点就是，学习理工科者占大多数。1908 年，清政府公布了《派遣美国留学生的章程草案》，其中规定留学生应有 80%专修工业技术、农学、机械工程、采矿、物理及化学、铁路工程、建筑、银行等，另外 20%将专修法律及政治学。同时草案还规定了留美生的选拔条件："质地聪明，性格纯正，身体强壮，身家清白，恰当年龄，中文程度要有作文数百字的能力，中国古典文学及历史要有基本知识，英文程度要能直入美国大学和专门学校听讲"③，留美生尚需在国内留美预备学校考核合格才能

---

① 学部：《禁游学生与外国人结婚片》，《教育杂志》第 2 年第 2 期，1910 年 5 月。

② 传教士明恩浦说服美国总统罗斯福，将美国分到的庚子赔款 2444 万美元（按每两关银折合 0.742 美元计）中的超过实际消耗部分减退 1078 万美元，用于中国办高等教育和招寻中国学生留美。1908 年获参众两院批准，款项在美国人的掌控下用于中国的高等教育。

③ 《清华大学史料选编》第一卷，清华大学出版社 1991 年版，第 106—108 页。

被派往留美。同年 7 月，清政府拟定了较为详尽的《遣派游美学生办法大纲》，决定设立"游美学务处"负责选派事宜，设立"肄业局"负责考核学生品学，严格规范了留美学生的选派。

为了杜绝留学派遣中的问题，提高派出留学生的质量，晚清留学教育还出现了一个重要的变化就是，通过考试选拔的方式进行派遣。清末的 180 名庚款留美生，是在游美学务处严格的考试中，宁缺毋滥选拔出来的优等生，留学生质量非常高。以竺可桢、胡适等为代表的庚款留美生，他们后来很多成为中国近代科学文化发展的肇创者。

（二）晚清欧美留学精英的思想引领

晚清的欧美留学生吸收了西方先进的思想文化，掌握了先进的科学技术，在爱国主义思想的引领下，他们日益感受到中国与西方国家间的文明落差，开始以传播先进思想文化、唤醒国民意识为己任，主动担当起引领时代思想的弄潮儿。

1. 成立团体组织，激发爱国热情

随着留学欧美人数的增多，一些自发性的留学生团体组织如"留法学生会""中国学生会""美洲中国留学生会""东美中国留学生会"相继出现，它们不仅成为中国留学生团结联络的纽带，而且还定期地组织学术讨论会、演讲会、运动会等活动，激发砥砺留学生的民族情感与爱国热情。如，1902 年 12 月，"美洲中国留学生会"以"留学生与中国之关系"为题开演说会，留美学生纷纷登台演讲，"留学生之本分在救国""留学生当以救国为急务"等几乎成为他们的演讲共识。①

2. 创办报刊，宣传新思想

一些海外留学生编纂了报刊，宣传新文化新思想。起初，留学生们为帮助国人克服留学困难而编纂游学指南，如《苏格兰游学指南》《美国游学须

---

① 《美洲留学报告》，上海作新社印刷 1904 年版，第 8—9 页。

知》《美国留学报告》等，详细介绍了国外的课程设置、风土人情、留学生会等，吸引鼓励国人赴欧美留学，这些著述成为当时留学欧美的指路明灯。不仅如此，留学生们在留学期间和回国之初，还创办各种宣传西方科学、政治、文化、军事等内容的刊物。如留德学生创办的宣传科学的《理工报》、宣传德意志法政的《法政介闻》、传播兵务的《军学季刊》，留法学生在巴黎创办的宣扬无政府主义的《新世纪》刊物，留美学生编译的宣传实业救国的《实业界》杂志、创办的《留美学生月报》《留美学生季报》等，这些刊物，刊登中国留学界的消息，发表对留学教育的有关评论，成为宣传新思想新文化的喉舌。

3. 批判封建思想，提倡民主与科学

留学生的爱国思想主要表现为以下内容：一是对西方资产阶级民主政治的观察和推崇；二是对旧中国社会的考察与批判；三是在行动上力所能及地效仿和贯彻。

多数留欧美学生对西方国家的政治生活有极大的兴趣，用顾维钧的话说就是"我不仅想学习到知识，而且想了解这个国家的人民和生活"①。读书之余，留美学生参加美国的各种社团，考察美国的工厂、商店、农村、乡镇、群众团体、家庭生活，最使他们感兴趣的是美国的资产阶级宪法、民主党派以及竞选议员、总统等。这是因为，美国式的民主政治是他们在中国无法见到的。从留美学生办的《留美学生》年报、月报、季报来看，介绍和评论美国民主制度的文字占较大篇幅。这些刊物专文介绍《美国大总统选举法》，译载《美国的国民主义》，评述美国选举的理论、方法以及国民心理活动，等等。

回国后，面对闭关自守、被动挨打的封建王朝，留学生们针砭时弊，大声疾呼要重视科学，挽救民族于危亡。"世界强国，其民权国力之发展，必与学术思想之进步为平行线"。所谓"学术进步"，主要是科学发达问题，

_____

① 《顾维钧回忆录》第一分册，中华书局 1987 年版，第 4 页。

他们的逻辑是：凡弱国，科学必落后；凡强国，科学必腾飞。美国之所以"雄飞海上"，"皆由于物质文明之发达与否有以致之耳"。① 中国为何步步落后，就在于科学不发达。

（三）留日学生精英与反清思想的兴起

20 世纪初的清末留日学生在中国政治、军事、思想、文化方面取得了重大成就，对中国社会的发展产生了深远的影响。留日精英们传播先进思想文化、探索救国之路的思索与实践，引领了旧中国青年挽救民族危亡的爱国主义思想。

1. 编书立刊，宣传民主革命思想

留日学生通过创办报刊、编撰书籍的方式，批判旧思想、宣传民主革命思想。

在当时的日本留学生群体中，创办报刊纷纷以宣传革命思想为宗旨，"报以不言革命为耻"②。一时之间，日本各省同乡会所创办的《江苏》《浙江潮》《湖北学生界》《河南》《四川》《洞庭湖》等刊物，多方采集各国政治思想，宣传爱国救亡，传播文明于国民。如《译书汇编》连载了卢梭的《社会契约论》、孟德斯鸠的《论法的精神》、约翰·密尔的《论自由》等西方资产阶级启蒙名著，《国民报》大力宣传天赋人权、自由平等，号召革命推翻清朝统治。1905 年 11 月创刊的《民报》以宣传同盟会的"三民主义"为总纲，在抨击清政府、鼓吹反清革命、介绍西方资产阶级民主学说方面成绩显著，对激发进步青年的爱国意识和革命思想起了积极的作用。

此外，留学生们还编写了大量的革命书籍，为反清革命提供精神武器，其中以邹容写的《革命军》和陈天华写的《猛回头》《警世钟》影响最大。这些革命书籍表达了强烈的反帝反清思想，对国内的会党、学生和士兵产生

① 《留美学生季报》，中华书局 1914 年第 1 期。
② 邹鲁编著：《中国国民党史稿》第二册，中华书局 1960 年版，第 47 页。

了重大的思想启迪作用。

2. 成立革命团体，策划武装起义

清政府的倒行逆施促进了留日学生的爱国思想的觉醒，他们意识到，只有推翻卖国的清政府，建立救国的新政府，才能使中国免于亡国。

留学精英们早在同盟会之前，便投身于革命事业。他们于1903年，在日本先后成立了华兴会、光复会等革命团体，联络各地会党、新军，策划发动起义。1905年，第一个资产阶级革命组织——同盟会，在日本东京正式成立，加盟者多为留日学生，留日学生黄兴、胡汉民、廖仲恺、秋瑾等均是同盟会的核心骨干。同盟会喉舌《民报》的主要编辑宋教仁、陈天华等，均是留日学生当中的活跃分子。

留日学生回国后，继续宣传革命思想，组织武装起义。如留日学生徐锡麟、秋瑾等直接策划发动的皖浙起义，留日学生刘道一、蔡绍南等策动的萍浏醴起义，孙中山、黄兴率领同盟会于1907—1908年在华南地区发动的武装起义，直至1911年的黄花岗起义、武昌起义等，留日学生在起义中都充当了骨干力量。

留日学生精英为创建中国历史上第一个资产阶级共和政府，立下了不朽的功绩，使中国在现代化的进程中迈出了极其关键的一步。辛亥革命10年后，孙中山在回顾这一段历史时曾对留日学生的贡献作了非常公允的评价："本党从前在日本组织同盟会所得的会员，不过一万多学生，他们回国之后到各省去宣传，便收辛亥年武昌起义登高一呼，全国响应，不到半年全国就统一的大效果"[①]。

第二节 多元复杂的民国留学生思想教育

随着政体的变更，民国时期的教育革新势在必行，派遣留学生成为政府

---

① 《孙中山选集》下册，人民出版社2011年版，第548页。

培养专门人才的重要途径，各种留学政策相继颁布，留学形式也呈现多元性。由于政局尚处于动荡之中，留学教育和管理存在着不少问题，但相对于晚清时期的防范限制思想，却有着明显的进步，并为日后留学教育的发展奠定了良好的基础。

一、民国初年与北洋政府时期

民国初年，临时政府急需国家建设的人才，对留学生教育采取了相对积极的态度，其中最具代表性的举措便是官费派遣了"稽勋留学生"。为了规范留学生的派遣，1913 年的北洋军阀政府，开始在教育部组织机构中特设"留学科"专门分管留学教育工作，对外裁撤派驻各国的留学生监督，改派"经理员"整顿留学经费问题。随后相继出台了一系列留学政策，鼓励、调整、规范留学生的派遣，留学界也因此呈现出相对宽松自由的思想文化氛围。

（一）留学政策的出台及效果

为全面整顿民国以来留学教育的混乱局面，吸取晚清留学教育的经验教训，教育部于 1914 年 7 月制定了《整理教育方案（草案）》，决定由中央制定专门的留学教育章程，统一规范留学教育工作，其选派留学生的目的与办法如下：

> 游学生派送之目的在求外国高深之学术，促进本国之文明，启发社会之知识。吾国游学生之寡得其用者，一误于选派时无一定之方针，再误于回国时以考试为荣典；始基不慎，则所供不足以应求，取士无方，斯所学乃归于无用，今先改订选送方法，各省游学经费每岁划出若干，并定东西洋游学定额若干，各有缺额时，一律由部选送。选送目的有二，一视全国何项人才缺乏而选送之；一视地方特别情形，为欲增加某

项人才而选送之。学成之后，要谊各得其用，不可徒导其猎官，尤不可以豢养为事，使之志情气昏，寂然无所闻于世。又游学生回国后，经历社会修养有得者，尤宜续送留学，以资深造。一以探索高深之学理，拔十得五，已足造福于国家；一以适应社会之需要，用人惟才，便能增益其学术，此派遣留学生之要旨也。①

该草案提出留学生选送由中央统一调控，各省根据中央分配的名额进行选拔考核，经费由各省支出。在此基础上，教育部又先后制定了《管理留日学生事务规程》《管理留欧学生事务规程》《管理留美学生事务规程》等一系列留学教育章程来进一步调控留学教育工作。

1916 年 10 月，教育部颁布了《选派留学外国学生规程》，该规程成为北洋军阀政府时期官方统一的留学教育法规。在官费留学生的选派资格上，该规程特别强调了必须是各大国内外大专院校本科毕业生或是各大专院校的教授方可报名，而且还要经过初试、复试、笔试、口试等的层层选拔，保证了选派留学生的质量；在留学生的管理上，留学生由教育部特派的留学监督进行管理，留学监督负责发放留学经费，收取留学生的留学日记、学位论文以及考察报告，验明留学生毕业凭证以及发放留学毕业证明书，等等。② 该规程还对选派各省留学生的经费定额、名额分配以及归国后的任用等都作了明确的规定，各省官派留学生事宜均依照此规程执行。1924 年，教育部又颁布了《发给留学证书规程》，进一步规范了留学生的派遣。其规定，无论公费、自费留学生，需经审查或考核合格，获得留学证书后方可出国。

北洋军阀政府时期的留学政策，通过层层打磨提炼而逐步丰富完善，形成了相对成熟的官费留学体系。北洋军阀政府时期的留学政策既支持、鼓励留学，又严格派遣标准和派遣资格，重视派遣质量，与清末程度较低的留学

---

① 载《教育公报》第八期，1915 年 1 月。
② 陈学恂、田正平编：《中国近代教育史资料汇编·留学教育》，上海教育出版社 2007年版，第 498—502 页。

质量，重实业实科留学，重官僚贵胄留学，留学章程不正规且比较粗糙等特征相比，无疑有着鲜明的进步性。这些政策大大推动了近代留学运动的发展，同时为其后南京国民政府统治时期的留学政策的制定和实施奠定了较好的基础。

然而，由于受政局混乱、经济停滞、社会动荡、财政紧张等的影响，留学政策的实施在很大程度上打了折扣，效果不明显。首先表现为留学生的派遣数量受到严重制约，从 1918 年至 1925 年中国派遣赴日、美、欧等地的留学生，总体上呈下降的趋势；此外，还表现为教育部和地方官员对这些留学规程的执行十分不力，政府"派遣无意识""选择无标准""考绩无方法""任用无诚心"①，以致留学生质量良莠不齐，有的图慕虚名而非实学。留英的傅斯年先生曾描绘过当时留学界的情景，"不使人满意的地方很多。求速效，急名利，忽忘学业，几乎是一种最普及的现象"②，北洋军阀政府时期的留学教育在实践当中呈现出执行不力、混乱无序的状态。

（二）五四运动与留学救国思想的兴起

在北洋军阀政府留学教育执行不力的状态下，留学界呈现出了相对自由的文化氛围，海外留学生得以接触先进的思想文化，并将其传播至国内民众，燃起国内青年强烈的爱国情怀。

1. 留学生的爱国主义引领与五四运动

从鸦片战争到辛亥革命前，先进的中国人为了寻求救国救民的真理奔赴美国、英国、法国、德国、日本等国留学，认为照搬资本主义的经济政治文化就能挽救中华民族于危亡之际，但国事衰微、任人宰割的现实却一次次地浇灭了他们的理想。从 1915 年"二十一条"的签订到 1919 年巴黎和会上中国外交的失败，身处国外的留学生们痛心疾首之余，其反抗外来侵略寻求救

① 谢长法：《中国留学教育史》，山西教育出版社 2006 年版，第 111—112 页。
② 朱正编：《大家小集：傅斯年集》，花城出版社 2010 年版，第 148 页。

国救民真理的欲望更为强烈。

日本提出"二十一条"后，留学生便成为五四运动"外争国权，内惩国贼"的先驱，他们在日本东京开展示威游行活动，派代表归国宣传日本侵略的狼子野心，并向全国发表《泣告全国同胞书》《警告父老乡亲书》号召人们团结御侮、抵抗侵略。在留学生们的号召鼓动下，全国人民掀起了大规模的反日爱国运动。巴黎和会有关中国问题的处理引起了巴黎中国留学生的极大关注，他们大声疾呼收回中国主权，不断向中国代表团请愿以阻止中国代表在巴黎和约上签字。弱国无外交，巴黎和会上中国外交失败的消息很快传播到国内，留学生们的舆论导向促使国人进一步认清帝国主义的侵略嘴脸和北洋军阀政府的懦弱无能。

2. 马克思主义成为留学生救国思想的新内容

五四运动后，留学生们的爱国主义精神上升到新的阶段，与马克思主义、社会主义的思想紧密结合起来，产生了质的飞跃。以李大钊为代表的留日学生最早接触和研读马克思主义著作，1919 年，李大钊在《新青年》杂志上发表《我的马克思主义观》一文，对马克思主义作了比较全面、系统的介绍。不久，杨匏安、李达、李汉俊等几位在留学日本期间接触过马克思主义学说的留日学生，也陆续发表一批宣传马克思主义的文章，进一步推动马克思主义在中国的传播。

（三）思想激荡下的欧美留学倾向

北洋军阀政府时期的中国，依旧军阀混战、统治黑暗，任由帝国主义争相凌虐，反帝反封建、争取民族独立、图富致强逐渐成为海外留学生爱国主义思想的主流。留美学生主动肩负起祖国科学文化建设的重要任务，在先进知识分子的思想引领下，更有大批青年远赴欧洲学习工业技术、主动了解西方的工人运动。

1. "庚款留学"的承续和发展

辛亥革命后，"庚款留学"项目在清华学堂得到了较好的承续和发展。

据统计，1912—1927 年，清华学堂共派遣留美学生 1013 人，其中 90%以上为高等科毕业生。① 庚款留美学生比例较高，大多接受了严格系统的专业训练，有较多人取得了学位。他们热爱祖国，归国学生于 1913 年成立了欧美同学会，自觉担负起中西文化交流的重任。1915 年，留美学生在美国建立了中国科学社（1918 年移回国内），并在上海出版《科学》月刊，致力于普及科学知识，培养科技人才，推动科学研究。在庚款留美学生中，涌现出一大批近现代中国教育科学文化事业的先驱。

2. 特殊的留学教育运动——赴法勤工俭学

在蔡元培、李石曾、吴玉章等的倡导下，大批青年学生赴法勤工俭学。仅 1919 年 3 月至 1920 年 12 月，留法勤工俭学人数就达 1700 多人。这些学生在既无官费或庚款支持又无家庭亲友资助的条件下，克服重重困难，远涉重洋。他们以劳工神圣、工读主义为指导思想，分赴法国各地的大工厂和学校，在艰苦的环境中边工作边学习。留法学生中的一大批人在留学期间积极了解法国工人状况，学习马克思主义，吸收十月革命经验，完成了从民主主义到共产主义的思想转变，涌现了诸如周恩来、邓小平、陈毅、聂荣臻、李富春、蔡畅、赵世炎、王若飞、蔡和森、李维汉等新型知识分子的杰出代表，他们成为中国革命的中坚力量。

二、南京国民政府时期

由于受时局的影响，南京国民政府时期的留学教育在特定阶段显现出不同的特点。笔者以政府对留学生的管理和留学生界的思想潮流为主线来梳理南京国民政府留学生思想教育的历史。

（一）强化对留学生的政治管控与思想教育

南京国民政府成立后，注重对留学教育进行统一规划。国民政府借鉴北

---

① 蒋凯、徐铁英：《近代以来中国留学教育的历史变迁》，《大学教育科学》2007 年第 6 期。

洋政府时期的留学经验，先后颁布一系列留学法规，对留学生的选拔、管理进行严格的约束与规范。此外，国民政府还非常注重对留学生的思想教育和党性教育，严格防范留学生思想行为的异化。

1. 严格管控留学生

为了将留学教育纳入国家统一有序的管理体系之中，国民政府于 1933 年公布了《国外留学规程》，规定了留学生的考选资格、留学年限、考选程序、留学管理办法以及留学证书等内容。该规程对留学生报考资格要求较高，初试、复试双重筛选整体提高了留学生的综合素质。同时该规程对留学生的纪律要求十分严格，如留学生未经许可更换留学国别和专业者，成绩未及时呈报考察者，请假或重病一年者，回国后未经教育部登记者，等等，均要受到取消留学资格或是追缴费用等处分。

国民党中央于 1929—1930 年先后颁布《中央派遣留学生管理章程》《管理委员会组织规则》《聘请留学生学业考查员办法》等，在国内设立留学生管理委员会，委员会下设负责留学生登记的事务部门、负责审查留学生各项报告的审查部门，以及考察留学生学业的学业考察员等。据记载，留学生的报告分为学业报告、学业成绩报告、旅行参观报告和实习报告四类，留学生需按时递交报告，违反者取消其公费留学资格。

随着国内外时局的变化，国民政府对留学生的派遣管理办法也应时而变，但对留学生群体的管控标准始终未变，违者严肃处分。比如，国民政府为了培养革命事业接班人，先后派遣了近百名国民党党员留学生。为规范这批留学生的管理，国民政府专门制定了《中央派遣留学生管理章程》，对其提出了明确的政治要求，如每月反馈自身的学习生活动态、社交情况、留学界状况、国际形势、党务活动等内容，担负着宣传本党党义、搜集情报、组织同学会等政治任务。

2. 注重思想管理和党化教育

出于为政治服务、为本党所用的目的，国民政府尤为注重留学生的思想管理。1931 年 9 月，国民政府颁布了《三民主义教育实施原则》，对留学生提出了思想文化之要求：

　　一、须根据三民主义的精神，融合东西文化之所长，以造就三民主义的新文化；

　　二、须切应中国学术之需要，以造就各种学术上专门人才；

　　三、须切应中国物质上之需要，以造成各种社会事业的建设人才。①

该实施原则还要求学生必须"素无违反三民主义之言论行动"才能选派出国。在《国外留学自费生派遣办法》中也规定留学生"如有违背三民主义之言论及越轨行为，经查明属实报部后，立即取消留学资格，并勒令返国"②。

　　此外，国民政府对留学生的思想监督与控制，还可以从当时的报刊记载管窥一二。美国一学术团体为反对国民党控制留学生思想，向美政府提议停止接受中国留学生，直至国民政府取消对留学生思想和言论的干涉。③

　　在国民政府党化教育的要求下，教育部不仅要求驻各国大使馆调查了解留学生的学习生活和思想动态，还于1943年颁布《留学教育方案》，对留学生的国民党党性学习予以明确要求："公费自费学生出国以前，应调赴中央训练团受训，其已在国外未受训者，应于回国后入团受训。公费留学生未入党入团者，分别介绍加入党或团。"④

────────────

　　① 秦孝仪主编：《中华民国重要史料初编——对日抗战时期》第三编，中国国民党"中央委员会"党史委员会编印1981年版，第434页。

　　② 中国第二历史档案馆编：《中华民国史档案资料汇编》第五辑第二编，江苏古籍出版社1998年版，第868—875页。

　　③ 《行政院决定停止派遣留学生出国，美学术团体反对控制留学生思想》，《解放日报》1944年5月4日，转引自王奇生：《留学与救国：抗战时期海外学人群像》，广西师范大学出版社1995年版，第247页。

　　④ 刘真主编，王焕琛编著：《留学教育——中国留学教育史料》，台北编译馆1980年版，第2084—2085页。

无论公费还是自费，留学生都需要进入中央训练团接受国民党党性教育。不仅如此，在《国外留学规程》中，留学生初试的内容还涵盖了国民党党义的考察，这是国民党强化留学生党性教育的重要手段。在国民党中央派出的党员留学生当中，他们以实际行动践行着国民政府的派遣目的，在海外宣传党义，在国内组织同学会，积极为国民党政府效力。

（二）留学精英与爱国运动

南京民国政府时期的留学教育，涌现了一批批留学精英，他们为中国近现代的科学技术、思想文化以及政治、经济作出了重大贡献。随着国内时局的变动，留学生群体当中出现了发展实业、引进科学的救国立国思潮，在强烈的爱国心驱动下，他们还积极开展抗日宣传活动，留学生的命运与祖国紧密联系在一起。

1. 留学生的杰出贡献

南京国民政府时期的留欧、留美学生，怀揣科技救国之思想，发奋学习西方科技文化，归国后在社会广泛领域发挥了重大作用，特别是科学技术领域，成绩卓著。留学生将西方先进的科技文化引入中国，以积极的行动践行着爱国主义思想。以抗日战争前的留德学生为例，他们在海外成立"留德学生中德文化研究会""北平中德学会""中德文化协会"等组织，来介绍德国先进科技文化，宣传中国传统文化，成为当时中德文化交流的重要载体。这批留德学生，如核物理学家王淦昌、何泽慧，文学作家冯至、梁宗岱，史学家季羡林、韩儒林等，他们在中国化学、医学、生物学、物理学、地质学、工程技术以及文学、哲学等领域，获得了惊人的成就，为中国的近现代化建设作出了卓越贡献。

背负国家命运、民族荣辱，抗日战争时期的留学生界，也涌现出了许多著名的科学家。如1935年留学美国的钱学森，1937年留学法国的钱三强、留学英国的彭桓武等，他们心怀科技救国的宏大志愿，努力学习，取得了丰硕成果，到新中国成立后这批留学生纷纷归国，成为新中国科技人才的主力军。

2. 留学生的爱国运动

抗日战争爆发前后，留学生在爱国情感的驱使下，加入了轰轰烈烈的抗日大军中。留日学生关心政治，以实际行动表达对日本侵华行为的强烈抗议。留日学生成立"对日外交后援会""中华留日学生会"等抗日组织，他们开展示威游行，集体请愿，积极宣传抗日。留日学生归国后，成立"留日学生抗日救国会"等组织，纷纷向政府请愿抗日，积极向民众揭露日本侵略意图，唤醒国人爱国意识。

海外留学生为宣传抗战，创办团体，创办报刊，等等，进行了艰苦卓绝的努力。北美留学生举行抗日大会，担负爱国救国之责任，并借助世界青年大会，向全世界宣传日本侵略之恶行。据学者王奇生先生统计，现将抗日战争时期海外留学生所创办的刊物列表如下。

表1　1932—1943年海外留学生所创办的刊物统计表①

刊物名称	创刊时间	创办团体	备　注
《抗战情报》	1932 年 7 月	德国抗联	小型日报
《救国周报》	1937 年 9 月	德国抗联与中国学生会	
《抗日周报》	1937 年	华盛顿中国学生会	英文周刊
《远东杂志》	1937 年	纽约中国学生会	英文月刊
《祖国抗战情报》	1938 年	全欧抗联	日刊
《学术建国丛刊》	1942 年 8 月	留美学生战时学术计划委员会	中英文季刊
《学术建国通讯》	1942 年 12 月	留美学生战时学术计划委员会	月刊
《中华周报》	1943 年 12 月	留英学生	销量最高达四千份
《情报》		留英学生	
《民主阵线》		留英学生	

---

① 王奇生：《中国留学生的历史轨迹：1872—1949》，湖北教育出版社 1992 年版，第388 页。

续表

刊物名称	创刊时间	创办团体	备 注
《民报道》		留法学生	
《抗战要讯》		留荷学生	
《抗战消息》		留比学生	

三、中国共产党"以俄为师"新举措

中国共产党成立后，积极派遣共产党员留学苏联，学习苏俄革命的历史和马克思列宁主义思想，为中国革命、中国共产党培养了大批优秀人才。时局混乱之下，留苏学生以救国救民为己任，积极宣传马克思列宁主义，投身中国革命，成为引领新民主主义革命的骨干力量。

（一）学习马列主义，培养革命领袖

1919 年五四运动爆发，中国先进知识分子纷纷成立共产主义小组，并派遣留学生学习苏俄革命思想，引进马克思列宁主义。1921 年中国共产党成立后，中国的革命形势又出现了新变化，为了培养坚定的马克思主义者和军事化人才，选派留苏学生成为发展壮大中国共产党的新举措。

表 2　中共引导下的留苏学生统计表（1921—1938 年）[①]

留苏学校	留学时间	留学生代表	留学数量	备 注
东方大学	第一期（1921—1924 年）	罗觉（罗亦农）　刘少奇 任弼时　肖劲光　王一飞 蒋光慈（蒋光赤）　曹靖华 彭述之　卜世奇	26 人	共产主义小组学员

[①] 此表根据李喜所主编，元青等著：《中国留学通史（民国卷）》（广东教育出版社 2010 年版，第 121—165 页）整理而成。

续表

留苏学校	留学时间	留学生代表			留学数量	备 注
东方大学	第二期（1923—1925年）	王若飞　陈乔年　熊雄　刘伯坚 聂荣臻　李富春　蔡畅　黄平 张伯简　吴丽石　叶挺　徐成章			100余人	三批留欧学生和中共选派人员
东方大学	第三期（1925—1926年）	朱德　　刘鼎　　熊正心 彭干臣　罗世文　向警予 赵毅敏　施宜生　李福生 胡子原　汤正清　涂作潮			80余人	留欧学生和国内知识分子、工人
东方大学	第四期（1927—1928年）	张仲实　张锡涛　刘鼎　吴先清 王观澜　杨幼林　刘群先 黄火青　秦超			300余人	中共党员
中山大学	第一期（1925—1926年）	左权　　陈启科　傅钟 邓小平（邓希贤）李俊哲 戴坤忠　傅汝霖　宋法明 甘瑞　　俞秀松				中共党员
中山大学	第二期（1926年下半年）	秦邦宪（博古）　杨尚昆 李伯钊　王履冰　谢怀丹 王新衡　张国庶　彭道之 杨道南			120余人	中共党员
中山大学	第三期（1927年）	李剑如　黄浩　　乐少华 陈修良　余笃山　葛耀山 李坤泰（赵一曼） 李慧（李沐英）			337人	中共党员、团员
中山大学	第四期（1928年）	何叔衡　杨之华　林伯渠 吴玉章　叶剑英　徐特立 董必武　瞿景白　唐有章 章汉夫　章友江			137人	东方大学中国班和中共选派人员
列宁学院	1928年	刘仁静　蔡和森　朱代杰 阮仲一　俞秀松　张国焘 董亦湘　周达文　彭泽湘 王若飞　董必武			10余人	中山大学学员
列宁学院	1931年	陈郁　　林铁　　杨秀峰 李立三　许光达　周平 吴诚　　曹轶欧　李国华 陈桂　　包祥森　王普 张祺			50余人	中共高级干部
列宁学院	1935年	陈潭秋　饶漱石　曾山　孔原 滕代远　高自立　陈云　欧阳生 林育英　杨松　　林达森			11人	中共党员

续表

留苏学校	留学时间	留学生代表	留学数量	备 注
伏龙芝军事学院	1927—1938 年	刘伯承　左权　　陈启科 刘云　　屈武　　黄第洪 刘亚楼　林彪（李进） 卢冬生　李天佑　李兆麟		中共党员
基辅联合军官学校	1928 年	李特　赵秀峰　卢匿才　师哲		中共党员

自 1921 年至 1930 年，中国共产党分批派遣留学生赴苏联东方大学、莫斯科中山大学、列宁学院等院校学习，学习内容涵盖科学社会主义、政治经济学、辩证唯物主义、社会学等马克思列宁主义知识。同时，为了适应国内革命形势，中国共产党还派遣党员、高级干部等赴苏联军事院校参加军事政治培训班，为中国革命培养了大量的优秀军事人才。

留苏学生经过系统的革命理论学习，成为坚定的马克思主义者，归国后很快投入到艰苦卓绝的新民主主义革命中，为中国革命的最后胜利，作出了不可磨灭的贡献。

（二）成立海外党支部，支持中国革命

中国共产党成立后，东方大学的留苏学生率先成立海外党支部，用来团结和管理从欧洲转来的中国留学生，负责留学生与当地大学之间的沟通与交流，领导留学生们勇敢面对困难完成留学学业。海外党支部为中国培养了一批优秀的党员干部，刘少奇、罗觉（罗亦农）、彭述之、任弼时、肖劲光等在苏联陆续转为中共党员，扩大了中国共产党在海外留学生中的影响力。

中国共产党派遣出去的留苏学生，均为政治上颇有抱负的革命者，他们在苏联学习期间以及回国后的革命中，有力地推动了马克思列宁主义思想的传播。这批留学人员在苏联撰写文章，创办报刊，翻译外文著作，时常发表时事评论、国内新闻以及开展中国革命问题研究、马列主义理论研究等。回

归祖国后，多数留苏人员继续从事马克思列宁主义理论研究，诞生了以张闻天、秦邦宪、瞿秋白、刘少奇等为代表的早期中共革命理论家。瞿秋白在回国后创办了《热血日报》和《布尔什维克》，主持党刊《新青年》《前锋》《向导》的发行工作，刊登了大量介绍马克思列宁主义思想的文章；瞿秋白、彭述之、蒋光慈等留学人员回国后先后任教于高校、党员培训班、马克思共产主义学校等，负责讲授社会哲学、社会思想史、社会运动史、唯物史观等马克思主义理论知识，促进了马克思列宁主义在中国的传播。

第三节 新中国成立初期的留学生思想教育

新中国成立后，我国的留学生教育进入了一个全新的时期，但从新中国成立至改革开放这段时期，我国的留学生教育却经历了较为曲折的发展历程。而这一时期的留学生思想教育也体现着鲜明的时代特征和留学理念，下面分三个阶段进一步阐述。第一阶段，新中国成立初期的海外学子归国潮，给百废待兴的新中国科教领域带来冉冉生机；第二阶段，"文化大革命"前的留学苏联和东欧的留学潮，使我国留学生教育在曲折发展中取得一定成效；第三阶段，"文化大革命"期间为我国留学生教育的低潮时期。

一、爱国思想引领下的海外学子归国潮

新中国成立后，数以千计的留学生仍滞留海外，想归国而不成。众多学识满腹、爱国热情满怀的旧中国留学生，受西方层层阻挠而无法回到祖国的怀抱。据当时的高教部统计，截至 1950 年，滞留在各国的我国留学生和学者共有 5500 多人，其中留美学生达 3500 多人，占总人数的 63.17%。[1] 对

---

① 李滔主编：《中华留学教育史录（1949 年以后）》，高等教育出版社 2000 年版，第 3 页。

于百废待兴、百业待举的新中国而言，争取海外学子归国，成为新中国留学教育的一项重要方针。

（一）政府积极引导留学生归国

为了召唤海外学子归国，党和政府采取了积极争取留学生归国的政策。1949 年 12 月，在周恩来总理的大力倡导下，政务院文化教育委员会成立了"办理留学生回国事务委员会"（以下简称"办委会"），负责留学生的招待、学习、介绍工作，以及对海外留学生的调查、宣传和接待工作。办委会在新中国初期的工作原则如下：

1. 只要新回国的留学生，有适当的证明文件，来本会登记后，就可介绍到教育部招待所免费招待食宿，并协助解决其他有关问题。

2. 为了照顾国外留学生的生活水平，不使感到骤然降低太多，招待回国留学生一律按照中灶标准，并尽量提高伙食质量，改善生活水平。

3. 为了减少尚在国外留学生之忧虑，对初回国留学生的就业问题由办委会各有关单位协助，争取尽速解决。能自己找到工作的，可以听便，我们并可予以协助。由我们介绍工作的，也采取协商方式代为进行，避免生硬作风。

4. 对于学自然科学的，一般都介绍工作。对于学社会科学的，如一时不易介绍工作，就动员他们去华大政研所学习，但只说服，绝不勉强。

5. 对尚在国外的留学生，通过各种关系，进行调查人数、学科、需要及其他情况，并与国内外有关团体取得联系，指示其学习动向，号召其早日学成回国为人民服务；对一般尚不能回国者，予以适当的指导，使其今后回国学习能适合国内需要。

6. 对于学有专长而经济困难、无力回国的留学生，设法酌予接济。①

在上述原则的指导下，办委会对留学生归国工作十分负责。办委会不仅

---

① 李滔主编：《中华留学教育史录（1949 年以后）》，高等教育出版社 2000 年版，第 10—11 页。

积极引导、帮助留学生归国，还对归国留学生的就业发展予以妥善、灵活的安置。比如学自然科学的留学生可以直接工作，而学社会科学的留学生则因知识背景、思想观念上的中西差异，先建议其去"华大"（华北人民革命大学）进行马克思主义再教育，了解新中国革命的历程，但又不官方强制留学生。同时，为了帮助留学生尽快熟悉国内环境，办委会通过组织留学生自学、座谈、听首长报告等学习形式，结合他们今后的学习、工作问题向他们介绍新中国情况，学习材料以《论人民民主专政》《共同纲领》等为主。

1956 年 2 月 21 日，高等教育部发布《关于争取尚在资本主义国家的我国留学生回国工作的通知》，积极争取海外留学生回国参加社会主义建设。在党和国家的安排下，留学生回国后的工作领域主要集中于机关、厂矿和学校，进入机关、厂矿的最多。其中以文教、政法、财经等专业的留学生大部分还需要先进行政治学习，而学习理、工、农、医等基本上直接参加工作，在工作中接受政治学习。1949—1954 年归国留学生就业学习情况见下表。

表 3　1949—1954 年归国留学生就业学习情况①

	理	工	农	医	文教	政法	财经	未详	总计	
									人数	百分比（%）
机关、厂矿	64	148	40	43	85	40	50		470	45.2
学校	76	78	20	33	80	9	30		326	31.3
学习	2	7	2	2	54	54	49		170	16.3
其他	15	14		4	21	4	14	2	74	7.1
总计	157	247	62	82	240	107	143	2	1040	100.0
百分比（%）	15.1	23.8	6.0	7.9	23.1	10.3	13.8	0.2	100	

---

① 根据教育部档案《1949—1955 年由资本主义国家回国的留学生名单》《1949—1954 年回国的留学生情况统计表》整理而成。

（二）海外学子的爱国情感

新中国的成立，给历经坎坷的海外留学生们带来了无限的希望，回归故土、建设祖国成为海外留学生自发的追求。1950 年 2 月，赴美讲学的华罗庚毅然回国，并发表了著名的《写给留美同学的一封信》，信中他急切呼吁："为了抉择真理，我们应当回去；为了国家民族，我们应当回去；为了为人民服务，我们也应当回去；就是为了个人出路，也应当早日回去，建立我们工作的基础，为了我们伟大的祖国的建设和发展而奋斗！"① 归国表率们强烈的爱国之情，使得不少留学生为之动容，鼓舞着更多的海外留学生投入到建设祖国的大军中去。

然而，海外学子在归国的过程中，又受到了西方国家的百般阻拦，不少科学家均遭受过拘留、软禁、恐吓、虐待等折磨，欲回国而不能，最典型的例子是美国扣留航空工程专家钱学森和原子物理学家赵忠尧等。为此，滞留海外的爱国学子纷纷发表声明、宣言，揭露抗议西方国家扣押中国学生的行为，一些进步海外团体如"留美中国科学工作者协会""北美基督教中国学生会"等在推动留学生归国过程中发挥了重大作用。以留美中国科学工作者协会（以下简称"留美科协"）为例，该协会于 1949 年 6 月发布《我们的信念和行动》的归国宣言，向留美同学发出"努力加紧学习，提早回国，参加建设新中国的行列"② 的号召，后成立多个分会宣传归国思想，并编译《留美科学通讯》等资讯信息，向留美学生报道国内情况。留美科协所做的工作在留学生中产生很大影响，推动了大量留美学生踏上回国之路。

新中国成立初期至 1956 年底，从世界各地先后归国的学者、留学生共计 3000 余人，其中从美国归来的学人就约有 2000 名，他们中的多数都学有

---

① 华罗庚：《写给留美同学的一封信》，《大公报》1950 年 3 月 4 日。

② 全国政协暨北京、上海、天津、福建政协文史资料委员会编：《建国初期留学生归国纪事》，中国文史出版社 1999 年版，第 7—8 页。

专长且心怀报国之志，为新中国各项事业的发展作出了重大贡献，很多人隐姓埋名投身于国防事业并为此付出了生命的代价。这些海归学子大都是新中国科技教育领域的领军人物，其中包括大家耳熟能详的钱学森、钱三强、严东生、邓稼先、郭永怀、谢希德、张文裕、林兰英、吴文俊、唐敖庆、赵忠尧等一批科学界泰斗，他们在新中国"两弹一星"、高能物理等尖端科技领域作出了突出贡献。老一辈的留学生们为了新中国科技事业不畏艰难、奋斗终生的爱国主义精神，永远值得国人铭记。

二、中苏关系与留苏教育的兴衰

国际上中苏冷战局面的形成，使得新中国不可能在美苏两大阵营之外独善其身。由于以美国为首的西方国家对我国采取敌视政策，中国只能全方位地向以苏联为首的社会主义阵营"一边倒"，不但在外交上与苏联保持一致，在经济建设、文化教育等多方面都要向"老大哥"学习，以取得他们的帮助。但是，新中国成立初期的"留苏潮"是在两国"国家行为"下形成的，不可避免地受到两国关系冷暖的直接影响。

（一）留苏教育的热潮

1951 年我国正式派遣了第一批 375 名留苏学生，他们都是从各种工作岗位上抽调的具有革命经历的青年知识分子干部，标志着新中国初期留苏热潮拉开帷幕。

由于缺乏经验，加上时间紧迫，准备工作仓促，从决定人选到出国，只有一个月的时间，除个别人懂得一点俄语外，几乎所有人从未接触过俄语。由于俄语水平太低，学生无法学习，老师无法施教，双方都十分费力且收效不大，对此，苏联方面有很大意见；而饮食、气候和生活习惯上的差异，使这批留学生遭遇重重困难，情绪波动。时任中央人民政府秘书长的林伯渠访苏了解上述情况后写信给刘少奇、周恩来，建议"以后再派留学生须在国内进行预备教育六个月或再多一些时间，首先教俄文拼音会话……"① 中央高度重视这个建议，决定在北京俄语专科学校成立留苏预备部，于1952年起培训学员，为期一年。留苏预备部的主要任务是：业务培训（把俄语学习和训练放在首要位置）、政治审查和出国学生的后勤保障。为适应1953年起实行的第一个五年计划，需要派遣大量留苏学生，留苏预备部的任务十分繁重，最多时接纳学员达2000多名。留苏预备生都是经过严格挑选的品学兼优的学生，大部分是在校大学生，也有一部分应届高中毕业生。留苏预备部除进行俄语强化培训和进一步政治审查外，给学生的物质生活待遇也十分优厚。

1954年起，经过国内培训的留学生大批赴苏，连续三年有5000多人到苏联各高等院校和研究单位学习，还有7000多名实习生到苏联厂矿企业实习，形成一波留苏的高潮。② 总体来说，20世纪50年代前期和中期，中苏两国各方面的关系都比较协调，这就是人们常说的中苏关系的"蜜月时期"。在战后经济还没有完全恢复，自身还面临许多困难的情况下，苏联尽力帮助新中国恢复和发展经济，除援建一百多项重大工程外，同意在短期内接受成千上万的中国青年学生赴苏留学，也不是一件轻而易举的事情。当时，苏联几乎所有大学和所有专业，包括国防、保密、尖端科技、特殊工种的专业都向中国留学生开放，中国留学生约占在苏学习的外国留学生的一半左右。

中国留学生肩负着强烈的使命感，他们克服学习上种种困难，特别是听课和语言交流方面的困难，较快地适应新的学习环境，加上他们特别勤奋好学，遵章守纪，乐于助人，与苏联师生结下了深情厚谊，绝大多数留苏学生都以优异成绩按时毕业，不少研究生还取得博士学位，回国后投身建设事业的行列。

---

① 李滔主编：《中华留学教育史录（1949年以后）》，高等教育出版社2000年版，第102页。

② 周尚文：《新中国初期"留苏潮"述评》，载《求真路上——周尚文自选集》，上海人民出版社2014年版，第305页。

（二）留苏教育的衰退

教育固然有相对的独立性，但它不能不受政治的影响。自 20 世纪 50 年代后期起，随着中苏关系的恶化，中国留学生的学习和生活条件也发生很大变化，昔日两国间友好和信任的气氛开始淡化，中国向苏联派遣的留学生数量大为减少，1957—1960 年这四个年度留苏学生数量分别为 483 人、378 人、460 人、317 人，到 1961 年和 1962 年，留苏人数分别为 74 人和 55 人。①

20 世纪 60 年代，中苏分歧开始表面化，留苏学生的际遇也发生骤变。此刻派出的留苏学生更历经了许多特殊的考验，中苏论战开始后，他们必须遵守国内的规定，站稳立场，与"修正主义"划清界线，又要与苏方设置的限制和障碍作斗争，多次引发政治事件，使他们的学习环境更加困难。1966 年，国内"文化大革命"开始后，中方要求所有在华的外国留学生休学或提前毕业，苏方则限令所有中国留苏学生于 10 月底前回国。② 至此，新中国成立后 10 余年的"留苏潮"遂告终结。

留苏潮虽然经历了起伏曲折，但它对新中国建设事业的作用是不容低估的。留苏学生曾因其政治优势，在 20 世纪五六十年代的中国最活跃，各级领导干部，尤其是科技、教育和外交方面，留苏学生挑大梁的不在少数，其中著名的便是江泽民、李鹏、叶选平、钱其琛等，他们在中国现代化进程中发挥了巨大的作用。留学苏联最重要的是为国家培养了一大批技术骨干和各种专门人才。但在 1960 年前后，正值留苏学生大批回国，准备投身建设事业的时候，两国关系发生极大变化，昔日被视为"天之骄子"的留苏学生回国时却受到冷落。由于两国关系日趋恶化，国内又经历了"大跃进"和

① 中华人民共和国教育部计划财务司编：《中国教育成就统计资料（1949—1983）》，人民教育出版社 1984 年版，第 126 页。

② 章开沅、余子侠主编：《中国人留学史》下册，社会科学文献出版社 2013 年版，第 582 页。

人民公社化运动的折腾，留学生长期在国外受教育，难免对国内形势不了解，所以回国后第一件事是集中一段时间进行政治学习，以帮助他们"划清界线，提高认识"。对他们的工作分配却没有专门的政策倾斜，没有把他们当作专门人才安排在适当的岗位上，以利于更好地发挥其专长，更好地报效国家。其中有的人工作岗位与专业不对口，造成那一时间段留苏人才资源的浪费。

三、"文革"时期留学生教育的停滞

1966 年 6 月，随着"文化大革命"的进行，高等教育部发出了《关于推迟选拔、派遣留学生工作的通知》，将该年选拔派遣留学生的工作推迟半年，然而实际上我国直到 1972 年才开始派遣留学生，留学生教育被搁置了五六年。

1972 年，随着我国在联合国合法席位的恢复和高等学校的重新招生，我国便逐步恢复了向国外派遣留学生，并开始提供奖学金。如 1972 年，我国选派了 16 名留学生赴英，20 名留学生赴法，随后还向意大利、瑞士、比利时、荷兰、加拿大、新西兰等西方国家派遣了留学生。由于那段时间尚处在"文革"的后半段，我国对公派留学生教育仍然持谨慎的态度，因而留学生数量并不多。至 1976 年的三四年间共向英法等 49 个国家和地区派出留学人员达 1600 余人，其中大多数是学习与研究外国语言文学的。[1] 而且，这一时期的留学生派遣工作显得比较保守，比如大量向亚非等落后的发展中国家派遣留学生，不向以苏联为首的"华约"集团和美国派遣留学生。

虽然"文革"期间，我国的留学生教育一度陷入停滞，但 1972 年后我国留学生教育又出现了新中国成立以来的重要转折，与西方国家之间的联系

---

[1] 章开沅、余子侠主编：《中国人留学史》下册，社会科学文献出版社 2013 年版，第 608 页。

重新建立，除了互相派遣留学生，也存在互相派遣教育代表团访问、互派专家学者等多种交流形式。尽管这段时间的留学生教育规模甚小，但对于与西方国家断绝联系 20 多年的中国而言，其意义仍是重大的，为我国改革开放后留学生教育的发展奠定了良好的基础。

第四节　改革开放以来蓬勃发展的留学生思想教育

改革开放以来我国的留学教育事业大致经历了恢复、调整、发展和逐渐成熟的发展过程。党和国家针对不同阶段的特点，对出国和回国分别制定了一系列相应的方针和政策。从严格控制到强制性管理，从来去自由到鼓励回国，无不体现出党和国家对留学教育事业的高度重视。归国留学生在国家政治、科教文卫、高新技术和第三产业中发挥着独特作用，为提升中国软实力，为中国特色社会主义现代化建设作出了重要贡献。

一、公派欧美、日本留学的"千人计划"

"文革"结束后，我国留学生教育派遣工作仍处于徘徊状态，1977 年仅向外派遣留学生 200 名，1978 年向 28 个国家派遣留学生 480 余名。1978 年 6 月 23 日，邓小平在听取教育部关于清华大学的工作汇报时，对派遣留学生问题作出指示："我赞成留学生数量增大……要成千成万地派，不只派十个八个，要千方百计加快步伐，路子要越走越宽，今年派三千出去，怎么选派，派到哪里，要拟好计划。" 1979 年，我国出国留学人员猛增到 1777 名，虽然未能达到派遣 3000 名的预期目标，但这无疑拉开了中国大规模派遣留学生的序幕。

教育部于 1978 年 7 月 11 日向中央提出了《关于加大选派留学生的数量

的报告》，同年 12 月 26 日，改革开放后的首批访问学者启程赴美，这是中国走向世界的重要一步。

1979 年初，邓小平率团访问美国，在与美国总统卡特所签署的协议中，将中美关于派遣留学生的口头谅解作为正式协议加以签署，从而载入史册。此后，中国领导人出访日本、加拿大等国，也接待了各国访华代表团，商谈互派留学生事宜，签订了一系列合作协定和执行计划。随之，赴英、法、德、日等国的中国留学生陆续踏上求学征程，掀起了中国近代以来最大规模的留学热潮。

1980 年 1 月，全国出国留学人员工作会议召开，会议指出，"派出留学人员不仅是现阶段为解决四化急需的高级科技管理人才，加快缩短与世界先进水平差距的一项重要措施，也是今后必须坚持的一项方针"，并提出新的公派留学生选拔工作原则。选拔留学人员应以培养高等教育师资为主，并兼顾其他方面的需要；派出专业应以自然科学为主，同时派人学习社会科学和外国语言；自然科学方面应以技术科学为主，但也不应忽视基础科学和应用技术的需要。1980 年、1981 年，我国公派留学生人数分别达到 2124 人和 2922 人，其中以进修学者和研究生为主，基本上实现了"确保质量"和"力争多派"的要求。

二、留学规模的逐步扩大，出国教育理念的普遍化

随着改革开放的不断深入，国家还进一步放宽了对单位派遣和自费留学的限制，突破了国家集中选派留学生的单一模式格局。1981 年，国务院批转教育部等七部委《关于自费留学的指示》，指出："自费出国留学是培养人才的一条渠道，对自费留学人员和公费留学人员在政治上应一视同仁。"随后出台《关于自费留学的暂行规定》。1981 年 12 月 11 日，美国教育考试服务处首次在北京举办"托福"（TOEFL）考试，这也是中国首次举办托福考试，一时间成为国内高校学生追逐的热门考试，直至今日。

这一时期的留学生派遣逐渐形成了国家统一派遣、单位自行派遣和个人自费留学的三种方式，一直存在到现在。截至 1984 年，我国到国外留学的总人数达 33000 名，其中公派留学人员 26000 多名，另有 7000 多人自费出国留学。① 尽管这一时期我国外派留学生的总人数在不断增加，社会上自费留学风气持续升温，以"自费留学"为名出国的目的各不相同，为此，国家在自费留学的资格管理上做了严格规定，比如强调国内在学研究生"应按学籍规定努力完成学习和研究计划，一般不得中断学习自费出国留学"②，"国内外组织和个人不得擅自在我国招收自费出国留学人员"③。

1989 年"政治风波"后，由于留学生派遣中新出现的各种问题，20 世纪 80 年代的这波留学热潮在 1989 年之后戛然而止。国家也缩减了公派留学生派遣规模，1989 年、1990 年、1991 年公派留学生人数分别递减为 3329人、2792 人和 2440 人。④

进入 20 世纪 90 年代，随着邓小平南方谈话和党的十四大的召开，发展社会主义市场经济目标得以确立，我国改革发展的步伐明显加快，再加上《教育法》等一系列教育领域的政策法规出台，留学生教育政策的法制化科学化水平得以大幅度提高，改变了过去留学生教育政策反复多变的局面。从1979 年到 2000 年，仅由中国教育部门向西方国家派出的留学生就达 45 万多人，分布在 100 多个国家和地区。其中美国 20 万、日本 5.5 万、加拿大3.8 万、英国 3.65 万、德国 2.6 万、澳大利亚 1.78 万、法国 1.63 万、俄罗斯 1.18 万。⑤ 在公派留学生领域，国家完善了公派留学生选拔体制，公派留学生人数稳中有升，派遣留学生的质量也得到大幅度提高；在单位派遣领域，单位派遣留学生的自主性明显提高；自费留学的资格限制得以放松，留

① 张书政：《我国近六年有三万三千多人出国留学》，《人民日报》1984 年 11 月 23 日。
② 《国务院关于自费留学出国的暂行规定》国发〔1984〕185 号，1984 年 12 月 26 日。
③ 国家教育委员会、公安部发布《关于国内外组织和个人不得擅自在我国招收自费出国留学人员的通知》，1987 年 8 月 21 日。
④ 引自中华人民共和国教育部历年发布的数据。
⑤ 宋健：《百年接力留学潮》，《光明日报》2003 年 4 月 15 日。

学中介机构大量出现，迅速引发了国内第二波自费留学热潮。如 2000 年自费留学人数为 32293 人，2001 年就猛增至 76052 人，2002 年更达到了 11.7 万人。①

进入新世纪以来，随着中国加入 WTO 和国内人民生活水平的不断提高，出国接受教育的理念成为一种普及化的思潮和现象，自费生占了出国留学人员总数的九成。据《中国留学发展报告（2015）》显示，自 2001 年开始，自费留学生占比一直保持在 92% 以上。其中，美国、澳大利亚、加拿大、日本、英国、韩国、新加坡、法国、德国、俄罗斯、新西兰这 11 个国家的中国留学生占了目前在海外学习的中国留学生的大多数。当下自费留学潮还呈现出低龄化等新特点。

新时期国家公派留学政策也在不断调整，国家公派留学人员逐渐年轻化。2007 年，政府开始实施"国家建设高水平大学公派研究生项目"，该项目是新中国成立以来最大规模的公派研究生项目，根据该项目，从 2007 年至 2011 年，国家每年从 49 所重点高校中选拔 5000 名研究生，有计划、成规模地送往国外一流大学学习。

新时期国家高度重视留学生工作。习近平总书记在 2013 年 10 月的欧美同学会成立 100 周年庆祝大会上，明确提出"支持留学、鼓励回国、来去自由、发挥作用"的新时期留学工作方针。2014 年 12 月，教育部在北京召开了全国留学工作会议，在新中国历史上第一次统筹谋划部署出国来华留学工作，习近平总书记、李克强总理专门对留学工作作出重要批示，刘延东副总理出席会议并发表重要讲话。2016 年 2 月，中共中央办公厅、国务院办公厅正式印发《关于做好新时期教育对外开放工作的若干意见》，这是新中国成立以来第一份全面指导我国教育对外开放事业发展的纲领性文件，留学工作是其中的重要内容。党的十八大以来，出国留学规模稳步扩大。2016 年我国出国留学人员总数为 54.45 万人，较 2012 年增长 14.49 万人，增幅

---

① 引自中华人民共和国教育部历年发布的数据。

为 36.26%。2016 年留学回国人员总数为 43.25 万人，较 2012 年增长 15.96 万人，增幅为 58.48%。出国留学与留学回国人数比例从 2012 年的 1.46∶1 下降到 2016 年的 1.26∶1。逾八成留学人员学成后选择回国发展。留学回国与出国留学人数"逆差"逐渐缩小。①

三、交换生留学形式的兴起

20 世纪末以来，在教育国际化和国家政策的推动下，输出交换生等新的留学形式在我国高校中逐渐发展起来。

（一）交换生项目的确立与发展

交换生项目在欧美起步较早，实施较为广泛，欧美大规模的交换生项目始于 1987 年的伊拉斯谟计划，至今已有 30 年的历史，它在推动国家间政治、经济、文化交流，推动教育改革和大学办学的国际化方面发挥着越来越重要的作用。伴随着全球化的发展，"大学生的国际流动，即接受外国留学生或是派遣本国学生出国留学，已经成为高等教育国际化程度的一项重要指标"②。

交换生项目作为人才培养的一种新探索，已经成为世界上参与国家最多的文化交流项目，每年世界各地有 60 多个国家和地区的学生参加交流项目。近年来，随着全球化的不断深入，新兴市场的开拓，国际上一些政府、高校，以及国际交换生组织开始努力提供更多的留学选择、更好的服务，吸引国际交换生，并且通过奖学金和更加灵活的资助转移政策减轻交换生的成本。例如，欧盟委员会组织的伊拉斯谟计划，为欧洲及第三国学生、教师等提供留学、访问和学习资助。根据欧盟委员会的数据统计，在 2013 —2014

---

① 参见中华人民共和国教育部历年发布的数据。
② 芭芭拉·M. 柯姆：《大学生国际流动对人力发展和全球理解的贡献》，程化琴译，《北京大学教育评论》2005 年第 1 期。

学年，共有 27.2 万名学生和超过 5.7 万名教职员工参与伊拉斯谟计划。①

我国的交换生项目始于 21 世纪初，我国高校开始与国外高校签订协议，互派留学生到对方学校学习。1998 年 3 月，中国与欧盟、东盟、日本和韩国等国家一同参加了在马来西亚吉隆坡召开的"亚欧高校交流论坛"和"亚欧官员对话"，一致同意成立"亚欧大学中心"，该中心的主要任务是加强亚欧大学生的交流，对跨国的课程、学分、学位进行认可，在国家间传播和分享知识，促进国际交流。《国家中长期教育改革和发展规划纲要（2010—2020 年）》是我国新时期为推动国家教育改革和发展而制定的纲领性文件，其中国家明确指出要扩大政府间学历互认。支持中外大学间的教师互派、学分互派、学分互认和学位互授联授，以及加强与联合国教科文组织等国际组织的合作，积极参与双边、多边和全球性、区域性合作。该政策明确了国际教育交流的方向和方法，成为大学生交换项目的背景性材料和指导性文件。

20 世纪以来，随着中国高等教育日益与国际接轨，我国绝大多数高校也参与到国际交换生项目中来。以广东省部分高校为例，中山大学、华南理工大学、暨南大学、广东外语外贸大学等高校十分重视与海外高校交流与合作，交换生项目数量也越来越多，交换生的选拔考核体系也日益规范化。中山大学自 2000 年开始进行交换生项目，最初只与神户大学进行互派本科生的合作，到 2002 年 4 月，中山大学以"平等互利、优势互补、共同发展"为原则，又成功与香港科技大学、香港城市大学、香港理工大学、香港岭南大学、香港浸会大学等高等院校建立了互派本科生的合作关系。如今中山大学已与世界 30 多个国家和地区的 173 所高校开展了本科生交换项目，据统计仅 2015 年，中山大学就有 930 多名本科生通过交换生项目，到海外高校进行一个学期或是一个学年的交流学习。暨南大学自 1994 年开始实施交换生计划以来，与世界五大洲及港澳台地区的高校或科研、教育、培训、文化

---

① 《中国留学发展报告（2016）》，详见国家留学网。

机构签订了 221 份合作协议、谅解备忘录或合作意向书，并与 50 余所境外高校开展学生交换项目，已先后派出交换生 1000 余名。①

以广东外语外贸大学为例，该校顺应国际化潮流，每年全校有接近 1000 多名本科生和研究生奔赴美国、英国、法国、德国、日本、韩国、朝鲜、埃及、澳大利亚、新西兰、泰国、印度尼西亚、越南、印度等国家和地区的高校交流学习，并且派出交换生的数量正在逐年递增，交换生所在区域范围也逐渐扩大。2006 年之前，广东外语外贸大学的交换生项目还仅限于语言文学专业，并集中在日本、韩国、俄罗斯三个国家。2007 年后，出现了非语言文学专业的交换生，并稳定保持在总交换生人数比例的 25%—35%，而且所在区域也增加了西班牙、意大利、英国等国和中国香港、中国台湾等地区。目前，广东外语外贸大学拥有各类学生出国（境）学分项目 185 个，相比 2010 年，2015 年的各类学生出国（境）人数增长了 53.5%。截至 2015 年 12 月 31 日，广东外语外贸大学与 43 个国家和地区的 305 所高校和其他机构建立了交流合作关系，"十二五"期间，共 4090 名在校学生出国（境）访学，比"十一五"时期增长 22.3%。② 此外，广东外语外贸大学还继续开展了如兰卡斯特大学等暑期项目，与联合国签署合作备忘录，积极为学生创造出国（境）学习的机会。

长期以来，我国各大高校都在致力于培养有国际视野、通晓国际规则、能直接参与国际合作与竞争、有社会责任感的国际化人才，不断拓展学生的对外学习交流项目，同时吸引世界各地留学生到中国学习，了解中国文化。

（二）新形势下交换生的思想引领

随着全球化进程的不断深入，以及我国"一带一路"倡议的推进，交换生项目成为我国高等学校加强人才培养、扩大文化交流、提升国际化程度

---

① 《暨南大学历年交换生名单》，见暨南大学国际交流处、港澳台侨事务办公室官网。
② 《开放：引领广外立潮头扬风帆》，广东外语外贸大学高考招生网，2016 年 7 月 15 日。

的重要途径。然而，交换生项目本身是一把双刃剑。当交换生离开祖国与学校，其学习生活环境发生改变，容易受到不同国家的意识形态和文化价值的冲击，更有甚者受到西方和平演变思想和宗教势力的渗透。这些问题如果得不到及时有效的解决，既有损我国交换生的健康成长，又不利于中外校际间交流项目的进一步开展，甚至有损整个中华民族的形象。目前，我国的部分高校已经开始注重对交换生的思想引领，在选拔交换生时严格把关，行前开展规范化的培训，加强对交换生联系、教育和管理。

交换生选拔与考核制度逐步完善，思想政治素质高成为选拔交换生的首要条件。为规范交换生的选拔与管理，华南地区多所高校已经明文公布了国际交换生的选拔制度。2011 年 7 月 5 日，广东外语外贸大学印发了《广东外语外贸大学国际交换生管理规定》，"政治素质高，热爱祖国，品德优良，具有较强的进取心和责任感"的在籍大学生是交换生的首要人选。2013 年 6 月，暨南大学公布了《暨南大学交换学生手册》，明确规定学院相关老师要"定期了解交换学生的思想动态及其学习情况，并随时给予指导"，同时还要加强对交换生的诚信教育和爱国教育。

开展交换生的行前培训，引导交换生掌握如何应对跨文化交流问题、安全问题、心理问题、政治敏感问题，引导交换生在国外安心学习，成为中外文化交流的重要使者。如华南地区的广东外语外贸大学和中山大学，两所高校作为教育部留学服务中心的两大培训基地，每年都会为华南地区的国家公派留学生、校际交换生等开展"平安留学"出国留学行前培训。

综上所述，虽然部分高校已经开始注重和加强对交换生的思想引领，但在国家的整体视野下，尚未有政府层面的法律条文加以规范引导，各高校对交换生的思想教育仍然处于零星、碎片化的状态，新形势下我国交换生的思想引领工作任重而道远。

第三章

问卷调查：高校交换生思想
政治状况的现状

交换生思想政治状况的问卷调查是从爱国主义、文化认同、应急安全、社会实践、金钱观念、宗教信仰和网络舆情七个维度去设计，在境内外交换生群体中实施有效的派发和回收问卷，获取第一手研究资料。笔者从问卷的答题情况进行了细致严谨的分析，采用统计学 SPSS20.0 的理论进行了数据的统计模型的设立、交叉分析和回归研究，使本调查研究有较强的科学性、理论性、实践性和创新性。

第一节　我国高校交换生思想
政治状况的多元视角

开展交换生思想政治状况的调查，以问卷调查和个人访谈为基础，建立数据研究的模型，从而得出可靠的数据作为分析材料，这是本调查的目的。基于交换生思想状况多元复杂的实际情况，笔者在问卷调查中确定以爱国主义、文化认同、应急安全、社会实践、金钱观念、宗教信仰和网络舆情七个方面作为研究对象。

一、爱国主义

习近平总书记在中共中央政治局第二十九次集体学习时强调："爱国主义是中华民族精神的核心"，"要深化爱国主义教育研究和爱国主义精神阐释，不断丰富教育内容、创新教育载体、增强教育效果。"全球化的浪潮席卷而来，交换生离开国内高校，其思想政治教育处于"真空"或"缺失"地带，实现交换生思想政治教育的有效管理和无缝对接是我们研究的出发点和归宿。在设计问卷、构建模型之前，交换生"爱国主义"情怀和国家认同感到底呈现怎样的状态也是我们首要考虑的问题。

首先，从爱国主义的定义来看，爱国，这个"国"指的是"祖国""国家"。爱国是具体的行为和事实，爱国就是要爱本国的领土、公民、政权和文化。而爱国主义则是一种价值评价，不仅是一种思想，而且是一贯坚持的立场和态度，是一种完整的价值观。列宁曾说过，"爱国主义是由千百年来各自的国家形成的一种极为深厚的感情"[①]。所以，爱国主义是反映个人对祖国依恋关系的情感系统、行为准则、道德规范、法律义务和政治原则。

其次，从交换生思想政治教育的层面来看，爱国主义的价值观是塑造交换生坚定的理想信仰、完整独立的人格和高尚的情操的必备条件。在 2013 年 10 月的欧美同学会成立 100 周年庆祝大会上习近平总书记指出："在中华民族几千年绵延发展的历史长河中，爱国主义始终是激昂的主旋律，始终是激励我国各族人民自强不息的强大力量。不论树的影子有多长，根永远扎在土里；不论留学人员身在何处，都要始终把祖国和人民放在心里。"[②] 在境外，各种学术思潮尤其是自由主义和历史虚无主义思潮泛滥，不同民族、地域之间的文化和价值观的差异对交换生价值观念巨大的思想冲击客观存在。

---

① 中央编译局列宁斯大林著作编译室：《对列宁关于"爱国主义"的一处论述的译文的订正》，《人民日报》1985 年 10 月 25 日。

② 《习近平谈治国理政》第一卷，外文出版社 2018 年版，第 58 页。

高校必须创新对交换生爱国主义教育的形式和内容，从而增强交换生爱国热情和民族国家认同感。在目前思想政治教育的实践中存在一种误区，将爱国主义等同于一种宣传的概念或形式，爱国主义教育流于形式，容易变成走过场。用爱国主义的理念和价值去塑造现代化的公民，是高校立德树人、实现百年大计之根本。

再次，境外不同的国家、地域和经济文化的复杂性要求我们对交换生思想政治教育要具体问题具体分析。例如，语言类的学生到对象国，由于自身掌握对象国的语言，容易融入当地文化，了解其民俗、民情。在对象国的特殊环境之中，与中国的发展形成现实的对比，大部分交换生内心的爱国主义情感会得到加强。例如去埃及、越南、印度、印度尼西亚等第三世界国家留学的交换生，其爱国情感毫无疑问能有所提高，他们认同中国改革开放所取得的巨大成就，为自己的祖国骄傲和自豪。

与之形成鲜明对比的是，一些去西方发达国家的交换生，被对象国发达的经济、良好的自然环境和社会环境所吸引，一些交换生用西方资本主义国家在社会发展过程中体现出来的文明、自由的形象和价值观，与中国社会发展过程中存在的不足进行对比，他们心理有些落差。尤其是在西方敌对势力的意识形态对中国不遗余力的丑化中，有些交换生难以分辨，亦无法辩解，容易陷入迷惘的困境。一些交换生会因为价值观念的差异，以及对爱国主义的各种歧义理解，导致他们思想上出现偏差。因此，爱国主义成为我们考量交换生思想价值观念变化的首要因素。

二、文化认同

如第二章的理论论述所言，文化认同是交换生身在他乡、心系祖国的精神支柱。中华优秀传统文化源远流长、博大精深，既是中华民族软实力之所在，是民族精神命脉，也是社会主义核心价值观的重要来源。极少数交换生在中西文化的碰撞中迷失自我，价值观存在认同误区，思想价值取向追求西化。

交换生文化认同有两种类型：一种是交换生进入对象国后，融入对象国所在地的生活和文化，形成对所在对象国的文化的认同；另一种文化认同与前者相反，交换生在对象国生活学习过程中形成对祖国的传统文化和价值观的认同。从思想政治教育的角度而言，交换生的人才培养目的是为国家培养高素质的优秀人才，做社会主义事业的可靠接班人。加强交换生的社会主义核心价值观教育，必须加强交换生的民族文化认同，从而增强他们的国家民族认同感，增强民族自尊心、自信心和自豪感。因此，笔者对交换生的人文认同理念提出了"国际视野，家国情怀"的要求。

"国际视野"指的是交换生具有开放包容的心态，积极吸收国外先进文化和科学技术，转化为交换生内在的素质与能力，使个人成长为具有国际视野、通晓国际规则、能直接参与国际合作与竞争、具有社会责任感的国际化人才。同时，交换生亦应具有"家国情怀"，即内心对中华民族文化和价值观念的认同和坚守，具有对中华民族的伟大复兴的中国梦必然实现的远大理想。因此，交换生必须加强对民族文化的认同，从而增强民族自信心和国家认同感。在中西文化交流碰撞中，交换生必须克服"全盘西化"和"自我封闭"这两种错误观念。

在中华民族文化认同的载体方面，笔者认为中华美食、中国功夫、中华艺术（如书法、剪纸等）、中国建筑、中国文化（如唐诗、宋词等）等元素都凝聚了千百年来中国人民群众智慧的结晶，更能体现中华民族传统文化的精髓。

在文化认同的价值理念中，五千多年来多少志士仁人用生命和血泪谱写的篇章，成为广大中国人民认同的价值观念。例如，"先天下之忧而忧，后天下之乐而乐"，"生于忧患，死于安乐"，"己所不欲，勿施于人"，"天行健，君子以自强不息；地势坤，君子以厚德载物"……诸子百家，历代文化经典汗牛充栋，共同塑造了中华文化博大精深的内涵、精致优雅的形式，成为中国文化宝贵的遗产。在青年价值观形成的关键时期，加强交换生的思想政治教育尤其是社会主义核心价值观的教育，文化认同的价值理念成为重中之重。交换生无论身处何方，处于何种境地，都不应忘记"家国情怀"。

三、应急安全

交换生所处的环境与国内大为不同，其应急安全情况成为国内各大高校派出人员之前考虑的首要问题。所以，在调查问卷的设计中，笔者首先考虑了交换生的安全与适应，以及他们在境外生活存在的困难与问题。从客观环境来看，交换生赴世界各地学习，有的地区属于地震、火山、泥石流、山洪等自然灾害高发地带，必须加强交换生抗震抗灾的应变能力，使他们能在瞬息万变的灾害当中顺利逃生。从政治经济环境来看，世界总的格局是和平的，但是地区的战乱与纷争不断，近年来，由于极端的恐怖组织活动猖獗，在法国、德国、英国等欧洲地区不断发生袭击平民的恐怖事件。交换到欧洲学习的中国学生数量多，高校要加强这部分学生的反恐防护能力，使他们面对恐怖袭击时能够做到自我保护。而在平常的生活中，交换生的交通出行安全，面对地区性的疾病、卫生等方面的风险比国内大大增加。特别是交换生初到一个新的国家和地区，语言沟通存在问题，尚未熟悉当地的风俗人情，难免增加在交流过程中的障碍和难度。因此，出国前对于交换生的应急安全培训成为各大高校的首要工作。

境外交换生的人身安全牵动着个人、家庭和学校，也成为社会普遍关注的问题，处理不当容易激发矛盾，影响社会稳定。因此，搞好交换生思想政治教育的应急安全教育，是维护交换生人身安全、保障其境外学习稳定有序的必要条件。

四、社会实践

交换生的社会实践包括打工、兼职、做义工、志愿服务等形式。交换生在不同国家和地区参加社会实践的情况迥然不同。在欧洲和北美，按照当地法律的规定，在该地区学习半年以内的学生，不得被企业或其他组织所聘用。因此，持有短期护照的交换生无法获得打工、兼职的机会，所以将大量的时间、精力投入学习之中，从而社会实践较少。

但是在日本、韩国、泰国、印度尼西亚等地区的交换生，打工和兼职成为交换生参加社会实践的常态。高校可以在条件成熟的地区和国家设立境外实习基地，使交换生得到充分的锻炼。大部分交换生都是大三的学生，他们在对象国语言能力较好，相对于国内大三学生忙于专业实习的情况，如果交换生也能在交换学习中，提高素质、锻炼能力、开阔视野、熟悉当地的政治经济状况，也会为将来的工作打下良好的基础。广东外语外贸大学东语学院在日本、韩国、泰国等地就开设了实习基地。而国内一些企业在"走出去"的战略中，也需要交换生在当地给予相应的帮助与服务。在"一带一路"倡议实施过程中，中国企业在老挝、缅甸、柬埔寨、印度等国家的发展以及与其经济贸易往来中，也需要熟悉当地情况的实习生进入企业工作或实习，尽早熟悉工作环境。

因此，交换生的社会实践变得更加多元。但是也应该警惕有些别有用心的组织和个人，以社会实践或是志愿服务的名义误导交换生，让交换生从事一些违反国家安全纪律的事情，更有甚者将交换生发展成为间谍分子，做一些危害民族国家利益的事情。因此，交换生的社会实践要在使领馆、高校的指引下更加合理布局，规范管理，有效提高服务水平，从而增强交换生的社会实践能力，拓宽其国际视野，成为社会主义事业可靠的接班人。

五、金钱观念

在问卷设计过程中，针对交换生价值观中的金钱观念方面，主要通过考察境外生活物质环境和消费理念是否影响交换生的人生观、价值观。交换生的金钱观念指的是交换生对金钱财富的认识、态度、观点和看法的总和。包括如何获取金钱、如何使用金钱、如何看待金钱。在市场经济影响下，在中西文化的交融冲突中，交换生的金钱观念和消费观念受到对象国经济水平的影响和制约，也受到个人的家庭环境、生活方式和习惯的根本影响，呈现出多元化的状况。

一方面，由于市场经济的蓬勃发展，大学生的价值观大多由 20 世纪 80 年代的"理想主义"发展成为今天的"务实主义"。"关注自我"是大学生价值观的核心之一，但是过分地"关注自我"助长了功利之风在高校的盛行。与之相联系的物质至上、拜金主义、个人主义也大行其道。这些不良的风气影响了正在成长的大学生的价值观的形成，一些大学生对待金钱难免出现不理性的态度。非理性的消费观念不可避免地在交换生思想观念中客观存在。

考虑到交换生经济情况的多样化，其金钱观念必定是多元的。一般说来，能够通过高校的选拔成为交换生的，大部分是品学兼优的学生。这类学生往往能够做到学习生活自律，独立自强。但是也不排除极个别学生在繁华的都市和消费社会中沉迷于盲目购物状态之中，甚至用借贷等方式来满足个人物欲，从而使家庭和个人陷入巨额债务之中。

另一方面，根据交换生出国的形式，可以将交换生分为非成建制出国和成建制出国两种情况。非成建制出国的学生需要经过选拔，而成建制出国则是全班全专业出国，尤其是语言类的专业学生，全班集体出国成为人才培养的常态。那么，贫困生出国也成为可能。国家助学金和助学贷款一系列帮扶贫困生的做法也应该延伸到交换生，从而解决贫困交换生在经济上的后顾之忧。而对于贫困生的金钱观念的教育也应该与时俱进，突破国内国外的界限。

因此，在问卷设计上，笔者专门设置一个环节调查交换生在留学期间的消费情况和金钱观念，其目的在于通过对金钱观念的梳理加强交换生的价值观教育。高校、家庭和社会在加强境外交换生金钱观念教育方面要形成合力，摒弃拜金主义，引导交换生树立积极正确的金钱观和理财观，指导学生理性消费。

六、宗教信仰

如果说金钱观念是个人外在消费习惯和生活方式的体现，那么宗教信仰则是植根于人内心的价值观念。大学生的信仰问题是一个非常重大的社会现实问题。近年来，大学生群体中信教人数有一定幅度的增长。交换生赴国外交换留学，其价值观在国外最容易受到影响的就是宗教信仰。媒体曾报道，当交换生在美国下了飞机，机场候机大厅就有宗教团体夹道欢迎。许多从美国回来的留学生或者家属反映，教堂是认识新朋友、融入当地社会的一个重要途径。境外宗教团体和敌对势力不遗余力地在留学生团体中加强宗教的渗透和诱导，促使留学生在异国他乡心理孤独寂寞之际改变个人信仰，皈依宗教。此类事件层出不穷，应该引起高校的警惕和重视。

因此，笔者在调查问卷中加入了宗教信仰的调查，目的是为了弄清楚交换生在境外学习过程中信仰宗教的比例，梳理交换生信仰改变的原因，究竟是源于自身的困惑、苦恼和精神需求，从而在宗教中寻求和获得心理和精神慰藉，还是个人有明确的宗教理想追求等。而在调查的过程中，必须注意以下几个问题：（1）境外宗教组织活动频繁，直接影响交换生的价值观形成，甚至改变部分交换生的理想信念，使交换生从无神论者到皈依宗教的情况时有发生；（2）交换生不可避免地接触到宗教，进入宗教场所，要合理地判断分析，不能一刀切，那些为了了解当地民情风俗，融入当地社会的做法，高校要持具体问题具体分析的态度，更好地解决交换生的实际困难和问题；（3）对于境外党员的管理，必须要求保持党员的先进性、纯洁性，使他们坚定共产主义的伟大信仰，摒弃宗教组织对党员干部的渗透和腐蚀。

总而言之，调查交换生的宗教信仰问题也是为了优化交换生的理想信念教育。高校和德育工作者必须坚持马克思主义宗教观，坚持辩证唯物主义、历史唯物主义、科学世界观，坚持无神论，坚定共产主义信仰，关注交换生群体的精神需求和现实状况，为他们的健康成长提供动力支持和基础保障。加强境外大学生的理想信念教育，用马克思列宁主义、毛泽东思想和中国特色社会主义理论来武装交换生的头脑，使他们坚定中华民族伟大复兴的中国梦必然实现的远大理想。

七、网络舆情

在互联网时代，网络改变了人类认识世界的方法和途径。互联网对大学生的影响日益加深，既有积极的正面导向，也有负面的消极影响。虚拟的空间和平台实现了网民人人平等的狂欢。一部智能手机连接上 Wi-Fi，便可以足不出户实现个人的娱乐、学习、消费、支付、购物，人类的生活变得更加轻松便捷。网络新媒体改变了人类的生存方式。对于交换生而言，他们在国外同样可享受到网络新媒体带来的生活方式的便捷，除了微信、微博、QQ以外，国外还有脸书、推特等成熟的社交平台让交换生接触到更多的异域文化思想。他们在中西文化的碰撞与交融中快速地成长。网络新媒体的出现，使交换生的延伸管理突破辽阔的空间界限成为现实，也丰富了思想政治教育的内容和方法，改变了思想政治教育刻板的模式，从而使更多接地气、贴近交换生心声的隐性教育深入学生之中，进而使交换生的思想政治教育成为可能。

因此，本研究关注网络舆情对交换生价值观的影响，同时也充分利用网络新媒体这个载体作为思想政治教育的载体和手段，加强对交换生的教育、管理和服务，使交换生更好地成长成才。近几年来，中国的互联网行业喷薄式发展，科技创新紧追美国，中国经济一直保持迅猛发展的势头。而互联网经济的快速增长，微信、支付宝等提高了人们出行的效率，方便了人民的生活，中国正一步步朝着现代化迈进。与之相对应的是，中国民众对党和国家的认同感增加，交换生也增强了对民族国家的认同感和自信心。

相对而言，交换生处于网络高度自由的状态，可以接触到世界各种媒体的不同言论和不同观点。值得警惕的是，境外某些别有用心的媒体丑化中国政府和中国共产党，对中国的政治经济建设的描述不客观不理性由来已久。交换生处于这种舆论新媒体环境中，更需要保持理性清醒的头脑，增强明辨是非的能力，有效判断哪些是事实、哪些是谎言谣言。因此，笔者在问卷调查中增设了学生对于网络舆情的态度和认识这一项，希望在调查中可以看到交换生对于网络舆情的个人见解与看法，从而有针对性地改进高校的思想政治教育工作方式与途径。

综上所述，以爱国主义、文化认同、应急安全、社会实践、金钱观念、宗教信仰和网络舆情作为调查的七个核心要素，而问卷调查也是以七个板块同时展开。笔者通过问卷调查，针对有出国经历的学生包括交换留学归国的学生和正在出国的学生发放问卷，分析对比数据，根据数据和个案所呈现的问题以及交换生思想政治教育的工作实践来研究对策。

第二节　问卷调查编制与内容

在设计问卷之前，研究成员在广州、北京高校进行了广泛的调研、座谈，讨论了交换生思想政治教育的重要性和管理办法。在此基础上，笔者根据交换生思想政治状况的七个维度来设计调查问卷。为了保证问卷的可靠性，笔者在广东外语外贸大学做了问卷调查的预调研。根据预调研出现的情况进一步修改了问卷，确定了调查对象和样本量，进行信度和效度的检验。

一、问卷结构

问卷以爱国主义、文化认同、应急安全、社会实践、宗教信仰、金钱观念、网络舆情等七个维度来建构，确定样本量并进行合理的线上线下发放、回收和统计。问卷调研包括预调研和正式调研两个部分，其信度和效度检验合理。

（一）问卷结构

在问卷中，以爱国主义、文化认同、应急安全、社会实践、宗教信仰、金钱观念、网络舆情七个维度编制初始问卷，在了解基本状况和背景下，了解交换生的思想政治教育状况，并根据量表分析被调查者的人生观与价值观改变，以及影响改变的因素。

表1　问卷结构

部　分		具体内容
第一部分： 基本信息		性别、年龄、政治面貌、在学状态、专业、 学科类别、交换所在国、交换持续时间
第二部分： 现状调查	应急安全	安全培训类型
		担心对象国问题
		事故遭遇
	金钱观念	月消费情况
		消费观念
	文化认同	中华元素推广
	社会实践	社会实践类型
		能力提升
	爱国主义	再度出国意愿
		组织活动
		党员活动
	宗教信仰	宗教行为
	网络舆情	网络新媒体态度

续表

部　分	具体内容	
第三部分： 人生观和 价值观影 响因素	爱国主义和 文化认同	通过交换留学，我对民族国家的认同感增加，更加热爱祖国
		在境外交换留学，我感受到国家强大对个人发展的重要性
		当前我国整体环境（如社会、经济、自然环境等）较好，我国所处的国际环境也较好，各方面处于有利地位
		交换留学期间，向世界传播中华文化是交换生的爱国行为
		交换留学期间，在异国文化的冲击下，我感受到中华文化的博大精深
		国外自由的生活让我变得更加独立、自律
	应急安全和 社会实践	交换留学期间，我提高了个人的应急安全意识
		我在国外交换留学期间会积极参加各种社会实践和志愿者活动，包括打工、家教和兼职
	金钱观念和 宗教信仰	交换留学期间，我改变了个人的金钱观念
		我是坚定的唯物主义者和无神论者，在国外自觉抵制宗教的渗透
		我对各种宗教团体有良好的认知能力，会尽量避免日常生活中与不法团体进行接触，以防受到危害
		在对象国有大部分人信仰宗教的情况下，我会尊重当地人的习俗，仅当是开阔视野，但不会发自内心去信仰一个宗教
	接受网络 舆情影响	国外媒体咨询发达，我充分利用网络找到各种前沿学术资料，快速便捷
		交换留学期间，虽然看到互联网上有许多不良不实的新闻，但我能理性判断真伪，不受网络的影响
第四部分： 建议	对交换生的思想政治教育意见和建议	

（二）问卷调查对象

本课题通过调查问卷，获知当前高校交换生的思想政治教育情况，并分析影响境外交换生价值观、人生观的影响因素。基于选取样本的三个基本原则——代表性、可靠性与现实性原则，本课题选取参与境外交换率高的大学作为此次调研的调查对象，包括广东外语外贸大学、中山大学、华南师范大学、广东工业大学、复旦大学、北京大学、中国人民大学、北京师范大学、北京外国语大学、广东金融学院等高校。

（三）样本量的确定

对于抽样调查而言，样本的代表性直接关系到研究结果的可靠性。不同的统计量和统计算法需要的样本量也不同，其代表性主要取决于抽样的方法和样本量。在先前查阅文献资料，在前人的样本量估计的基础上，并根据统计学相关文献的研究建议，估计大概范围，并确定置信度和抽样误差。①

在简单随机抽样的条件下，推论总体成数（或百分比）的调查样本量计算公式为：

$$N = \frac{Z^2 \times P(1 - P)}{E^2}$$

其中，N 为所需要样本量，Z 为置信度所对应的临界值，P 为总体成数或百分比，在 1/2 时达到最大值，E 为抽样误差。

根据以上公式，本次决定采取参数置信度为 90%（Z 值为常量 1.64），抽样误差不超过 3%，经过计算，最终确定调研的样本量为 747 份。为了保证样本有效性，避免分析数据时无效样本的剔除导致样本量的减少，本次调研计划派发问卷 1100 份（含预发 100 份）。

---

① 向采发:《市场研究中样本量的确定》,《上海统计》2001 年第 8 期。

（四）问卷回收与发放

本次调研共回收问卷 900 份，其中，线上回收问卷 608 份，点击 PV 为 1671，完成率为 36.0%；线下问卷派发 400 份，回收 292 份，回收率为 73%。其中，线下回收有 26 份为无效问卷。最后，本调查有效样本量为 874 份，本次问卷调查的有效性高达 97% 以上。

参与问卷调查的交换生地域分布在广东、北京、上海、广西、河南、云南、江苏、浙江、湖北、中国台湾等地。正在境外其他国家和地区留学的交换生占 49%。

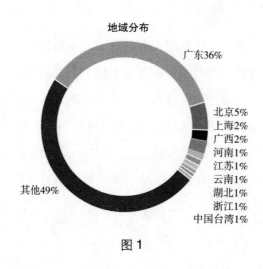

图 1

二、问卷调研、信度与效度

问卷调研分为预调研和正式调研两部分。通过预调研来修正问卷，之后发放正式问卷来进行正式调研，保证问卷调查的质量。在信度、效度分析中，本调查真实可信，数据稳定。

（一）预调研

为了保证问卷的质量，提高数据的信度和效度，在问卷初步设计完成后，要事先进行一次预调研，因此需要运用 SPSS20.0 对数据进行项目分析和信效度检验，对量表及问卷进行二度修改。本次预调研共发放问卷 100 份，回收有效问卷 89 份。

1. 项目分析

问卷个别题的决断值——CR 值，又称临界比，是根据测验总分区分出高低分组后，再求高、低二组在每个题项的平均差异显著性，目的在于检验每道题是否应该留在问卷上。

经过检验，所有题项的 Sig.（2-tailed）均小于 0.05，每道题高分组与低分组的平均得分有显著差异，即每道题都通过项目分析（CR）检验。

2. 信度检验

本研究采用克伦巴赫 Alpha 系数进行信度分析，其意义是描述测量结果的一致性程度或可靠性程度。[①] 在探索性研究中，若 Cronbach's 系数在 0.6 以上，则较可靠；0.8 以上，则十分可靠；但若低于 0.35 则必须予以拒绝。由表 2 可以看出，本次调研所采用的量表的数据 Cronbach's 取值为 0.880，表明数据的稳定性和一致性是十分可靠的。

表 2　模式接受程度影响因素度量表的可靠性

克伦巴赫 Alpha 系数	项　　数
0.880	14

3. 效度检验

KMO 测度（Kaiser Meyer Oikin Measure of Sampling Adequacy）用于比较

---

① 武小悦、刘琦编著：《应用统计学》，国防科技大学出版社 2009 年版，第 389—397 页。

观测变量之间的简单相关系数和偏相关系数的相对大小，取值在 0—1 之间。通常按以下标准解释该因素的大小：KMO 值在 0.9 以上，则表示非常好；0.8 以上表示好；0.7 以上表示一般；0.5 以下则是不能接受。

从表 3 可以看出，本问卷量表数据的 KMO 值为 0.832，显著性概率（Sig.）为 0.000，结果显著，因此结果效度是可信的。

表 3　模式接受程度影响因素度量表的 KMO 和巴特利特球形检验

KMO 取样适切性量数		0.832
巴特利特球形检验	上次读取的卡方	568.155
	自由度	91
	显著性	0.000

从项目分析可信效度来看，本次预调研的结果表示问卷设计较好，因此可以进行二度派发，增大样本数据量。

（二）正式调研及数据评价

1. 信度分析

本次正式调研量表的数据 Cronbach's Alpha 取值为 0.863，表明数据的稳定性和一致性是十分可靠的。

表 4　影响因素度量表的可靠性

变　　量	克伦巴赫 Alpha 系数	项　　数
爱国主义和文化认同	0.832	6
应急安全和社会实践	0.464	2
金钱观念和宗教信仰	0.672	4
接受网络舆情影响	0.644	2
总体	0.863	14

2. 效度分析

从表5可以看出，本次正式调研的问卷量表数据的 KMO 值为 0.893，显著性概率（Sig.）为 0.000，结果显著，因此结果可信。

表5 模式接受程度影响因素度量表的 KMO 和巴特利特球形检验

KMO 取样适切性量数		0.893
巴特利特球形检验	上次读取的卡方	4556.462
	自由度	91
	显著性	0.000

第三节　问卷调查正式实施与结论

问卷调查的正式实施情况良好，达到预期目的。问卷分析翔实细致，分为基本情况、描述统计、交叉分析和回归研究四个部分。四个部分内容紧紧围绕交换生思想政治教育七个维度来展开研究，结论真实有效。

一、问卷调查实施的基本情况

本次问卷调查采用随机抽样的方法，共收回有效问卷874份，调查对象基本情况如表6所示。

表6 样本情况汇总表

	属　性	人数（人）	百分比（%）
年龄段	20 岁及以下	113	12.9
	21 岁	287	32.8
	22 岁	264	30.2

续表

	属 性	人数（人）	百分比（%）
年龄段	23—26 岁	186	21.3
	27 岁及以上	24	2.8
政治面貌	群众	51	5.8
	共青团员	616	70.5
	预备党员	81	9.3
	中共党员	126	14.4
在学状态	本科在读	730	83.5
	硕士研究生在读	136	15.6
	博士生在读	8	0.9
学科研究分类	理工科类	48	5.5
	语言类	541	61.9
	人文社科类	213	24.4
	其他（含商科）	72	8.2
交换持续时间	0—6 个月	395	45.2
	6 个月—1 年	384	43.9
	1—2 年	75	8.6
	2—4 年	20	2.3

本次调研以全国交换生作为调查对象，接受调查的样本中绝大部分为 20—26 岁的青年学子。共青团员占 70.5%，中共党员占 14.4%。此外，本次调查 83.5%的对象为本科在读大学生，其余为硕士研究生和博士生；而语言类专业占比在一半以上，人文社科和商科次之，理工科最少，因此本调查的女性比例较高。交换持续时间主要集中在一年以内，也有 10.9%的学生交换时间超过一年。

总体来说，调查对象主要集中于本科生，交换时间在一年以内的大学生。从大学的学生结构来看，本科生占比较大，而通过校际之间签订协议派出交换留学本科生人数比起硕士研究生和博士生人数更多。大部分交换生年龄在 20—22 岁，容易受到外界文化的影响，也是其人生价值观形成的关键时期。因此，研究交换生思想价值观具有重要的价值，能为后面的数据分析结果的代表性奠定基础。

二、以交换生境外活动为主的描述统计

描述统计主要是根据交换生的日常活动来进行，分为应急安全描述、金钱观念描述、文化认同描述、社会实践描述、交换留学评价描述、组织活动情况描述、网络舆情影响描述、人生观和世界观变化描述等。

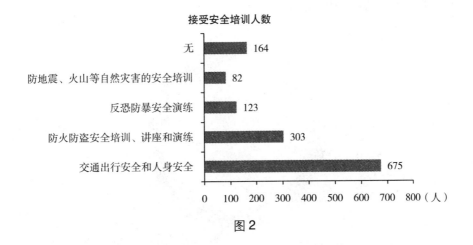

图 2

1. 应急安全描述

（1）出国前，接受安全培训的类型。根据调查结果，77%的交换生表示接受过交通出行安全和人身安全的培训，但接受自然灾害的安全培训与反恐防暴安全演练的交换生比例则相对较少。培训的内容与交换学习的对象国自然和人文环境有关，针对学生前往不同对象国的情况，交换生安全培训的内容应有所侧重。例如，去日本留学的交换生要接受防地震灾害的安全培训，而去埃及或中东留学的交换生要接受反恐防暴安全演练，这在各高校或

院系应该有针对性的分配。发人深省的是，有近20%的交换生表示没有接受过相关培训，反映了部分高校在交换生出国前的安全培训方面的缺失，安全教育没有落实到位。

（2）最担心对象国哪方面的问题。图3的调查结果显示，交换生担心最多的几个问题，依次是治安（58.58%）、种族文化和价值观的差异（53.43%）、消费（50.00%），以及战争、恐怖和动乱（36.73%）。通过交叉分析显示，无论是西欧、北美国家的交换生，还是亚洲、南美洲等国家的交换生，都表示了对治安的担心。同时，大学生社会经验不足，阅历尚浅，许多交换生又是初次出国，还未熟悉对象国的风俗习惯，因此难免会担心他国的文化与交流问题。因此，在交换生出国前，应对治安管理、对象国文化风俗习惯等几个方面的培训工作进行加强。

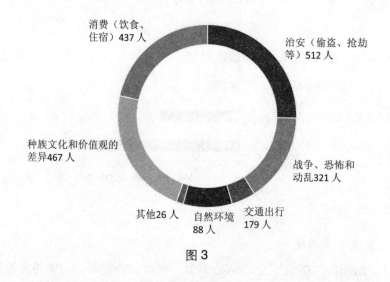

图3

（3）所遇到过的事故。根据调查结果显示，45.31%的交换生并无遭遇过事故，剩下遭遇过事故的交换生中，盗窃为最频繁发生的（34.10%），其次是地震、火山和洪水等自然灾害（13.96%），再次是交通事故（13.39%），炸弹袭击、枪击事件等恐怖行为较少（4.81%）。因此，增强交换生防盗窃安全知识培训，应该引起更多的关注。出国前接受安全培训最多的为交通出行安全和人身安全。

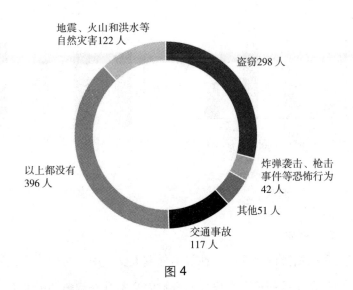

图 4

2. 金钱观念描述

月消费折算人民币和金钱观念改变。在金钱观念方面，交换生月消费人民币最多集中在 5000—8000 元，与国内的平均水平相比，处于高消费水平，以广州高校大学生为例，平均国内月消费大概在 1500—1800 元，交换生的最高消费水平相当于国内大学生的四倍左右。在对象国居住要考虑房租、水电、饮食与生活用品等诸多开销，同时交换生大多数来自小康家庭或以上者，平均开销如此之高也情有可原。在如此高消费的情况下，努力挣钱与更加节省的交换生还是占了绝大多数比例，仅 20% 左右的交换生会进行"买买买"的高消费选择，表明交换生的价值观与金钱观都处于良好水平。

通过以上描述，我们认为国内媒体对于留学生在国外的奢侈生活夺人眼球的报道属于少数。大部分交换生在对象国生活中消费谨慎，许多学生都意识到学成归国后，要更加努力挣钱。由此可见，金钱观念受交换生个人的家庭教育、生活方式的影响较大。

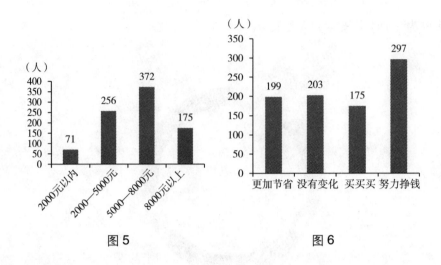

图5   图6

3. 文化认同描述

中华元素介绍倾向。交换生在与国外友人交流中，对中华文化的推介体现了其强烈的文化认同感。交换生愿意将中华美食介绍给外国友人，中国以丰富的美食闻名世界，而与人息息相关的美食又能起到积极的沟通交流媒介作用，因此成为首位介绍选择，占89.02%。其次是中华艺术（如书法、剪纸）占53.89%和中国文化（如唐诗、宋词）占43.14%。而其他的介绍中，部分交换生主动填写了中国服饰、中国传统、微信、高铁等。我们认为，由于中国经济的崛起，微信、QQ、高铁等科技创新产品也成为交换生推荐给外国友人的元素，这是增强国家认同感的表现。

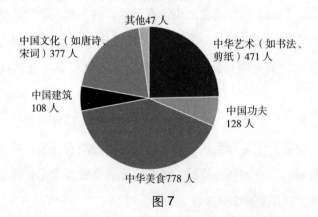

图7

4. 社会实践描述

社会实践类型。笔者设计了交换生在国外从事社会实践的类型，包括兼职打工、义工、使领馆组织的志愿者活动、在学校或学院境外实习基地的实习和非政府组织的各种活动等。

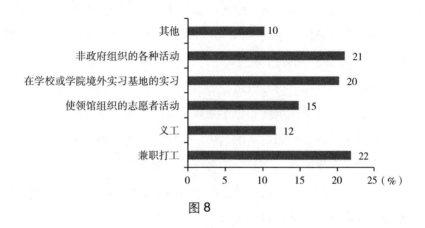

图 8

调查结果显示，进行社会实践的交换生最多选择为兼职打工，占22%。排第二的是非政府组织的各种活动，占21%；在学校或学院境外实习基地实习的占20%。这表明，交换生在对象国留学期间的社会实践还有很大的拓展空间。在有些国家因为交换生持有的是短期签证，无法去兼职打工。但有些国家条件比较成熟，高校完全可以进一步推动海外实习基地的建立，让更多的交换生参与社会实践。使领馆也可以发挥相应的作用，对交换生实施更好的志愿者管理，不仅可以让其参加各种国内人士访问的接待，也可以组织交换生参加当地政府和华侨组织的文化传播交流活动。尤其是国家"一带一路"倡议实施以来，对于交换生的实习锻炼不能仅局限于对象国的企业和政府，还可以到在对象国开拓市场、销售产品的中国企业中进行锻炼。

5. 交换留学评价描述

（1）交换留学后，能力提高类型。调查结果显示，87%的交换生表示出国后自己的视野更加开阔，心态更加包容；78.03%的交换生认为外语能力也有显著提升；还有 67.39% 的交换生认为跨文化交际能力得到提升。而专业水平和学术能力则与个人学习能力的提高有关，仅有 46.68% 的交换生选择。笔者认为专业水平和学术能力需要较长时间的积累才能实现质的飞跃，短期出国学习还不能得到快速明显的提高。如果交换生希望在本专业领域有所建树，需要更长时间的投入和学习才可以实现，那么更深入的进修或攻读更高的学位是接下来的选择。而在对象国生活，与当地人接触，外语能力和跨文化交际能力的提升是必然的。学生交换留学能够丰富人生阅历，做到待人接物心态从容，行万里路，读万卷书，对个人的人生和世界都有自己独特的看法。这种文化沉淀和思想领悟必将内化成为学生的综合素质，使交换生具有更开阔的视野和更高的素质。因此，笔者认为，交换生的人才培养模式对于学生素质的提高和教育的多样化，对全面发展的学生的塑造无疑是有积极意义的。进一步优化交换生的培养模式，使学生在其他方面得到提高和进步，是教育国际化的目的和归宿。

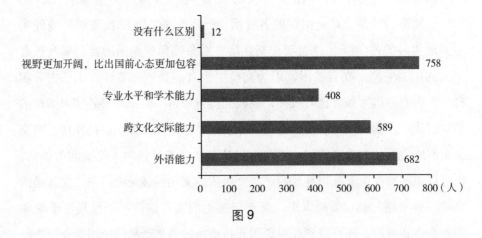

图 9

（2）是否愿意再次出国留学。调查结果显示，91% 的交换生愿意再次出国，其中选择出国进修更高的学历的最多，其次是出国工作。总体上看，再次出国的意愿很高，表明交换生对国外的交换生活体验比较满意。

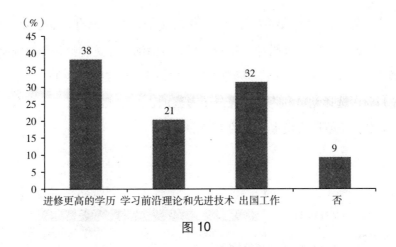

图 10

6. 组织活动情况描述

（1）班团组织活动。在这个题目的设计之中，笔者预计成建制交换留学的学生参加班团组织活动较多，而非成建制交换留学的学生参加班团组织活动较少。集体活动排名最高的为"中外文化传播交流活动"，占41%；其次为各类娱乐项目，包括集体聚餐、K歌、烧烤等，占36%—38%。相比之下，班集体或团支部主题团日活动只有20%。而党支部或党小组的民主生活会最少，只有7%左右。从活动的比例可以发现，交换生的社交娱乐活动占的比重较大，但是思想政治教育活动明显较少。在这方面，笔者建议通过网络新媒体创新教育的形式和内容，用QQ、微信、公众号推文等形式加强与交换生的联系和交流，从而加强交换生的思想政治教育。

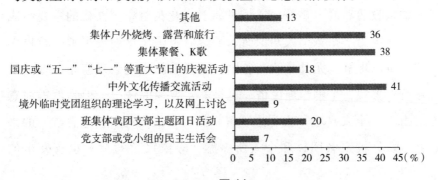

图 11

（2）党员活动。从结果上看，71%的交换生选择没有参加过党员活动，这与非党员的比例大致相符。此外，在党员活动中，选择批评与自我批评的占15%，选择"两学一做"等理论学习的占13%，选择"两会精神"学习的占11%，选择党员和入党积极分子考察的占9%。总体而言，出国党员的理论学习未能超过交换生人数的15%的比例。

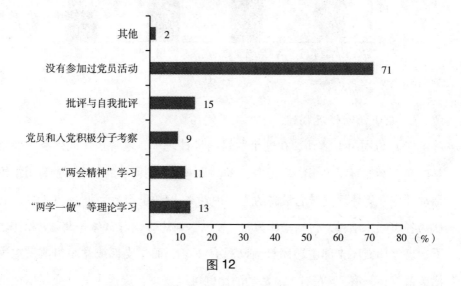

图 12

（3）参与宗教活动原因。调查结果显示，43%的交换生会因为想了解当地的民情民俗而参加宗教活动，42%的交换生选择旅行浏览，选择好奇的交换生占19%，选择个人兴趣的交换生占8%，没有进入宗教场所或参加宗教活动的占26%。不同的宗教文化是对象国文化的重要组成部分，交换生为了拓宽个人知识面，了解对象国文化而去了解宗教也无可厚非，可以理解。尤其是欧洲各国，基督教的文化景观遍布各地，学生去旅行、参观，了解当地民俗，也是非常普遍的情况。但是值得注意的是，由于"个人兴趣"去深入了解宗教的，往往对宗教抱着浓厚的兴趣，甚至容易被宗教团体和个人所蛊惑，皈依宗教的个案也有发生的可能。

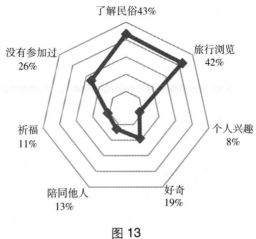

图 13

7. 网络舆情影响描述

关于网络舆情的调查结果显示，62%的交换生表示"那些对中国的不同意见，持理性分析的态度"，26%的交换生认为"国外媒体的观点开阔了个人视野"，10%的学生对媒体是无所谓的态度，而"对于国外媒体揭露出来的种种丑闻而愤慨"的激进分子仅占2%，这也从侧面反映了大部分交换生能用客观理性的态度面对国外媒体的报道，采取务实沉稳的态度去面对留学生活。网络中情绪宣泄也是交换生个人情绪自我调节的一种方式，有利于学生释放心理压力，排解孤独，对交换生的身心健康发挥着积极的作用。偏激的学生只是少数。所以，对于国外网络舆情或网络新媒体的碎片化报道，学生更应该沉下心来多看多思考，内强素质外树形象，才能更好地融入国际化的潮流中。

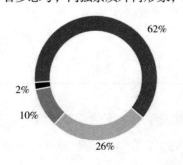

■ 那些对中国的不同意见，持理性分析的态度

■ 国外媒体的观点开阔了个人视野

■ 我对媒体的态度无所谓，网上那些观念影响不了我

■ 对于国外媒体揭露出来的种种丑闻而愤慨

图 14

8. 人生观和世界观变化描述

根据调查结果，选择"没有本质变化，但产生较大影响"的占绝大多数，而选择"是，有本质的变化"的交换生占比（14%）比选择"没有变化"（2%）的多，这说明国外的生活对学生造成足够的冲击，需要重视交换生人生观、世界观和价值观的培养。

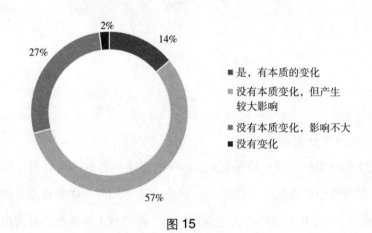

图 15

9. 金钱观念影响描述

在交换生金钱观念的调查中，我们认为大部分交换生都保持了理性的消费观念和良好的金钱观念，他们在境外能够基于家庭提供的财力和个人的生活方式合理消费。不少交换生在国外积极打工，自力更生，减轻父母的负担，珍惜学习的机会，培养健康积极的金钱观念。但是也不排除有小部分学生在境外过度消费，在自由的环境中思想放松了要求，陷入拜金主义的旋涡，甚至有个别学生堕入网络借贷的泥潭。高校要采取措施，和家长紧密沟通联系，加强对交换生在金钱观念方面的思想引导。

综合以上描述分析的情况，得出以下结论：

第一，大部分交换生在出国以前接受了应急安全教育或培训，培训的重点以交通出行安全和人身安全为主。交换生在境外遭遇的事故中盗窃最多，需要引起重视。对高校而言，培养国际化的人才，把学生送到境外大学进行交换学习，首先必须保证的是交换生的安全。所以，必须提高交换生的安全防范意识，加强学校、家长和交换生三者之间的紧密联系。高校必须制定交换生应急安全的相关规章制度和管理细则，做好应急安全的准备，加强交换生出国前的应急安全教育，发挥学生的主体作用，以人为本，提升应急反应和恢复能力水平，从而有效地解决学生的安全问题。

第二，在交换生文化认同的调查中，题目的设计是以一系列的中华文化元素作为支撑的，学生选择非常活跃，既有美食、古典诗词、武术等传统文化，也有中国近年来的高科技成果，比如高铁等，从而反映了交换生文化认同以传统文化与现代文明、个人经历与情感记忆紧密相连。因此，笔者认为，应该对交换生实施丰富多彩、形式多样、博古通今、线下线上相结合的文化认同教育，一改以往思想政治教育僵化的形式和内容，从而达到增强交换生对中华文化认同的意义和目的。

第三，在交换生的社会实践中，由于受到对象国法律制度的限制，前往不同国家的交换生所接受的社会实践各不相同。由于交换生大部分是本科高年级学生，他们有能力也有迫切参与社会实践的期待。自国家"一带一路"倡议实施以来，中国大量的企业正在实施"走出去"计划。有鉴于此，高校可以在合作的对象国开辟海外实习基地，既可以与当地企业合作，也可以与中资企业合作，从而提高学生的能力和素质，为培养"双高两强"的国际化人才打下良好的基础。

第四，在交换生对留学评价中，大部分学生对留学评价都是正面的，认为留学拓宽了个人的视野、使心态更加包容、跨文化交际能力得到提高等，大部分交换生也愿意再次出国留学或工作。由此可见，在全球化的浪潮中，在高等教育国际化的进程中，对于杰出人才的培养一直是高校和教育工作者孜孜以求的目标。推进不同国家和地区之间的学生交换留学，将对人才培养起到积极的作用。不同文化和思想观念的碰撞，对交换生的个人成长至关重要。高校应拓宽境外交换的途径和方法，引进各种社会资源，制定相关措施解决交换生境外学习的后顾之忧，使他们更好地成长成才。

第五，在交换生的组织活动中，各种文化交流活动、娱乐活动占了较高的比例。关于交换生进入宗教场所与参与宗教活动的调查，大部分学生是抱着浏览观光、了解当地的民情民俗的心态，也不排除有少量的学生因好奇心态、对宗教感兴趣而参与宗教活动。笔者认为，无论是到欧洲、北美，还是到东南亚和中东地区，宗教始终是一个客观的存在。如果用刻板的形式命令要求学生远离宗教，其效果将适得其反，必须采取隐性的教育和疏导的方式去加强交换生的思想政治教育，使其远离宗教蛊惑。

最后，关于网络舆情和人生观、价值观的调查。大部分交换生对网络舆情保持理性的态度。境外的交换生使用对象国的网络平台，不再局限于国内的网站和新媒体，他们也使用 Facebook、Instagram、Twitter 等海外媒体。这主要是由于环境改变，学生不得不入乡随俗。因为留学的历程而导致交换生人生观、价值观发生改变或对其影响重大的也有一定的比例，而完全没有受影响的比例较小。至于网络舆情如何影响交换生的人生观、价值观需要更深入调查和研究，第四节也有详细的分析。

三、对调查对象和调查维度的交叉分析

交叉分析统计是对调查对象的不同政治面貌、专业学科类别、交换学校所在国（或地区）与不同的活动组织情况、宗教信仰、应急安全之间所做的交叉分析统计研究。我们通过分析不同调查对象之间的不同选择，从而了解交换生境外活动的思想价值取向。

（一）政治面貌与活动组织

从交叉表格中看，关于班集体或团支部主题团日活动，预备党员和正式党员总体参与率比非党员高；而集体聚餐、烧烤等娱乐活动则恰好相反，非党员的参与居多。但是总体而言，无论是党员还是非党员，参加党支部或党小组的民主生活会比集体聚餐、烧烤、K 歌这些社交娱乐活动的比例少很多。

表 7　政治面貌与活动组织交叉分析表

活动组织		政治面貌				总计（人）
		群众	共青团员	预备党员	中共党员	
党支部或党小组的民主生活会	计数	1	23	14	20	58
	占比	1.4	2.0	9.0	8.6	
班集体或团支部主题团日活动	计数	4	121	24	22	171
	占比	5.7%	10.8%	15.4%	9.4%	
理论学习以及网上讨论	计数	2	31	17	31	81
	占比	2.9%	2.8%	10.9%	13.3%	
中外文化传播交流活动	计数	14	266	29	53	362
	占比	20.0%	23.6%	18.6%	22.7%	
国庆或"五一""七一"等重大节日的庆祝活动	计数	6	112	14	23	155
	占比	8.6%	10.0%	9.0%	9.9%	
集体聚餐、K 歌	计数	19	255	27	34	335
	占比	27.1%	22.7%	17.3%	14.6%	
集体户外烧烤、露营和旅行	计数	12	239	23	37	311
	占比	17.1%	21.2%	14.7%	15.9%	
其他	计数	12	78	8	13	111
	占比	17.1%	6.9%	5.1%	5.6%	

　　因此，在平时的社交娱乐活动之余，要加强对交换生的思想引领，以各种班集体活动和节庆活动为载体和契机，增强交换生的爱国主义情怀和文化认同感教育，是德育工作者对交换生教育工作的重点。

（二）学科类别与出国意愿

表 8　学科类别与出国意愿交叉分析表

学科类别		出国意愿				总计（人）
		更高学历	理论技术	出国工作	没区别	
理工科类	计数	24	16	5	2	47
	占比	51.1%	34.0%	10.6%	4.3%	100.0%
语言类	计数	135	84	181	59	459
	占比	29.4%	18.3%	39.4%	12.9%	100.0%
人文社科类	计数	106	44	49	11	210
	占比	50.5%	21.0%	23.3%	5.2%	100.0%
其他（含商科）	计数	36	18	13	2	69
	占比	52.2%	26.1%	18.8%	2.9%	100.0%
总计	计数	301	162	248	74	785
	占比	38.3%	20.6%	31.6%	9.5%	100.0%

表 9　卡方检验

卡方测试			
	值	自由度	渐近显著性（双向）
皮尔逊卡方	66.978	9	0.000
似然比（L）	70.207	9	0.000
线性关联	20.084	1	0.000
有效个案数	785		

注：1 个单元格（6.3%）具有的预期计数少于 5。最小预期计数为 4.43。

交叉分析表的卡方值小于 0.05，认为两者之间的交叉影响显著。从表 8 中可看出，理工科类和人文社科类在交换留学结束后，更愿意再次出国进修更高的学历或是学习先进理论技术。而语言类则更倾向于出国工作。这个选择与专业有关，但是更应该看到，语言类专业的学生无意进一步深入研究或学习，是否导致人才培养后劲不足？笔者希望更多的学生拥有良好的知识结构、思辨能力和学术水平来迎接未来的挑战。而理工科类的交换生再次出国进修，虽然艰苦，但是对将来发展，其显示出后劲十足，在这一点上应该引起语言类高校的重视。

（三）学科类别与宗教抵制

表 10　学科类别与宗教抵制交叉分析表

学科类别		我是坚定的唯物主义者和无神论者，在国外自觉抵制宗教的渗透					总计（人）
		1	**2**	**3**	**4**	**5**	
理工科类	计数	13	11	17	2	1	44
	占比	29.5%	25.0%	38.6%	4.5%	2.3%	100.0%
语言类	计数	231	137	134	32	17	551
	占比	41.9%	24.9%	24.3%	5.8%	3.1%	100.0%
人文社科类	计数	39	19	11	4	0	73
	占比	53.4%	26.0%	15.1%	5.5%	0.0%	100.0%
其他（含商科）	计数	63	34	11	6	3	117
	占比	53.8%	29.1%	9.4%	5.1%	2.6%	100.0%
总计	计数	346	201	173	44	21	785
	占比	44.1%	25.6%	22.0%	5.6%	2.7%	100.0%

注：表中"1"为非常同意，"2"为比较同意，"3"为一般，"4"为比较不同意，"5"为非常不同意。

表 11　卡方检验

卡方测试			
	值	自由度	渐近显著性（双向）
皮尔逊卡方	26.740	12	0.008
似然比（L）	30.183	12	0.003
线性关联	13.096	1	0.000
有效个案数	785		

注：5个单元格（25.0%）具有的预期计数少于5。最小预期计数为1.18。

从卡方检验来看，结果显著。从表 10 可看出，理工科类的交换生对宗教抵制的意愿综合评分最低，而人文社科类和其他（含商科）的综合评分最高，语言类居中。理工科类学生专注于学习科学技术，对人文政治素养的忽视值得我们反思，而对宗教抵制的态度将影响理工科类学生形成批判性思维。对宗教抵制态度持反对意见的理工科类学生占 29.5%，语言类学生占 41.9%，人文社科类学生占 53.4%，其他（含商科）占 53.8%。这个比例应该引起高校德育工作者的重视。

宗教的因果报应、天国、轮回来世等思想影响了交换生理性思维的培养。有大量的研究表明，没有宗教信仰的学生对于知识的追求抱有真诚和客观的态度，对科技创新具有理性分析的态度，而宗教信仰影响了学生理性思维的建立。应该坚持马克思主义的世界观和方法论，实事求是，建立健全个人理性科学的世界观和人生观。交换生应该谨慎参与宗教活动，虽然在一定程度上要遵从当地的宗教习惯，但在了解他国的风俗习惯的基础上，应该坚定自己内心的信仰。

（四）学科类别与宗教信仰

表 12　学科类别与宗教信仰交叉分析表

学科类别		在对象国有大部分人信仰宗教的情况下，我会尊重当地人的习俗，仅当是开阔视野，但不会发自内心去信仰一个宗教					总计（人）
		1	2	3	4	5	
理工科类	计数	20	7	15	1	1	44
	占比	45.5%	15.9%	34.1%	2.2%	2.3%	100.0%
语言类	计数	302	179	53	9	8	551
	占比	54.8%	32.5%	9.6%	1.6%	1.5%	100.0%
人文社科类	计数	46	17	9	1	0	73
	占比	63.0%	23.3%	12.3%	1.4%	0.0%	100.0%

续表

学科类别		在对象国有大部分人信仰宗教的情况下，我会尊重当地人的习俗，仅当是开阔视野，但不会发自内心去信仰一个宗教					总计（人）
		1	2	3	4	5	
其他（含商科）	计数	70	36	5	4	2	117
	占比	59.8%	30.8%	4.3%	3.4%	1.7%	100.0%
总计	计数	438	239	82	15	11	785
	占比	55.8%	30.4%	10.5%	1.9%	1.4%	100.0%

注：表中"1"为非常同意，"2"为比较同意，"3"为一般，"4"为比较不同意，"5"为非常不同意。

表 13 卡方检验

卡方测试			
	值	自由度	渐近显著性（双向）
皮尔逊卡方	38.535	12	0.000
似然比（L）	32.399	12	0.001
线性关联	4.178	1	0.041
有效个案数	785		

注：7个单元格（35.0%）具有的预期计数少于5。最小预期计数为0.62。

从卡方检验来看，结果显著。其中理工科类交换生选择从内心信仰宗教的比例较其他学科要高。在思想政治教育方面，应该加强理工科类交换生的思想政治教育，使其坚定马克思主义理想信念，避免境外不法分子以宗教信仰为借口欺骗诱导交换生。

（五）政治面貌与参与宗教活动

表 14　政治面貌与参与宗教活动交叉分析表

政治面貌		参与宗教活动或场所原因							总计（人）
		旅行游览	祈福	陪同他人	好奇	了解当地的民情民俗	个人兴趣	没有参加过	
群众	计数	19	5	4	5	15	7	12	44
	占比	43.2%	11.4%	9.1%	11.4%	34.1%	15.9%	27.3%	
共青团员	计数	237	58	70	102	247	48	145	551
	占比	43.0%	10.5%	12.7%	18.5%	44.8%	8.7%	26.3%	
预备党员	计数	27	8	9	20	31	2	17	73
	占比	37.0%	11.0%	12.3%	27.4%	42.5%	2.7%	23.3%	
中共党员	计数	49	15	18	21	46	7	31	117
	占比	41.9%	12.8%	15.4%	17.9%	39.3%	6.0%	26.5%	
总计	计数	332	86	101	148	339	64	205	785

从多响应交叉表上看，因为"个人兴趣"而参与宗教活动或进入宗教场所的中共党员和预备党员分别占 2.7% 和 6.0%。在交换生群体中，纯属出于个人兴趣而研究宗教、参与宗教活动，甚至皈依宗教的个案时有出现。这说明对于交换生党员和预备党员的党性教育刻不容缓，我们不能因为上述所占的比例较低就放松对党员的教育管理。因此，高校应创新党建各种管理模式和活动载体，加强交换生党员和预备党员的教育管理，保持学生党员队伍的纯洁性和先进性。

（六）交换学校所在国（或地区）与安全培训类型

表 15 交换学校所在国（或地区）与安全培训类型交叉分析表

交换学校所在国（或地区）		安全培训类型					总计（人）
		交通出行安全和人身安全	防火防盗安全培训、讲座和演练	反恐防暴安全演练	防地震、火山等自然灾害的安全培训	无	
亚洲	计数	360	160	59	56	92	472
	占比	76.3%	33.9%	12.5%	11.9%	19.5%	60.13%
欧洲	计数	132	70	32	6	32	168
	占比	78.6%	41.7%	19.0%	3.6%	19.0%	21.40%
北美洲	计数	44	20	7	3	13	60
	占比	73.3%	33.3%	11.7%	5.0%	21.7%	7.64%
非洲	计数	31	13	6	2	2	34
	占比	91.2%	38.2%	17.6%	5.9%	5.9%	4.33%
澳洲	计数	21	12	3	4	13	36
	占比	58.3%	33.3%	8.3%	11.1%	36.1%	4.59%
南美洲	计数	9	4	8	4	3	15
	占比	60.0%	26.7%	53.3%	26.7%	20.0%	1.91%
总计	计数	597	279	115	75	155	785

注：百分比和总数是基于响应者。a. 二分法组值为 1 时进行制表。

从交叉表可看出，去往非洲的交换生接受各种安全培训的比例均比去其他大洲要多，其中培训最多的为交通出行安全和人身安全。而去往欧洲的交换生在防火防盗方面培训较多。去南美洲的反恐防暴安全演练占比在 50% 以上。根据表格数据，我们可以了解去不同大洲的培训侧重点不同，安全培训有待进一步加强。

（七）交换学校所在国（或地区）与事故类型

表16　交换学校所在国（或地区）与事故类型交叉分析表

交换学校所在国（或地区）		事故类型						总计（人）
		盗窃	交通事故	地震、火山和洪水等自然灾害	炸弹袭击、枪击事件等恐怖行为	其他	以上都没有	
亚洲	计数	125	72	91	15	27	227	472
	占比	26.5%	15.3%	19.3%	3.2%	5.7%	48.2%	60.13%
欧洲	计数	90	10	5	16	5	63	168
	占比	53.6%	6.0%	3.0%	9.5%	3.0%	37.5%	21.40%
北美洲	计数	15	12	2	4	6	33	60
	占比	25.0%	20.0%	3.3%	6.7%	10.0%	55.0%	7.64%
非洲	计数	21	3	0	3	8	6	34
	占比	61.8%	8.8%	0	8.8%	23.5%	17.6%	4.33%
澳洲	计数	7	3	1	2	0	27	36
	占比	19.4%	8.3%	2.8%	5.6%	0	75.0%	4.59%
南美洲	计数	11	1	6	1	1	1	15
	占比	73.3%	6.7%	40.0%	6.7%	6.7%	6.7%	1.91%
总计	计数	597	269	101	105	41	47	785

　　调查表数据显示，交换生遭遇盗窃最严重的地区为南美洲和非洲，这两个大洲的不发达国家较多，社会安全难以保证；交通事故发生较多在北美洲；地震等自然灾害发生在南美洲和亚洲的比例较大；恐怖行为发生频率较少，但各洲依旧有交换生经历过，其中占比较多的为欧洲。最后统计，澳洲为交换生认为最安全的地区，其事故遭遇不到30%。

　　综上所述，从问卷调查的第一部分交换生客观实际情况与第二部分的问题相交叉，呈现出来的问题和结果更加细致，更有针对性和时效性。我们得出以下结论：

第一，从交换生的活动形式来看，高校及其思想政治教育工作者应更重视境外基层的班级和党团组织延伸管理，建立网络平台，使各项针对交换生的服务、教育和管理落实到位。高校德育工作者必须加强出国前的党员和学生骨干的培训，发挥交换生的主体性和创造性作用，使他们在境外能够组织丰富多彩的活动，通过活动载体来加强交换生的思想政治教育。

第二，从学科类别与出国意愿、宗教信仰的交叉来看，派遣交换生出国学习可以开阔学生视野，提高学生外语能力和跨文化交际能力。但是，越是长时间的学习，受到对象国宗教组织和文化的影响可能性越大。尤其是理工科交换生，出国学习先进科技可能性比外语、社哲和商科要大，增强理工科交换生的人文底蕴和思想政治教育刻不容缓。

第三，从政治身份和宗教信仰的交叉来看，宗教对交换生的影响是客观存在的现象。部分交换生面对精神上的困惑，借助宗教来排解内心的苦闷不安，以此获得心灵的慰藉和解脱。高校德育工作者必须加强交换生的人生观、价值观和世界观教育，使交换生坚定理想信念，重视他们的心理素质培养，提高他们的抗挫折能力。对于党员的教育管理，更应该创新管理机制，加强党的理论学习，组织各种活动丰富学生党员的学习与生活，使他们远离宗教的渗透。

第四，从交换地区与事故类型的交叉来看，不同的地区应急安全事故的发生有不同的区域特点。高校应该针对交换生所赴不同的国家和地区存在的治安特点，采取不同的培训和应急策略，制定和完善应急机制，增强危机干预的能力，从而保证交换生顺利完成学业。

四、影响因素的多元回归研究

本研究拟采用逐步回归分析法（Stepwise）构建多元线性回归模型（Multi-variable Linear Regression Model），以此来验证模型变量之间的因果关系，主要采用统计软件 SPSS20.0 来进行实证分析。[①]

（一）维度分析

根据前人的量表定义基础，本研究采用李克特量表的格式，设计交换生人生观、价值观的量表，具体采用的量表指标如表 17 所示，共 14 道题目。

表 17　人生观、价值观量表的维度及其条目分布

维　　度	条　　目	条目分布
爱国主义	3	1、2、3 题
文化认同	3	4、5、6 题
应急安全	1	7 题
社会实践	1	8 题
金钱观念	1	9 题
宗教信仰	3	10、11、12 题
网络舆情	2	13、14 题

利用 SPSS20.0 软件计算各个指标的平均值，并给予排名。如表 18 所示，其中爱国主义 2 的得分排序最高，社会实践的得分排序最低。

表 18　量表描述统计

	数字	最小值（M）	最大值（X）	平均值（E）	标准偏差	得分排序
	统计	统计	统计	统计	统计	统计
爱国主义 1	874	1	5	4.56	0.671	2
爱国主义 2	874	1	5	4.72	0.546	1
爱国主义 3	874	1	5	4.28	0.803	11
文化认同 1	874	1	5	4.49	0.713	5
文化认同 2	874	1	5	4.54	0.679	3

[①]　庞皓主编：《计量经济学（第三版）》，科学出版社 2014 年版。

续表

数字	最小值（M）	最大值（X）	平均值（E）	标准偏差	得分排序
	统计	统计	统计	统计	统计	统计

	统计	统计	统计	统计	统计	统计
文化认同3	874	1	5	4.47	0.690	6
应急安全	874	1	5	4.34	0.777	9
社会实践	874	1	5	3.62	1.120	14
金钱观念	874	1	5	3.66	0.939	13
宗教信仰1	874	1	5	4.05	1.045	12
宗教信仰2	874	1	5	4.51	0.760	4
宗教信仰3	874	1	5	4.40	0.833	8
网络舆情1	874	1	5	4.32	0.845	10
网络舆情2	874	1	5	4.47	0.710	7

（二）多元回归方程的建立

选取人生观、价值观的指标变量作为因变量，记为 y，选取由上文维度分析得出的影响价值观7个重要影响维度作为自变量，将多个指标的维度取均值，并假定因变量 y 和7个自变量之间的回归关系可以用线性函数近似表示，则根据多元线性回归模型建立价值观影响因素样本回归函数如下：

$$y=a_1+a_2x_1+a_3x_2+a_4x_3+a_5x_4+a_6x_5+a_7x_6+a_8x_7+\mu$$

其中，y 代表价值观整体得分；x_1 代表爱国主义维度；x_2 代表文化认同维度；x_3 代表应急安全维度；x_4 代表社会实践维度；x_5 代表金钱观念维度；x_6 代表宗教信仰维度；x_7 代表网络舆情维度；μ 代表随机误差项；a_1，a_2，…，a_8 代表整体回归系数。

（三）多元回归假设

本研究经过分析、整理国内外相关文献，在相关理论研究的基础上，将大学生人生观、价值观改变的影响因素及其因果关系联系起来，根据多元线性回归模型，首先提出结构变量之间存在如下关系假说：由于爱国主义、文化认同和宗教信仰属于人的内在因素，其内心立场越坚定，越不容易受到外来冲击的影响，因此得分越高，其人生观、价值观的改变越低，存在直接的负向作用，分别对应 H1、H2、H6；而应急安全、社会实践、金钱观念和网络舆情属于外部影响，在境外受到的影响越大，其人生观、价值观的改变概率也就越大，因此有直接的正向作用，分别对应 H3、H4、H5、H7。

表 19　假设检验

序　号	假设内容	预估计
H1	"爱国主义"对"人生观、价值观改变"有相关关系	负相关
H2	"文化认同"对"人生观、价值观改变"有相关关系	负相关
H3	"应急安全"对"人生观、价值观改变"有相关关系	正相关
H4	"社会实践"对"人生观、价值观改变"有相关关系	正相关
H5	"金钱观念"对"人生观、价值观改变"有相关关系	正相关
H6	"宗教信仰"对"人生观、价值观改变"有相关关系	负相关
H7	"网络舆情"对"人生观、价值观改变"有相关关系	正相关

（四）模型估计流程

本次的多元回归采用 SPSS20.0 的逐步回归方法，对全部的自变量 x_1，x_2，…，x_7 按它们对 y 贡献的大小进行比较，并通过 F 检验法，选择偏回归平方和显著的变量进入回归方程，每一步只引入一个变量，同时建立一个偏回归方程。通过不断重复这一过程，直至无法剔除已引入的变量，也无法再引入新的自变量时，逐步回归过程结束。最终的逐步回归生成的三个模型如表 20 所示。

表 20　多元回归系数表

模型		非标准化系数		标准化系数	t	Sig.
		B	标准误差	BETA		
1	常量	1.822	0.060		30.613	0.000
	金钱观念	0.146	0.024	0.204	6.164	0.000
2	常量	2.006	0.071		28.215	0.000
	金钱观念	0.169	0.024	0.237	7.059	0.000
	宗教信仰	−0.141	0.031	−0.154	−4.605	0.000
3	常量	1.952	0.074		26.215	0.000
	金钱观念	0.156	0.024	0.219	6.408	0.000
	宗教信仰	−0.179	0.035	−0.195	−5.184	0.000
	网络舆情	0.091	0.038	0.091	2.359	0.019

　　通过逐步回归过程，先将爱国主义维度引入到回归方程中，再将文化认同引入，依次建立回归模型，依次类推，将具有显著性影响的变量引入方程，同时剔除不具有显著性影响的变量。其中 1 表示预测变量金钱观念进入回归方程，2 表示预测变量金钱观念和宗教信仰进入回归方程，3 表示预测变量金钱观念、宗教信仰和网络舆情进入回归方程。

　　由以上算法流程，通过 SPSS20.0 线性多元回归模型分析求解，结果如表 21 所示，其中金钱观念、宗教信仰、网络舆情的解释量分别为 15.6%、−17.9%、9.1%。

表 21　回归系数结果

模型	非标准化系数（B）	标准误差	标准化系数（BETA）	t	Sig.
常量	1.952	0.074		26.215	0.000
金钱观念	0.156	0.024	0.219	6.408	0.000
宗教信仰	−0.179	0.035	−0.195	−5.184	0.000

续表

模型	非标准化系数（B）	标准误差	标准化系数（BETA）	t	Sig.
网络舆情	0.091	0.038	0.091	2.359	0.019

利用逐步回归分析法拟合多元线性回归模型，经过整理得到价值观＝1.952+0.156×金钱观念-0.179×宗教信仰+0.091×网络舆情。交换生思想价值观的改变和金钱观念、宗教信仰、网络舆情三个因素有显著联系。

（五）模型检验

根据调整后 R 方的比较，模型 3 为最优模型。由于多元线性回归模型包含多个解释变量，要对模型中被解释变量与所有解释变量之间的线性关系在整体上是否显著作出判断。

1. 基于样本总体的显著性 F 检验

显著性下检验是指事先对随机变量的参数或总体分布形式做出一个假设，然后利用样本信息来判断这个假设或备择假设是否合理，从而判断总体的真实情况与原假设是否有显著性差异。具体判断方法如下。

假设总体回归方程不显著，则有：

HO：$a_1 = a_2 = a_3 = a_4 = a_5 = a_6 = a_7 = a_8$

$a_1, a_2, \cdots, a_8$ 代表整体回归系数进而进行方差分析，见表22。

表22　方差分析参数计算公式表

模型	平方和	自由度	方差
回归平方和	$SSR = \sum (y_t^{'} - \bar{y})^2$	$k - 1$	$SSR/(k-1)$
残差平方和	$SSE = \sum e_t^2$	$n - k$	$SSR/(n-k)$
总离差平方和	$SSJ = \sum (y_t - \bar{y})^2$		

根据上述结果求 F 统计量：

$$F = \frac{SSR/(k-1)}{SSE/(n-k)}$$

SSR 代表回归平方和、SSE 代表回归残差平方和、k 代表参数个数、n 代表观测值的总个数。根据对应自由度和已经给定的显著性水平 α，查阅统计学附录 F 分布临界值表的理论临界值 F_α，当 $F > F_\alpha$ 时，原假设不成立，认为总体回归方程代表的线性关系显著。当 $F < F_\alpha$ 时，原假设成立，认为总体回归方程代表的线性关系不显著，因而所建立的回归模型没有意义，自变量选取不合理，需要重新进行选取或者更换方法。求解结果见表 23。

表 23　方差分析表

模型	平方和	Df	均方	F	Sig.
回归	27.550	3	9.183	21.987	0.000
残差	363.379	870	0.418		
总计	390.929	873			

因此可知 F=21.987，在显著性水平 5% 下，Sig. <0.05，因此从整体来看，自变量 x_1，x_2，x_3 联合起来对 y 有显著影响，总体回归函数中各自变量与因变量的线性回归关系显著。

2. 基于回归系数的显著性 t 检验

多元模型中回归系数的显著性检验通常采用 t 检验，t 统计量的计算方法如下：

$$t_{a'_j} = \frac{a'_j}{S_{a'_j}}, \quad j = 1, 2, \cdots, k$$

其中，a'_j 是回归系数的估计值，$S_{a'_j}$ 是 a'_j 的标准差的估计值。t 的绝对值越大，a_j 为 0 的可能性越小，说明相对应的自变量对因变量的影响越显著，通过查询相应自由度下的 t 分布表，我们可以判定自变量影响的显著性，从而对自变量进行取舍。

表 24　显著性 t 检验结果

模型	非标准化系数（B）	标准误差	标准化系数（BETA）	t	Sig.
常量	1.952	0.074		26.215	0.000
金钱观念	0.156	0.024	0.219	6.408	0.000
宗教信仰	-0.179	0.035	-0.195	-5.184	0.000
网络舆情	0.091	0.038	0.091	2.359	0.019

在显著性水平 5% 下，各个自变量的参数均能满足 5% 显著性水平下的 t 检验，即 Sig. <0.05，所以各个自变量的回归系数均显著。

3. 方差扩大因子共线性检验

方差扩大因子 VIF 可以度量多重共线性，解释变量间相关程度越强，VIF 越大，变量间多重共线性越弱，VIF 也就越接近于 1。由表中 VIF 值可知，模型不存在共线性。

表 25　多元回归系数表

模型	非标准化系数（B）	标准误差	标准化系数（BETA）	t	显著性	共线性统计	
						容许	VIF
常量	1.952	0.074		26.215	0.000		
金钱观念	0.156	0.024	0.219	6.408	0.000	0.913	1.096
宗教信仰	-0.179	0.035	-0.195	-5.184	0.000	0.753	1.329
网络舆情	0.091	0.038	0.091	2.359	0.019	0.723	1.383

注：a. 因变量，人生观和价值观产生变化。

4. 自相关检验

表 26　DW 检验

更改统计量					Durbin-Watson
R 方变化	F 更改	df1	df2	显著性 F 更改	
0.070	21.987	3	870	0.000	2.011

线性回归方程模型的古典假定要求随机误差项无自相关，若自相关存在，最小二乘估计量是无效的，系数和模型的显著性检验也失效。用 Durbin-Watson（DW）检验方法检验模型是否存在自相关，根据表 26 可知，DW 值为 2.011，k=3、n=874 时，根据 DW 分布表有限查得在 0.01 显著性水平上，临界值 dL=1.643 和 dU=1.704。

dU=1.704≤DW≤（4-dU）=2.296，说明残差间无自相关。

（六）结论分析

综上可得，建立的回归方程为：

价值观得分=1.952+0.156×金钱观念-0.179×宗教信仰+0.091×网络舆情。假设研究结果如下。

表 27　假设研究结果

序号	假设内容	预估计	结果
H5	"金钱观念"对"人生观、价值观改变"有相关关系	正相关	成立
H6	"宗教信仰"对"人生观、价值观改变"有相关关系	负相关	成立
H7	"网络舆情"对"人生观、价值观改变"有相关关系	正相关	成立

（七）结论建议

用SPSS20.0软件和多元逐步回归的方法对数据进行线性回归模型的建构，从而验证了交换生价值观改变的七个变量之间的关系。结果表明，爱国主义总体的平均分是最高的，满分5分中占4.52。这个维度是最稳定的，占调查维度第一名、第二名、第十一名。文化认同分别是第五名、第三名，平均分为4.515，总维度排名第二。可见，交换生的爱国情怀和文化认同相比其他维度，得分较高和稳定，交换生内在的综合素质较高。应急安全总维度排第四名，社会实践排第七名，金钱观念排第六名，宗教信仰排第五名，网络舆情排第三名。

按照统计学回归研究理论的实践来看，其用F的显著性概率作为变量选入或剔除的标准，选入水准≤0.05，剔除水准≥0.10。$P \leq 0.05$ 表示差异具有统计学意义。按照多元回归分析的结果来看，金钱观念、宗教信仰和网络舆情对交换生人生观和价值观的影响显著。

交换生价值观的多元回归分析结果显示，交换生价值观的改变与学生金钱观念、网络舆情成正比，与宗教信仰成反比。因此，本研究从标准化回归系数a的角度对三个影响因素展开探讨。根据回归方程，宗教信仰的标准化系数最高，占17.9%，而金钱观念和网络舆情次之。

因此，笔者根据马克思"人的全面发展"理论来指导交换生人生观、价值观的回归研究可以推断以下结论。

1. 交换生处于宗教国家的环境之中，受到对象国的宗教影响将改变交换生人生观、价值观的形成，容易被宗教所异化，偏离主流意识形态的轨道。马克思认为："宗教是人的本质在幻象的实现，因为人的本质没有真正的现实性。"[①] 宗教是世俗世界的虚幻反映，宗教一直是马克思直接批判的对象，其批判目的在于用人的理性来取代对神的信仰。境外大学生产生宗教

[①] 《马克思恩格斯文集》第1卷，人民出版社2009年版，第3页。

信仰容易被宗教异化为信徒，从而失去个人理性的判断和思考，容易被宗教组织所役使。

（1）高校必须引导大学生认识宗教本质，树立科学的观念。马克思和恩格斯对宗教的批判有完整的概念和体系，时至今日依然有其现实教育意义。高校在交换生出国前必须加强交换生马克思主义宗教观的教育，使交换生坚定内心的理想信念和共产主义信仰。同时，高校及其德育工作者应引导交换生增强科学理性的精神和意识，树立无神论的思想，以防止国外宗教势力对交换生的思想渗透。

（2）高校应在交换生出国前开设与宗教相关的人文素质课程，帮助大学生形成正确的宗教观。根据前面的问卷调查交叉分析发现的理工科类交换生对宗教认同百分比高于语言类、人文社科类和其他（含商科）交换生这一结果，笔者认为当务之急还是要增强交换生尤其是理工科类交换生的人文素养，可以开设与宗教相关的课程，使其认清宗教的来龙去脉和本质属性，而不被国外宗教团体所蛊惑。

（3）高校应营造良好的交换生文化环境和氛围，通过网络新媒体等形式突破空间的界限，在交换生中开展丰富多彩的文化活动，从而满足交换生的精神需求，使他们在境外不再感到孤独寂寞，从而不再去宗教场所和宗教团体之中寻找精神慰藉。

2. 金钱观念是一把考验交换生人生观和价值观的"双刃剑"。正确的金钱观念会使学生产生积极的动力，创造更大的社会价值和个人价值。另外，交换生对金钱狂热的追逐和过度消费，容易陷入拜金主义的旋涡之中无法自拔。鲍德里亚（《消费社会》）、列斐伏尔（《日常生活批判》）等西方马克思主义者对于消费时尚的社会学研究认为，人在消费社会中异化成为物自体，种种时尚和消费在电视广告和网络传播之中异化成为符号，人在时尚符号中穿行，成为"单向度的人"。境外消费环境比国内更加多样化，消费途径和内容也更加丰富，交换生远离父母和学校的管理，个人消费处于自由的状态，但大部分学生的金钱观念和消费水平与家庭的收入成正比，保持了理性消费的状态。但也有些学生不可避免地会陷入"买买买"的消费误区，更有甚者陷入网络借贷的泥潭。高校德育工作者必须用正面的金钱观念来引导交换生，同时与家长保持紧密的联系。家校形成有效的沟通交流，防止交换生因为金钱或消费在境外与人发生纠纷，或出现个人被金钱异化的情况。其目的是为了使交换生在留学期间既能开阔视野，又能独立自强、自信自爱，努力学好科学文化知识，增长个人才干。

3. 网络舆情是交换生人生观、价值观发生改变的显著性因素之一。随着计算机技术和互联网的不断创新发展，网络新媒体的各种社交平台的不断涌现，个人在网络之中的表现成为其思想和意志表达的途径，随之影响个人的人生观、价值观。从某种意义上讲，网络舆情与网络新媒体的发展密不可分。高校思想政治工作者可以针对不同专业的交换生，通过博客、微博、微信等网络平台，提供不同类别的教育内容，使得交换生的思想政治教育更加具有针对性和时效性。

（1）高校搭建综合网络平台，加强对时政信息的有效引导。加大移动终端软件的开发力度，建立各种手机 App 平台，把信息查询、消息推送、即时通信、网络活动等功能融入其中，及时为交换生提供各种正能量的推文，为交换生提供精神食粮。同时，高校通过网络媒体发挥学生之间的朋辈作用，树立网络意见领袖，使交换生的思想政治教育落实到位。

（2）加强隐性教育的力量，增强交换生中国特色社会主义的"道路自信、理论自信、制度自信、文化自信"的"四个自信"的思想政治教育，使交换生通过内心信仰、理性分析和思辨能力不受网络舆情对个人价值观的影响。在新媒体环境下，思想政治教育工作者应该与交换生建立民主、平等、互动的师生关系，尊重学生、学会倾听、用心交流、提高服务意识、及时有效地解决交换生遇到的困难和问题，从而不断增强交换生思想政治教育的针对性和实效性。

表 28 独立样本检验

		Levene's		平均值相等性的 t 检验						
		F	显著性	t	自由度	显著性(双尾)	平均差	标准误差差值	差值的95%置信区间	
									下限	上限
通过交换留学,我对民族国家的认同感增加,更加热爱祖国	已假设方差齐性	31.552	0.000	7.382	47.000	0.000	0.833	0.113	0.606	1.060
	未假设方差齐性			7.230	23.000	0.000	0.833	0.115	0.595	1.072
在境外交换留学,我感受到国家强大对个人发展的重要性	已假设方差齐性	51.644	0.000	4.298	47.000	0.000	0.668	0.156	0.355	0.981
	未假设方差齐性			4.221	26.126	0.000	0.668	0.158	.343	0.994
当前我国整体环境（如社会、经济、自然环境等）较好,我国所处的国际环境也较好,各方面处于有利地位	已假设方差齐性	21.571	0.000	8.698	47.000	0.000	1.252	0.144	0.962	1.541
	未假设方差齐性			8.546	26.691	0.000	1.252	0.146	0.951	1.552
交换留学期间,向世界传播中华文化是交换生的爱国行为	已假设方差齐性	9.022	0.004	7.681	47.000	0.000	0.958	0.125	0.707	1.209
	未假设方差齐性			7.523	23.000	0.000	0.958	0.127	0.695	1.222
交换留学期间,在异国文化的冲击下,我感受到中华文化的博大精深	已假设方差齐性	14.883	0.000	6.961	47.000	0.000	1.002	0.144	0.712	1.291
	未假设方差齐性			6.839	26.691	0.000	1.002	0.146	0.701	1.302
国外自由的生活让我变得更加独立、自律	已假设方差齐性	17.128	0.000	7.586	47.000	0.000	1.000	0.132	0.735	1.265
	未假设方差齐性			7.430	23.000	0.000	1.000	0.135	0.722	1.278
交换留学期间,我提高了个人的应急安全意识	已假设方差齐性	34.574	0.000	10.718	47.000	0.000	1.585	0.148	1.288	1.882
	未假设方差齐性			10.529	26.481	0.000	1.585	0.151	1.276	1.894

续表

			Levene's		平均值相等性的 t 检验						
			F	显著性	t	自由度	显著性（双尾）	平均差	标准误差差值	差值的95%置信区间	
										下限	上限
我在国外交换留学期间会积极参加各种社会实践和志愿者活动，包括打工、家教和兼职	已假设方差齐性		6.220	0.016	7.723	47.000	0.000	1.930	0.250	1.427	2.433
	未假设方差齐性				7.645	36.762	0.000	1.930	0.252	1.418	2.442
交换留学期间，我改变了个人的金钱观念	已假设方差齐性		0.393	0.534	7.545	47.000	0.000	1.728	0.229	1.268	2.189
	未假设方差齐性				7.554	46.992	0.000	1.728	0.229	1.268	2.189
我是坚定的唯物主义者和无神论者，在国外自觉抵制宗教的渗透	已假设方差齐性		26.855	0.000	7.434	47.000	0.000	1.295	0.174	0.945	1.645
	未假设方差齐性				7.345	34.266	0.000	1.295	0.176	0.937	1.653
我对各种宗教团体有良好的认知能力，会尽量避免日常生活中与不法团体进行接触，以防受到危害	已假设方差齐性		33.102	0.000	6.393	47.000	0.000	0.917	0.143	0.628	1.205
	未假设方差齐性				6.261	23.000	0.000	0.917	0.146	0.614	1.220
在对象国有大部分人信仰宗教的情况下，我会尊重当地人的习俗，仅当是开阔视野，但不会发自内心去信仰一个宗教	已假设方差齐性		19.233	0.000	5.017	47.000	0.000	0.752	0.150	0.450	1.053
	未假设方差齐性				4.928	26.385	0.000	0.752	0.153	0.438	1.065

续表

			Levene's		平均值相等性的 t 检验					
			F	显著性	t	自由度	显著性（双尾）	平均差	标准误差差值	差值的 95% 置信区间	
										下限	上限
国外媒体咨询发达，我充分利用网络找到各种前沿学术资料，快速便捷	已假设方差齐性		32.582	0.000	8.505	47.000	0.000	1.460	0.172	1.115	1.805
	未假设方差齐性				8.348	25.535	0.000	1.460	0.175	1.100	1.820
交换留学期间，虽然看到互联网上有许多不良不实的新闻，但我能理性判断真伪，不受网络的影响	已假设方差齐性		11.677	0.001	5.030	47.000	0.000	0.960	0.191	0.576	1.344
	未假设方差齐性				4.936	25.029	0.000	0.960	0.195	0.559	1.361

表 29　组统计

	组别	数字	平均值（E）	标准误差	标准误差平均值
通过交换留学，我对民族国家的认同感增加，更加热爱祖国	1.00	24	1.83	0.565	0.115
	2.00	25	1.00	0.000	0.000
在境外交换留学，我感受到国家强大对个人发展的重要性	1.00	24	1.71	0.751	0.153
	2.00	25	1.04	0.200	0.040
当前我国整体环境（如社会、经济、自然环境等）较好，我国所处的国际环境也较好，各方面处于有利地位	1.00	24	2.29	0.690	0.141
	2.00	25	1.04	0.200	0.040
交换留学期间，向世界传播中华文化是交换生的爱国行为	1.00	24	1.96	0.624	0.127
	2.00	25	1.00	0.000	0.000

续表

	组别	数字	平均值（E）	标准误差	标准误差平均值
交换留学期间，在异国文化的冲击下，我感受到中华文化的博大精深	1.00	24	2.04	0.690	0.141
	2.00	25	1.04	0.200	0.040
国外自由的生活让我变得更加独立、自律	1.00	24	2.00	0.659	0.135
	2.00	25	1.00	0.000	0.000
交换留学期间，我提高了个人的应急安全意识	1.00	24	2.63	0.711	0.145
	2.00	25	1.04	0.200	0.040
我在国外交换留学期间会积极参加各种社会实践和志愿者活动，包括打工、家教和兼职	1.00	24	3.25	1.073	0.219
	2.00	25	1.32	0.627	0.125
交换留学期间，我改变了个人的金钱观念	1.00	24	3.21	0.779	0.159
	2.00	25	1.48	0.823	0.165
我是坚定的唯物主义者和无神论者，在国外自觉抵制宗教的渗透	1.00	24	2.38	0.770	0.157
	2.00	25	1.08	0.400	0.080
我对各种宗教团体有良好的认知能力，会尽量避免日常生活中与不法团体进行接触，以防受到危害	1.00	24	1.92	0.717	0.146
	2.00	25	1.00	0.000	0.000
在对象国有大部分人信仰宗教的情况下，我会尊重当地人的习俗，仅当是开阔视野，但不会发自内心去信仰一个宗教	1.00	24	1.79	0.721	0.147
	2.00	25	1.04	0.200	0.040
国外媒体咨询发达，我充分利用网络找到各种前沿学术资料，快速便捷	1.00	24	2.50	0.834	0.170
	2.00	25	1.04	0.200	0.040
交换留学期间，虽然看到互联网上有许多不良不实的新闻，但我能理性判断真伪，不受网络的影响	1.00	24	2.00	0.933	0.190
	2.00	25	1.04	0.200	0.040

访谈调查：高校交换生思想
政治状况的调查

　　中共中央、国务院 2017 年 2 月印发的《关于加强和改进新形势下高校思想政治工作的意见》提出，高校肩负着人才培养、科学研究、社会服务、文化传承创新、国际交流合作的重要使命。高校的国际交流合作使命，驱动交换生的工作日益规模化、常态化。随着世界化进程的加快和我国国际交流的不断发展，越来越多的人选择出国去旅游、学习、生活。境外交换是在高校进行国际交流的一种学习方式。该种学习方式由于时间短、成本低、手续简便等优势日益为学生所青睐。同时由于交换生仍须回到本国高校，与母校联系较为紧密，所以思想政治教育的可控性较强。

　　本章通过对广东外语外贸大学、中山大学、华南师范大学、西安交通大学、北京语言大学等 5 所重点高校的 30 位交换生进行访谈，其中男生 21 人、女生 9 人；本科学历 19 人、研究生学历 11 人；参加公费交换项目的有 26 人、参加自费交换项目的有 4 人。访谈形式的采用是对受访者主观感受的直接把握，作为调查问卷的有效补充，深度访谈由于形式的直接，可以捕捉的信息更为丰富和具体。访谈所得内容，是本书的重要事实依据。因为访谈过程中，交换生内心的真实想法有被隐瞒的风险，因此如何选取有代表性的访谈对象，保障得到真实可靠的个案与数据，是研究中要解决的难点问题。针对这个问题，在高校的选择上，选取的 5 所高校涵盖工科类、外语外贸类、综合类等高校类型；在受访者的选取上，党员、团员、群众等政治面貌的学生尽可能平均分配；30 位交换生交换时长从半年到两年不等，80%以上交换时间为一年；交换学校主要集中在美国、英国、法国、瑞士等欧美国家；学术背景基本集中在管理学和其他应用学科，还有部分为文学、哲学等基础学科，具体有工商管理、市场营销、旅游管理、英美文学、比较文学等。受访者自愿选择出国交换，80%的受访者家庭经济状况良好，能够满足交换期间的学习生活费用，20%的受访者家庭经济状况一般，需要申请出国（境）奖助学金以支撑交换期间的费用支出，同时该部分受访者有意愿在交换期间参加兼职工作的人数过半。70%的受访者交换前选择参加外语培训机构提高外语学习水平，其余部分选择通过课堂学习、自主学习、网络平台等方式提升自身外语水平，所有受访者均参加过雅思、托福、GRE 等考试。此外在访谈提纲的设计上尽可能设计开放性问题，观照其内心体验，通过描述性问题的阐述，验证其内在逻辑的真实性。

访谈显示，境外交换给这些学生的生活带来了很大改变。他们对异国语言的掌握水平有了显著提高，对异国文化的了解积极性较高，100%的受访者都有出游的经历。经过境外交换，受访者的自主意识和自立能力有了较大提高。几乎所有的受访者都表示受到了一定的文化冲击，当地的特色文化、风俗习惯等会给他们带来新奇的感受，但是在认识理解与接受异国文化过程中往往伴随价值观念的冲击与思维的影响。境外交换经历对于受访者的恋爱关系当期影响并不大，但后期这种影响会逐渐显现，特别是在恋爱观念问题上。所有的受访者都表示自己的国家荣誉感在交换期间更加强烈，并会主动承担起维护国家形象的责任。有 66.67%的受访者对于交换所在国家的安全问题表示在意，并称这一点会影响自己出国出境的决定。83.33%的受访者对于出国交换的期望值已达成，对国外生活基本满意。所有的受访者都表示在交换期间信息获取渠道有变化，微信作为一种"拟文化冲击"方式被中国学生推广，受众表示认可。

第一节　访谈结果分析

作为境外学习的一种形式，交换的"时间短""成本低""心理预期稳定"等特点一方面是区别于海外留学的特质；另一方面产生了许多可资探讨的思想政治教育痛点。通过对于交换生的访谈，对于此方面内容的分析是引发思考和探索的入口。

一、价值观念的影响

受访者表示经历了交换学习生活过程，在观念上或多或少会发生一些改变，对有些行为方式、价值观念的体验是发自内心的，感受到非常强烈的中西对比。他们也承认在学习生活中会受到一定的影响。

（一）人本主义教育理念

人本主义教育思想具有非常悠久的历史，重视个体的潜能激发与提升。人本主义教育理念受人本主义心理学的直接推动，如马斯洛所强调的，每个人都有一种自我实现的需要和倾向；同时以存在主义哲学和现象学作为哲学基础，将属于精神层面范畴的存在作为教育理论认识事物和客观现实的核心，关注人的存在。中西方的人本主义教育理念有一定共同性，但也有很大的差别，这种差别直接呈现在交换生的课堂学习和实践体验上。

至于出国前在国内接受思想政治教育的状况，本次受访学生均来自重点大学，接受正规的普通高等教育，思想政治教育体系完善完整。受访者30%是党员，此部分人群在访谈中表现出对于国内的思想政治教育基本认同的态度。但在思想政治教育的形式上，大部分受访者认为思想政治教育的形式与方式相对比较滞后，创新性不足、吸引力不强，并存有比较大的提升空间。首先对于在大学生思想政治教育中占主导地位的课堂教学，70%受访者认为照本宣科情况时有发生，思政课教师没有吃透课本内容或没有将此内容有效有趣地传授。对于党团组织、社会实践等思想政治教育载体，46.67%受访者表示有时也会流于形式。对于思想政治教育的另一部分生力军——辅导员，86.67%受访者对这一群体评价是肯定的，但认为辅导员更多是做具体事务的受访者占90%。对于西方的教育方式，有受访者表示，"当时做的所有小组作业都是以实体公司的实际问题为前提的，要通过不断的实地考察和访谈来完成，做出来的作业也要提供给公司作为决策依据"。"课堂上的讨论气氛很活跃，同学们自由发表自己的看法与言论，老师不会直接呈现结论。"在某种程度上，"学生的主体性在西方的教学过程中更加凸显"。以生为本并带有生活化的教学方式，使得部分交换生对于西方的教育方式赞不绝口，认为这是对个人个性的极大尊重。

西方的人本主义教育理念相比于中国，关注的是个体的存在，而非中国的集体概念上、整体性范畴上的个人，思想政治教育中关注的个人的发展具有整体性意义和全面发展性意义。西方教师的角色在某种意义上是一个促进者，其教学就好比罗杰斯提出的非指导性教学，这种非指导性教学使得教师的角色定位有微妙的变化，教师在案例分析上、问题引导上、课程设置上、提问方式上、教学技术与艺术上关注促进学生学习的氛围形成、促进学生自主思考和提高创造力。而中国的人本主义教育可以在生活细节和日常关怀方面发挥所长。虽然课堂教学上的方式稍显木讷，影响了受众对于个体感受的接受性，但中华文化"天地万物，唯人为贵"的思想源远流长，且有着"亲善和睦"的伦理基础，中国的人本主义教育在留驻学生情感、关注学生发展方面仍有着西方国家无法比拟的优势。

（二）个人独立性与个人主义的偏差

部分受访者基本能自己完成办理出国留学手续，也有相当一部分受访者由他人或父母代办，自主独立意识不强。访问中绝大部分受访者表示经过交换学习生活，个人的自我独立意识明显增强，"能够大胆去挑战一些以前自己不敢做的事情"。同时有的受访者表示个人在独立思考的能力、独立自主的意识等方面有了很大的提升，这其中一部分得益于国外课堂教学模式。这种教学模式鼓励大家自主去探讨与思考问题，课外实践活动中要求自己去发现问题、解决问题。在强调主体意识、主体主观能动性的同时，许多受访者表示对于个人主义影响的担忧，他们在学习生活中看到相当一部分外国学生比较以自我为中心、个人本位意识强，受访者有时候会受到他们的影响。个人主义在伦理意义上体现的是人类个体是独一无二的存在，每一个个体都是独特的，他们对于自己的利益的增长、目标的实现都非常关注，在道德上首先关注的是个人而非与他人的合作互动；在方法论意义上认为社会由个人构成，先认识个人后认识社会。因此，在某种意义上说个人主义折射出以实用主义为理论依据，沿用与吸收实用主义所提出的以实践与行动为导向，人的生存或人的存在就在于个性解放，关注个人的行为，诉诸所谓的自由与民主等价值观。就像托克维尔指出的，"个人主义是民主主义的产物，并随着身份平等的扩大而发展"①。所以，交换生在某种意义上笼罩在个人主义价值观的冲击下，个人主义的影响是潜移默化、悄无声息地植入到他们的大脑里。个人主义本身蕴含的个人本位的意识是十分强烈的，就像美国社会学家罗伯特·N. 贝拉所说："个人主义是美国人最深刻的民族特性，是美国文化的核心，美国文化特质中带根本性的东西都来自于它。"② 个人主义包含着一种价值观念，同时产生目标明确的价值取向，不断地强调自我控制与自我支配，塑造关于政治、经济、文化、宗教信仰与社会行为所持的态度，从而形成一套价值体系并深刻影响人们的价值观与行为方式。

---

① ［法］托克维尔：《论美国的民主》，董果良译，商务印书馆 1988 年版，第 626 页。
② ［美］罗伯特·N. 贝拉等：《心灵的习性：美国人生活中的个人主义和公共责任》，周穗明等译，中国社会科学出版社 2011 年版，第 190 页。

（三）消费观背后的价值认同偏差

"大学生消费教育联系着人生观教育、世界观教育、素质教育、社会主义市场经济教育、绿色生活方式教育、道德法制教育等内容，这些内容也是思想政治教育中的重要组成部分。"[1] 作为非常重要的思想政治教育的组成部分，对消费观的了解和分析是非常必要的。在受访者中，76.67%的交换生是非贫困生，家境中上水平。70%的交换生在交换之前对于消费和金钱问题是没有明确的概念和原则意识的。在出国交换之前，大部分交换生认为国外的物价偏低，质量过硬。但出国后，发现日常消费品如食品、水果、出行费用等偏贵，之前在国内养成的"多元化"消费去向迅速缩减，日常消费多集中在饮食等生活必需品上。对于由于"消费文化西化"而引发的代购热潮中，90%的受访者没有代购经历。没有代购的原因有邮费不便宜、交换时间短、学习任务重、担心触犯法律等。对于"消费文化西化"，基于中国社会对西方产品的极度追捧，这一点受访者们几乎全部认同，认为中国制造能力强，但品牌塑造能力不强。对于奢侈品和护肤品等热点产品关注度不高的交换生，对于国外的有机产品认同度高，他们不看品牌，而更看重国外的生态环境，以及由此产生对国外某些产品的信赖。当中国自己的产品在年轻一代中并不完全受信赖，或被认为不如西方的产品，以至于西方的部分文化受信赖时，这是一个危险而需要引起关注的问题。这样的消费导向并没有因近距离接触而祛魅。加强文化认同、文化自信、深化文化符号的烙印等教育问题亟待解决。

二、国家认同与国家安全意识的冲击

国家是一种共同体，蕴含了制度、文化、意识形态、生活样式、民族关

---

[1] 李俊义：《思想政治教育视域下大学生消费教育研究》，吉林大学硕士学位论文，2012年。

系、生产方式、军事与国防等，它不仅仅是时间与空间上形成的表征性的缩影，国界、领土、领海、领空、人口等自然因素的集合，更是象征着对历史与文化、政治与规则、法治与意识形态等的一种表征。它是一种政治设计，更是一种经济共同体、文化共同体等方面的综合，蕴含文化认同、价值认同、情感认同、政治认同、民族认同等方面。不同的时空下、不同的政治经济共同体下、不同的文化环境氛围下，交换生对于国家的理解、对于共同体的体认往往是首先要面临的问题，这背后蕴含的是对国家的认同问题，以及由此带来的国家安全意识问题。

马克思主义认为，国家是阶级矛盾不可调和的产物。由此，对于调和国家阶级矛盾的权力及其权威的认可是国家认同的主要前提。国家认同在一定程度上来讲是公民对政治权力与权威的认可、接纳乃至忠诚。国家认同本身涉及政治性、领土性、主权性以及合法性。《中华人民共和国国家安全法》第十一条指出，中华人民共和国公民、一切国家机关和武装力量、各政党和各人民团体、企业事业组织和其他社会组织，都有维护国家安全的责任和义务。国家认同的内容涉及制度、经济发展、政党、文化、意识形态等方面。改革开放以来中国的经济不断快速发展，2010 年超越日本成为世界上第二大经济实体，国际话语权得到进一步提升，国际地位大大提高，硬实力与软实力所彰显的大国魅力日益凸显。受访者境外生活经历中，从所接触的人、事、物可以从正面或侧面反映，中国的国家地位不断凸显，国际影响力不断扩大，如受访者在异国他乡见到中国本土的品牌、中国的企业、中国的食品等心生自豪与感动。同时，受访者认为许多国外友人希望能够进一步了解中国，了解中国博大精深的文化，感受中国政治经济发展所带来的变化。当然，受访者在境外学习生活中也会面临尴尬的提问与所谓的质疑，有受访者指出"会有外国人问到我国台湾的一些问题，中越关系、中美关系、中日关系等问题"。所有的受访者表示能够坚持坚定中国共产党的领导，客观而朴实地表达自己的态度与观点，积极主动维护国家形象。他们表示坚持中国特色社会主义制度，对中国共产党的执政方略所带来的成效与影响表示认同，坚持国家的主权统一与领土完整，积极发声应对所谓的质疑。

国家安全意识可以说是大学生对于客观存在的国家安全问题的重视和敏感程度，自觉站在维护国家安全的高度上，以全局性的、发展性的、长远性的眼光来看待国家安全问题，表现在思想认识、思想观念、言行举止上。所有受访者在维护国家安全问题上有高度的一致性。当然也有部分受访者对国家安全的认知存在一定的误区，有的片面认为国家安全仅仅是钓鱼岛问题、南海问题、核安全等问题，觉得国家安全离自己有点遥远。2014 年习近平总书记提出总体国家安全观，要构建集政治安全、国土安全、军事安全、经济安全、文化安全、社会安全、科技安全、信息安全、生态安全、资源安全、核安全等于一体的国家安全体系。作为正在接受高等教育的交换生，文化安全、信息安全等问题显得尤为重要，意识形态安全问题则显得尤为突出。意识形态安全是国家占据主导地位的思想政治意识与观念、国家核心价值观念的相对稳定状态，包含了一个国家指导思想的安全、政治信仰的安全以及道德秩序的安全。对于一个国家的稳定性而言，军事武力斗争是一方面，但是主要的威胁还是来自于外国文化、思想、价值观念的渗透。正如亨廷顿所说的，印刷品比军队和坦克推进得更快、更深入。受访者对美国大片纷纷表示赞许，认为"震撼、刺激、好看"。如果细究所谓"大片"背后的价值观念，无不看到生产国所倡导的价值观念与意识形态输出。以美国为首的西方国家通过电影文学、教育等途径强行推行其资产阶级的意识形态，对交换生的生活方式乃至价值观念产生了消极的影响，构成了严重的威胁。有受访者甚至指出，"印象最深刻的一件事是一节跨文化课上，老师开展的一系列跨文化的测试，来测试不同国家文化对同一件事的接受程度，例如和异性的安全距离测试。之所以印象深刻是因为这些测试中有一些会让我感觉很难接受，但这些在其他国家的文化中是很正常的事情，我感受到了较大的文化冲突"。受访者表示各种危害国家安全的信息大量充斥在网络信息平台上，而且"准入门槛低"。网络是意识形态渗透的重要阵地，境外敌对势力及其所谓的代言人借助一些所谓的历史片段不断歪曲历史，对于政治新闻以其所谓的"揭秘"不断断章取义大肆渲染其所代表立场的"正当性"，以至于有受访者表示，"相当一部分的外国人对中国的认识表示神秘与不解，有的甚至停留在改革开放之前的状态"。可见在争夺影响交换生的思想观念的阵地上，意识形态的斗争是一场无硝烟的战争。

三、宗教传播与渗透势力强

宗教的历史和文化的历史同样久远，宗教在某种意义上来讲是一种文化现象，是人类文化的一种表现形式，同时，宗教的发展与文化的发展交织在一起。宗教本身在人类社会的发展中扮演着重要的角色，或积极的或消极的。宗教对于一个民族的心理品质、文化心理，乃至一个国家的社会规范起着重要的作用，往往也因此受到统治阶级的垂青，有些时候成为统治阶级肆意妄为的工具。我国宪法保证中华人民共和国公民的宗教信仰自由，宗教事业在我国的发展基本呈现健康和谐的状态，然而随着国际环境的变化与发展，境外敌对实力加紧利用宗教对我国进行渗透。

从受访者的反馈可以看到，首先当前宗教宣传手段形式多样。部分受访者表示他们所在交换地的人们大多信仰宗教，并会在学习生活中宣扬他们的宗教信仰，例如校园内派传单送书、利用广播电视进行宗教教义传播、网站上设立宗教专题专栏、以聚会的名义进行所谓的布道与发展教徒，有些教徒甚至在学习生活中不断宣扬其"正当性"。有的受访者直接表示，"学校（受访者所交换学习的学校）很多时候都有挺浓的宗教色彩，就比如说有很多个小团体都是以宗教来划分的，你可以去参加一些教会的活动"。其次，受访者在境外学习生活中发现互联网是宗教宣扬的一个十分重要的手段，它突破了时空的限制，构建各种所谓的互动模式。他们表示什么宗教都可以在互联网上找到相应的驻扎地，甚至有些被主流大众所否定的宗教思想与教义都能够被发现。宗教的地下行为借助互联网的快捷性与便利性得到大范围的宣传与传播，互联网成为其"壮大"的重要途径与手段，而且在传播与渗透的过程中不断隐去神秘的外衣，成为公开的秘密。再次，有些学术交流也成为宗教渗透的重要平台。有些受访者表示在一些学术交流活动上，有的专家学者大张旗鼓地宣扬宗教的文明优越论。最后，受访者表示："在国外，有些信教的人士在宣传宗教时，有时可以隐约看到他们宣传背后的政治的缩影。"宗教与政治的关系从来都是非常复杂与微妙的，近代以来许多思想家探讨政治与宗教的关系问题时提出了多重的线索，有无神论的，有乌托邦的，也有宗教非政治化的自由主义，更有宗教政治化的。采访中涉及针对宗教信仰的态度时，受访者表示尊重宗教信仰自由，认同宗教信仰有一定的伦理性质，能够修身养性、行善积德等。大部分受访者对于宗教进行破坏社会秩序、大肆宣扬宗教理念并企图让他人信服等行为，表示并不接受，大部分交换生表示尊重他人的宗教信仰，但也不希望被强迫接受宗教信仰。信仰宗教在某种意义上来说是信教群众的一种精神追求与寄托，但是宗教渗透尤其是非法传教、宗教极端势力，对中国的国家安全构成了极大的威胁。敌对势力进行的宗教渗透，会给大学生的价值取向、个人信仰、成长环境等带来严重消极作用，影响大学生的健康成长、成才，必须引起高度的警惕。

四、文化冲击带来的差异性体验

文化是生活的样式。文化涉及衣食住行、习俗、礼仪、制度、宗教信仰、审美情趣、法律法规、文学艺术等方方面面。100%的受访者表示，通过学习生活以及与境外当地人的接触，产生的较大的文化差异，主要体现在如作息时间、饮食习惯、交往礼仪等生活交往方式上，例如，法国、德国的学生没有午休的概念，在瑞士初次见面的礼仪与中国差异很大，男生朋友之间会击掌握手以及撞肩，而关系好的朋友会行吻面礼。部分受访者初到交换学习所在地时，因文化的差异容易产生尴尬与不适应。同时，部分受访者表示相当一部分西方人对于中国的认识依旧停留在改革开放之前的状态，甚至认为中国充满让人敬畏的神秘气息。面对文化差异所带来的撞击以及部分西方人对中国的不了解，大部分受访者基本能在较短的时间内适应，同时也会积极主动宣扬中国的优秀传统文化。他们积极参加同学与朋友之间的交流活动，进行课堂展示、体验教育、舞台表演等活动，承担文化交流的使命，让更多的外国友人感受到中国文化的魅力。

饮食文化。从访谈结果来看，几乎所有交换生都对异国的饮食有深刻的记忆。事实上，各个国家在文化输出中都有饮食的一席之地。比如法国的格勒诺贝尔商学院教师会在圣诞节前在课堂上向学生介绍形形色色的法国起司，在节日氛围的营造、情感的慰藉、当地饮食文化的推广上都有意想不到的收获。在回答记忆最深刻的事件时，学生都高兴地回忆了这个过程。也有瑞士伯尔尼的同学回忆了学校组织的跨文化交流活动，比如各国的自助餐，每人提供一道自己国家特色食品，还组织过烧烤聚餐等。在所有国家的情感记忆中，饮食都占据着重要的地位，也有学生坦言，迫切回国的一个重要原因是思念祖国的美食。中央电视台的纪录片《舌尖上的中国》以唯美的画面，刻画了中华民族的美食画卷，承载的是中华民族几千年的生存智慧和人生体验。这样的方式更容易为大众所接受。

语言掌握。在交换生的选拔过程中，外语条件并不是必需的，仅有个别高校将其作为最重要的衡量标准。其中，将雅思、托福或SAT等出国考试的成绩作为评判标准的高校占访谈高校的60%。随着国际交流项目的增加，出国交换并不是社会群体普遍理解的备受关注的学习形式，有的项目由于乏人问津会自降身价，也有一些项目由于是自费项目而门槛较低。从访谈结果可以看出输出交换生的语言水平参差不齐，英语学习在交换生或者有意愿成为交换生的学生群体中成为生存手段，而非争优的途径。交换生出国后，英语程度一般会有提高，但提高程度受个体差异影响。如果经常交往的人属于本国的留学生人群，英语水平并不会有特别变化。在一些非英语国家，交换生们会出于好奇、顺应潮流等原因，学习一点当地的语言，但很少有将非英语的当地语言熟练运用的。一定数量的交换生的语言水平没有达到在交换国独立生活和学习的要求，交换生活会因语言受到影响，甚至一些交换生会将交换生活简单化为大学生活的异国体验，并未在学习和思想上得到提高。这违背了出国交换的初衷，也使得这部分交换生的思想和心理产生波动，会有低落情绪。

社会实践。能否在交换国家进行社会实践，一定程度上是由交换国或交换地的签证限制与否决定的。很多国家和地区都不允许短期签证的学生进行打工等实践。也有部分国家或地区虽然在法律条例中没有此类限制，但学校有相关的规定。对于交换生来说，43.33%的受访者并没有表现出对社会实践的强烈兴趣。一部分是出于对陌生环境的畏惧；也有受访者认为学习时间短，应将所有的时间用于学习；还有一部分由于在非英语国家进行交换，没有语言基础进行社会实践。对于社会实践是否能加强文化的交流沟通等问题，50%的受访者是不认同的，他们认为日常的沟通交流足够进行文化交流。关于到交换国进行社会实践基地建设的理论和实践创新，已有部分高校有过尝试，现行情况良好。但主要针对有语言特长的小语种等语言类学生。从目标来看，社会实践基地的思想政治教育功能是明确的，在异国更深入地了解企业运行或当地文化的实质也是有必要的。从可行性来看，部分高校的尝试是可以推进的，但在体系化、程序化方面还需要作进一步探索。从海外社会实践基地的成效和可测量评估性来看，其设立的效果还没有明显的体现，需要在成规模和成体系的状态下综合评估。

五、网络新媒体的影响

网络新媒体的使用成为交换生的一种生活方式，信息的来源大多是 Facebook、微信、WhatsApp 等等，这些渠道功能齐全、发布信息便捷即时、扩散性强、跨媒体传播方便。

（一）视觉化的快感体验

网络新媒体依托互联网、数字技术等，以影像、音频、动画等形式在互联网上呈现，创造相应的视觉快感、紧抓受众眼球与阅读心理，有效地传递信息。有学生这样描述信息符号接收的状况："国内用微信、QQ，偶尔用微博；国外用 WhatsApp 交流，类似微信，但是功能少很多。Facebook 也用，偶尔会用 Facebook 附带的 Messenger。WhatsApp 只能发信息、打电话，没有朋友圈，没有表情包。给当地同学推荐过微信，让他们微信找我，他们都很喜欢，觉得比 WhatsApp 有趣多了，然后 Facebook 的话，就有种不受控的感觉，很多信息是它感觉你需要就会推，但自己其实不想看。"这些影像化、视觉化的体验赋予受众阅读快感，影响了受众的阅读选择与信息接收方式。

（二）意识形态的渗透

大部分的交换生在国外感受比较深刻的一点就是网络自由，无论是渠道的畅通，还是信息的海量。西方在某种意义上鼓励的网络自由，并表达西方式的"自由"价值观，其实是在某种意义上以所谓的自由为掩饰，寻找一个更好的借口与突破口来寻求信息的输出与价值观的输出。网络新媒体上发布的各种产品信息、文化植入、直白的语言符号等，背后彰显的是价值观念的输出与潜移默化的影响，长期的浸染与渗透会不断塑造交换生的价值观。比如交换生回国后随口说出的奢侈品牌及其相关的特性并以此来标榜自身的见识以及自己的海外经历。

（三）技术异化的出现

交换生到不同国家交换，都会有该国家相对常用的社交软件，每个社交软件的特点比较鲜明，例如 Facebook 和微信传递的信息量超越了传递信息的基本要求，但并不是所有人都需要这种信息爆炸的状态。在获取信息时，某些国家对手机的依赖程度并不高，"日本人用 Line，然而韩国人用 Kakao-talk。在火车上不怎么玩手机，很少见到玩手机的情况，大多看报纸看书"。相比中国的交换生，中国普通学生手机使用率过高，这折射出的是一个社会问题。部分交换生反映，国外学习的经历很能彰显学生的主体性，充分调动与发挥学生的积极性，进行探讨与思辨。某些交换生被提问时，第一时间想的是如何从手机网络查找相应的答案或相关资料。正如马尔库塞所说的，技术的进步不仅仅带来社会财富的增长，还带来了对人的奴役的扩张。人的主体性以及批判性在技术迅猛发展的过程中不断被消解，人最终沦为单向度的人。现代科学技术的发展对于社会的发展起着非常重要的作用，但是技术的发展在某种程度上也会成为一种新的意识形态。

六、安全教育的缺失

近年来，中国留学生的安全问题逐渐进入社会大众的视线，成为人们所关注和警惕的敏感问题。安全问题经常发生，过去一年就发生了多起性质恶劣的中国留学生遇害事件。特别是 2017 年发生的北大女硕士章莹颖事件，更是让中国留学生的安全问题成为人们关注的焦点。根据不完全统计，2016年到 2017 年初，经公开报道的留学生海外遇难事件超过 30 起，导致事故发生的原因集中在被抢劫、被性侵、被诈骗，甚至是被故意杀害等。根据交换生的访谈显示，接近八成的学生遭遇过不同程度的安全事件，究其原因主要有以下几个方面。

第一，安全保护意识的削弱。交换生在中国接受优秀传统文化的洗礼、社会主义核心价值观的熏陶、党的思想教育引导，总体上能够树立起正确的世界观、人生观和价值观，思想积极向上；同时，从国际环境看，中国相对于其他国家而言是安全的、和谐的、稳定的、有秩序的，人们在中国获得的安全感较之于其他国家是丰盈的，这源于中国有良好的政治设计与有效的社会治理体系，特别是中国维护公共安全的决心体现在每一个细节上。但是这种安全感的丰盈让部分交换生产生一种错觉或一些偏差认识，即国外的整体治安状况也和中国相似，以致他们在境外交换学习生活的过程中，缺乏安全意识和自我保护意识，特别是在生活上比较容易马虎，忽视很多待人接物的细节。

第二，安全教育形式与内容单薄。大部分交换生表示交换前接受过安全教育，但是基本上流于形式且不系统，甚至有部分交换生表示出国前后学校基本没有安排安全教育活动。安全教育对于交换生是缺乏的，有个别受访者表示，与他们一同前往的同学不了解交换学校所在地或区域的禁忌，基本缺少一些自助自救的常识，"最简单的就是受伤了都能被自己吓到的那种"。有受访者表示，所在高校基本不会提及境外学生的安全教育问题，安全教育总体上比较被动，管理上缺乏科学性和规范性，缺乏完整的安全教育体系。同时，关于交换生出境后的安全教育的内容基本空缺，教师的专业教育水平不高，安全教育缺乏有效性和针对性，安全教育大多数停留在理论层面，而与实际相结合的实践活动开展比较少，如缺乏安全演习、模拟实践。因此，有些交换生在境外学习生活中，由于安全意识的缺失、安全知识的缺乏，即便自身遇到安全危险，也无法及时察觉。有的学生对于所处的环境、地点、时间等缺乏认识，对于自救和求救的知识与能力有所欠缺，对于社会治安危险或可疑人员等缺乏应有的认识。

第三，缺乏对国外文化的了解。缺乏对所在交换地的文化了解往往成为引起安全问题或安全事件的重要原因，如是否侵犯了他人私人空间的问题就成为大部分交换生烦恼的问题。例如，美国一直有持枪文化的存在，但是在中国持枪是被明令禁止的。美国是世界上第一个也是至今唯一公民拥有持枪权利的国家，持枪权利在美国大部分的州都是有法律保护的。但是，伴随着持枪权利的存在，人们用枪的界限以及人们对于私人权利的侵犯的理解等所引起的"枪支走火"或者是突发的枪支事件给美国社会带来了撼动，持枪权利在某种程度上演化为社会问题发生的重要原因。因此，交换生对于国外的一些文化的理解不能以中国的视角来诠释，更多的是要放在美国的语境下，放在交换学校所在国家的文化背景下去了解一些行为方式、治理方式以及相应的风土人情、习俗习惯，尽可能地避免因文化差异所导致的误解与矛盾，从而避免安全问题的产生。当然，有的交换生甚至指出部分交换生到了海外之后，担心因为文化差异会引起不必要的麻烦和安全问题，所以他们会选择将自己孤立起来，不愿意和他人交流，甚至也不愿意多接触国内的同胞。这样一种逃避的方式，虽然在一定程度上能够起到自我保护的作用，但是引发了更多问题，如学生的心理问题及人际关系问题。因而，交换生对于其他文化的了解与学习是必要的，应当去接触了解外国的文化从而更好地融入他人的生活中以更好地保护自己。

第二节 基于访谈的反思与建议

作为出国交换的学生，都是抱有对异国他乡的教育、文化、生活方式、制度等方面的向往的初衷，这种向往有的是具体的、有指向性的、有着明确的目标和目的的，而大部分是出于一种懵懂的好奇，或者纯粹是对于某种机会的不想错失。在这样的精神背景下，出国交换生的精神世界是比较容易进入的，这时的微小细节都可以成为打动他们内心世界的敲门砖。交换生思想政治教育工作，以思想政治教育为主线，突出理想信念教育、爱国主义教育、国家安全与保密纪律教育、跨文化交流教育、消费观教育等内容。

一、突出理想信念教育

突出交换生的理想信念教育，必须使其坚定理想信念，其实质是引导交换生树立对共产主义远大理想和新时代中国特色社会主义共同理想的认同。大学生交换出国留学需要个体本身具有坚定的理想信念，这不是出国前的灌输或是留学中的比较就可以轻易获得，而是在其从小学乃至大学一以贯之的社会主义核心价值观的教育中塑造而成。因此，对交换生的思想政治教育必须着重突出理想信念教育，提升其政治信仰力，培养其政治价值认同，深刻认识中国社会发展的历史规律，理解中国发展的路线、方针、政策，转化为其责任感、历史使命感和坚定的理想信念，为新时代中国特色社会主义事业增添强大的精神动力。

　　加强学生的理想信念教育，应坚持马克思主义的指导地位，加强社会主义核心价值观教育，发挥课堂教学、社会实践、文化活动等方式的作用，让交换生从国家、社会和公民个人三个层面充分认识与理解"富强、民主、文明、和谐，自由、平等、公正、法治，爱国、敬业、诚信、友善"。同时，引导学生践行社会主义核心价值观，树立正确的世界观、人生观与价值观。在意识形态教育方式方面，要敢于亮出立场和态度，发挥优秀典型的作用，做好正面宣传教育，宣传改革事业的成就、宣传先进典型人物事件等，凝聚强劲的正能量促进学生树立正确的思想认识。优秀的文教成果应在派出前、派出中、回国后都始终正面宣教。如观看《将改革进行到底》等，学习与领会习近平新时代中国特色社会主义思想，聆听习近平总书记带领13亿多中国人民攻坚克难、砥砺奋进，扎实推进全面深化改革的故事。深入了解中国的基本国情与形势政策。当代青年既没有经历过旧中国的内忧外患，也没有经历过改革开放的完整历程。没有对历史的深刻记忆，难以理解中国特色社会主义成就的宝贵，对当前的经济新常态、中等收入陷阱、贫富差距、生态环境的恶化等社会问题和社会矛盾也就不能持正确的态度。因此，要引导学生树立正确的发展观与矛盾观，掌握辩证唯物主义、历史唯物主义等方法论，引导学生坚持在中国共产党的领导下走中国特色社会主义道路，实现中国民族伟大复兴的共同理想，坚持道路自信、理论自信、制度自信、文化自信。同时，对于在互联网时代背景下成长起来的新一代，单向度的传统理想信念教育模式显然不能满足教育需求，应将多样化和主体性有机融合，结合学生自身发展需求，而不仅仅是满足社会、祖国等需求方面，将专业教育、职业教育、个人修为等融入理想信念教育，同时，辅之以"演讲""讨论""比赛"等多种形式，提高理想信念教育的有效性。在这一点上，特别需要关注的是交换生在出国前的思想政治教育基础水平。如果没有正确的价值观念和正常的判断能力，在异质文化的冲击和有针对性的思想渗透下，很难保证有理性的判断和思考。为此，建议各高校自学生入学之初就加强思想政治教育，至少一年之后才能拥有交换资格。在交换生的资格审查中，思想政治教育水平应考虑在内，包括思想政治课的成绩、志愿服务时数等。各高校可针对拟出国交换生开设《中国历史》《中国传统文化》《世界史》等课程，让其修读，做到学生出国之前既知己也知彼，对自己祖国在世界历史中的地位和作用有清晰的认识。以中国特色社会主义道路自信、理论自信、制度自信、文化自信作为交换生出国学习的思想武器和方向堡垒。

二、发挥新媒体教育的作用

信息技术迅速发展，互联网联系着人们，连接着世界各地各个角落，媒体成为人的延伸。在新媒体环境下，应利用新机制、新平台、新实践及新主力对交换生进行思想政治教育。正如习近平总书记所强调，根据形势发展需要，要把网上舆论工作作为宣传思想工作的重中之重来抓。① 在新媒体环境下，线上线下协同育人的新机制在提出新挑战的同时，也提供了新的方向和思路。更为重要的是，作为跨地域教育的交换生思想政治教育工作，线上教育其实提供了非常迅捷的通道，可以充分利用博客、微博、微信、QQ、电子邮件等平台给予相应的思想政治教育，并延展思想政治教育的空间和内容，例如可以宣扬社会主义核心价值观，传递中国好声音，大力宣传典型人物与事迹。针对学生的实际需要，利用互联网平台传播境外留学的注意事项、学习生活技能技巧等。同时，教育工作者要充分发挥网络媒介交互性强的优势深入交换生的学习生活中，进入境外学生习惯和熟悉的网络环境中，倾听学生的声音，了解与理解学生；收集学生意见与建议，提供相应的帮助与辅导，帮助他们解疑释惑，实现传道授业解惑。线上线下协同育人的意义在发挥驻外使馆教育处、家长、留学生组织、国内辅导员或导师的作用的同

---

① 《把网上舆论工作作为宣传思想工作的重中之重》，《人民日报》2013 年 9 月 17 日。

时，要充分利用互联网对交换生进行思想政治教育。交换生的思想政治教育涉及时空的客观障碍因素，思想政治教育工作者应在阵地上主动占领网络，发挥互联网的及时性、交互性以及共享性的特点，使网络成为他们的重要信息来源。2013 年 8 月 19 日，在全国宣传思想工作会议上，习近平同志首次公开谈及关于媒体融合的想法与概念，说道："很多人特别是年轻人基本不看主流媒体，大部分信息都从网上获取。必须正视这个事实，加大力量投入，尽快掌握这个舆论战场上的主动权，不能被边缘化了。"充分利用互联网，始终坚持正确的政治导向，引导学生通过网络主动了解国外文化的同时要积极地接收主流文化的熏陶。同时，思想政治工作者应充分利用网络平台，帮助学生进一步学习研讨社会主义核心价值观，深入理解社会主义核心价值观的内容本质与实际内涵。发挥网络思想政治教育的作用要注意教育引导的形式，注重教育形式的吸引力，着眼于学生对外国文化与生活方式、即将到来的境外交换经历所带来的喜悦感与惊喜感，与学生探讨国外的文化如涉及礼仪文化、用餐文化等内容，思想政治教育工作者应当有意识地植入意识形态的教育。而在新媒体环境下进行交换生思想政治教育工作的主力，除了一线辅导员外，还应加入网络意见领袖和朋辈群体。辅导员除了具备思想优势和工作优势之外，显性的工作身份一定程度上会制约网络思想政治教育的深入开展，此时加入网络意见领袖和朋辈群体的声音和看法，是有效的补充和灵活的补台。当然，与经过严格的政治审查和素养培训的辅导员不同的是，网络意见领袖和朋辈群体是相对控制力不够强的一群人，人员必须经过严格的识别和遴选，更需要进行专业和导向的精心培育。在每一个关键节点和重要时刻，需要辅导员、网络意见领袖和朋辈群体的正确发声和现身说法。马克思主义时代观告诉我们，当今时代仍处于由资本主义世界体系向共产主义世界体系过度的历史过程中，处于人类社会的世界性联系愈发广泛深刻的历史进程中。因此，新媒体环境给思想政治教育提供了灵活的工作趋向，同时，也将因此而面对更为复杂多变的挑战，如何用好这把双刃剑，是交换生思想政治教育的时代课题。

三、突出安全教育

过去频繁的海外留学生遭遇安全事故的事件，给境外留学人员和社会全体敲响了安全的警钟，国人越来越清晰地意识到必须增强中国留学生的海外安全风险防范意识。第一，留学前让学生充分了解其即将出去留学的国家的经济、政治、人民生活特点等方面的情况。每个国家的国情都不一样，海外国家的整体治安情况也不可能和中国完全一样，所以在出国留学前，让学生从各个方面充分学习了解其选定出去留学的国家，特别是了解对应国家的法律风险。比如说，在国内，大学生可以利用自己的空闲时间去打工挣钱，但在美国，美国对于留学生的打工政策就有明确的时间和范围规定，如果学生在此规定之外打工，就属于打黑工。一旦被发现，就会立即丧失学生身份，被遣返回国，不仅付出的学费一分也要不回来，而且从此被移民局登记进入黑名单，再也不能踏上美国的土地。即使与接受自己打工的雇主是亲属关系，也不能逃脱因为违法而被处罚的结局。因此，学生在出国前应通过相关培训机构、网上信息搜索、专业人士咨询等渠道了解其即将出去留学的国家的相关法律要求。第二，学生自身在出国前和出国后都应该积极主动定期接受安全防范教育，树立专业的海外留学安全意识，增强安全防范技能。在这方面，家长应该起到很好的监护作用。在同一学校留学的中国留学生之间也可以相互提醒，相互学习安全防范知识和技能。尤其对女留学生而言，在国外晚上要尽量少出去，因为中国女性一般都比较娇小而没有白人女性那么强壮有气势。对于不法分子而言，中国女留学生是很容易下手的。而在体能上，留学生有时间应去学习自我防卫知识，并且多锻炼身体以提高体能。在心智上，要做到沉稳、胆大而心细，了解一些侦查破案和犯罪心理的知识，做到真正遇到突发事件时能够保持冷静并作出适当的反应。第三，除了在出境前后积极主动接受安全教育培训，学生在海外的学习生活中，还要遵守当地的法律，必须谨言慎行，时刻保持高度警惕，改变在国内的习惯性认知，并在国外环境内理解安全的预警机制。要关注自己所在地区的安全预警相关信息，了解住所和工作场所的安全状况，采取必要的预防措施。避免前往治安状况差和有安全隐患的地方，尽量减少夜晚出行、单独出行，减少在人群聚集的地方停留，避免与可疑人员接触或纠缠。要保持手机、网络等联络渠道畅通，遇到紧急情况，务必及时报警或向主管部门求助。此外，还要主动与家人保持联系，并向多名好友提供紧急情况联络人的信息。出门旅行一定要携带信号良好、电量充足的通信设备，特别是在森林公园和山区，还需要配备相应的应急装备。自觉遵守当地法律，提前了解并充分尊重当地风俗习惯。一般来说，多了解一些国外的文化和禁忌，是可以避免一些事故发生的。总而言之，就是要让中国留学生形成深入骨髓的安全习惯，以便让自己时刻处在安全环境之中。

同时，国内高校和留学培训机构要增加安全教育，避免安全教育流于形式。在出国前，学生要提前进行一些课程培训。而组织这些课程培训的高校或留学机构，目前很多在安全教育方面都比较流于形式或者只是单纯讲解理论知识，这样学生很难真正掌握安全技能，导致他们日后在境外一旦遇到危险就惊慌失措，不知该如何自保。所以，相应机构组织必须重视安全教育这一块，开设理论与实践相结合的课程，确保学生真正掌握安全技能。比如学会紧急脱险技能，如利用绳索滑降、一招制敌术、国际通用反恐手语、紧急伤情处置等，对中国留学生来说也是非常必要的。此外，学生自身在海外留学期间也要主动参加一些有效的安全教育培训，在高度的安全防范意识和较强的安全技能傍身双重法宝的保护下，降低遭遇危险的概率。同样，在让学生接受有效的安全教育方面，仅靠学校教育是远远不够的，家校应有联动机制，互相补充，联系畅通，家庭在价值观念和经济支持上更应有正面导向。

综上所述，交换生的思想政治教育工作不仅要突出意识形态教育和安全教育，而且要注重发挥新媒体教育的作用；不能仅局限于出境后的教育，更应覆盖出境前、出境中以及回国后的整个过程。须知境外交换的意义并不在于输出，而在于教育。而教育更大程度上是为国家和社会培养德才兼备的社会主义接班人。为此，在交换生交换的整个过程中，都应将教育理念贯彻始终。

部分高校的交换生派出以班级为建制整体派出，这种成建制派出工作模式的优势在于教育方式更为系统化和规模化。在这样的工作模式下，从交换生的遴选开始，到前期的政治教育、文化自信的培养、国际形势的介绍，再到境外生活的安排，都有专人跟进，都有相对成熟的操作办法。在境外学习过程中，以班为建制开展工作，可以在政治上相互监督，在学习上互相帮助，在生活上互相扶持，有团队和群体的支持，成建制派出工作的教育过程会相对高效，信息反馈和危机处理会较为迅速。

对于非成建制的交换生派出，各项工作应在细微处见功夫。出境前应提高学生对境外受教育的认识，引导学生深入理解西方价值观、了解西方的文化与外国人的生活方式，提高学生的思想认识，引导学生辩证分析问题。同时，根据交换生的需要，在外事管理、办事流程、工作提示、学分换算等具体事务，以及出国前后的心理疏导和人文关怀上，都应给予细致耐心的指点。出境时应加强对学生思想动态的把握，搭建沟通交流平台，及时了解学生的信息与思想动态。比如有学生描述最感动的事时说："在经常去的一个理疗馆里，工作人员知道我在找发行年份早的硬币后，隔天专门为我找了他们有的最早的钱币跟我交换，觉得很感动。"在学生最需要温暖的时候，我们的思想政治教育是否能及时跟进，成为情感争夺的关键点。境外交换回来，思想政治教育工作者应及时掌握学生的思想动态，结合学生的现实思想水平、认知情况、道德状况等，有针对性地加强对某些矛盾的观念、不合理的观念、有分歧的认识进行分析与疏导，加强对学生的人文关怀与沟通交流。文化认同在于价值观念的认同与契合，也在于细节的秉承与关照之中。

第五章

我国高校交换生思想政治
教育所面临的困境

党的十九大报告指出，要"坚持总体国家安全观"，"必须坚持国家利益至上，以人民安全为宗旨，以政治安全为根本，统筹外部安全和内部安全、国土安全和国民安全、传统安全和非传统安全、自身安全和共同安全，完善国家安全制度体系，加强国家安全能力建设，坚决维护国家主权、安全、发展利益"[①]。强调了维护人民安全、国民安全的重要性。留学安全亦成为我们关注的重点。

近年来发生多起境外交换生或留学生意外事件，这对高校交换生应急风险管理发出了警讯。2017 年，中国学者章莹颖在美国遭绑架遇害事件受到了国内外的高度关注。2019 年 6 月 3 日，教育部发布了第 1 号留学预警。教育部新闻发言人表示："一段时间以来，中国部分赴美留学人员的签证受到限制，出现签证审查周期延长、有效期缩短以及拒签率上升的情况，对中方留学人员正常赴美学习，或在美顺利完成学业造成影响。提醒广大学生学者出国留学前加强风险评估，增强防范意识。"[②] 继教育部发布赴美留学预

---

① 《中国共产党第十九次全国代表大会文件汇编》，人民出版社 2017 年版，第 19—20 页。

② 《教育部发布 2019 年第 1 号留学预警》，新华网，2019 年 6 月 3 日。

警之后，文化和旅游部与外交部在国新办发布赴美旅游安全提醒，可以看出两国双边外交关系确实会对留学产生一定的影响。除此以外，随着境外出国人员规模日益扩大，国际形势日益复杂，"平安留学"越来越成为老百姓关切的重要问题。特别是随着高校国际化程度的提升，对外交往事务的不断扩大，境外交换生这一特殊群体的境外安全问题越来越突出，但至今还未能形成较为总体性、制度性的研究。因此，研究交换生思想政治教育面临的困境，建构风险防范体系，对于加强高校安全教育大有裨益。

第一节　我国高校交换生思想政治教育管理所面临的风险

本节按照应急风险的分类，将交换生思想政治教育管理风险分为意识形态风险、社会安全风险、事故灾害风险、自然灾害风险、心理危机风险等五种情况，并针对交换生境外留学所存在的风险，提出解决的路径和方法。

一、高校交换生应急风险分类

随着我国高校派遣交换生日益增多，海外复杂多变的现实环境使得高校交换生的应急风险管理尤为紧迫。为了更好解决交换生的风险管理问题，本节主要借鉴管理学、思想政治理论、政治学等理论，对我国交换生安全问题进行梳理，从而填补了相关实证分析。根据本书第三章问卷调查结果显示，在有效的调研样本中，54.70%的交换生曾遭遇过安全风险，其中遭受盗窃的占34.09%，遭受地震、火山和洪水等自然灾害的占20.06%，遭受交通事故的占19%，遭受炸弹袭击、枪击事件等恐怖行为的占0.06%。[①] 这些比

---

① 为深入研究交换生所遇到的风险情况，本书作者进行了调研，第三章有详细的表述。

例都不容小觑。因此，我们不仅要重视交换生的专业学习以及日常管理，更要重视海外风险的防范与有效解决。笔者将高校交换生在境外遭遇的应急风险分为以下五类：意识形态风险、社会安全风险、事故灾害风险、自然灾害风险和心理危机风险。

（一）意识形态风险

意识形态风险主要来自于国外敌对势力的渗透。

首先，国际组织通过当地的信息媒体手段，采取"非自觉的、无目的的、自发性的"等隐蔽方式对交换生的思想产生影响。高校交换生进入对象国以后，求学过程完全沉浸在对象国文化之中，对象国的社交媒体更容易进行价值观的传播和渗透。因为居住时间比游学长，必须要求大学生熟悉当地生活，融入当地文化。"浸泡式"的学习方式使得交换生在思想观念上受到对象国意识形态的影响。因此，大学生在进入陌生的国外生活环境时，需要长时间地生活在当地学习与交流模式中，所接触的生活方式、信息的面积会更广，体验也会更深刻。国外媒体通过传媒、网络等载体不断重复出现，通过文字、图像、声音、动作等综合形式共同起作用。由此，重复的、内容重叠的信息持续出现，通过洗脑形式刺激人的感官，给目标留下深刻印象。"渗透"无时不有、无所不在、无孔不入。因此，高校必须加强交换生的思想政治教育，防止交换生被国外敌对势力渗透。

其次，境外宗教团体和敌对势力借着交换生身在异国他乡心理孤独寂寞的心理特征，试图改变交换生个人信仰。交换生价值观在国外最容易受到影响的就是宗教观念。高校交换生出国（境）后，人生地不熟，难免感到孤独寂寞。一些宗教团体为了传播教义，发展新教徒，就在交换生中做文章。宗教组织从交换生下飞机开始就夹道欢迎，在周末举办各种类型的活动，吸引交换生前往参加。根据第三章的调研结果，有43%的交换生会因想了解当地的民情民俗、旅游而进入教堂或其他宗教场所。而教堂是认识新朋友、融入当地社会的一个重要途径。在学习上，许多对象国尤其是欧美国家强调以西方为中心的学术共同体观念，对交换生进行专业训练、灌输其价值观、思想意识形态，让交换生接受对方的价值观、科学文化、政治思想等①。除此之外，为了更好地适应当地的社交生活，交换生会使用当地的社交媒体，例如 Line、Facebook 等社交工具，与当地学生、海外留学生、华侨等形成当地的朋友圈。这些方便、多元和即时的传播渠道的社交媒体，成为大多数留学生表达情感的工具。这些媒体有大量的宗教观念和宗教思想浸润在其中，交换生不知不觉在交流过程中接受了对象国的文化和价值观。因此，关于宗教的影响和渗透是每个交换生必然遇到并存在的问题，必须加以警醒，加强对交换生的思想政治教育，以新时代中国特色社会主义思想来引领交换生的思想。

最后，境外环境"开放性"和"体验性"特点容易对交换生造成巨大的文化冲击力。境外环境中，容易让交换生产生与本国文化相互对立、相互排斥、相互否定的"文化冲击"状态，这种"文化冲击"力度会随着时间的推移而有所增加。在国外开放空间下，思想政治教育信息多端进入，涵盖大学生的日常生活。各种西方文化中的价值观影响大学生对于社会主义核心价值观的坚守。② 由此可见，交换生随着交换时间的增加，在国外遭受文化冲击范围会更广、程度会更深。特别是，若交换生出国前没有做好准备，"文化冲击"力度会随着时间的推移而有所增加。根据本书调查结果显示，出国对交换生人生价值观产生较大影响的人数占57%，发生本质变化的交换生占14%，这说明国外的生活对交换生的影响作用非常大。因此，思想政治教育工作者面临如何提高交换生应对能力，加强对深陷"文化冲击"困扰的交换生关心、引导、教育和帮助，以便更快克服"文化冲击"带来的对意识形态、人生观、价值观等一系列问题的不良影响。

---

① 姚锐：《新千年美国高等教育国际化动向及其政策背景》，《高等工程教育研究》2010年第1期。

② 刘玲、谢勇：《影响思想政治教育接受的环境因素分析》，《学理论》2011年第3期。

（二）社会安全风险

交换生的社会安全风险主要为政治风险，指的是在国外求学中发生的、在一定程度上由国家政府控制的事件或社会事件引起的、给交换生造成损失的可能性。① 政治风险是交换生无法控制或不可抗拒的国家因素所决定的。主要表现是地区冲突与恐怖袭击。对于交换生的人身安全来说，它牵动着个人、家庭、高校和社会，亦成为社会普遍关注的问题，处理不当容易激发矛盾，影响社会稳定。

首先，战争与内乱给交换生带来心理恐慌。近年来，国际形势日趋复杂，地区冲突与恐怖袭击事件逐渐增多。在世界局部地区，由于国家关系恶化、政权争夺等因素导致动乱与战争始终不断，也进一步加剧了这些国家的内战与混乱。虽然这一风险的发生概率较低，但这是最高级别的风险，任何安全措施都难以避免发生战争和暴乱袭击。如果交换生被派遣的对象国发生战争与内乱，势必造成交换生心理恐慌及其家庭的心理焦虑。此时，外交部及驻外使领馆等国家机构成为交换生首要依靠，交换生可以及时寻求领事保护，积极转移到安全地带乃至回国。高校也要根据实际情况来评估交换项目的有效性，及时报备教育部和外交部等有关部门，情况严重的要暂停项目，暂停派遣学生前往留学对象国。

其次，恐怖袭击和枪击事件的频繁发生造成交换生思想负担。近年来，国际恐怖组织如 ISIS 等以"伊斯兰国"武装的恐怖势力不断在欧洲腹地滥杀无辜，让欧洲等地成为恐怖袭击重灾区。法国、德国、英国等欧洲国家不断发生袭击平民的恐怖事件。从法国《查理周刊》惨剧到巴黎剧院等多地连环爆炸事件，到英国议会大厦外发生的十余年来最严重的恐怖袭击事件，以及美国枪击等恐怖活动，再到埃及北西奈省清真寺发生的恐袭案，这些都让我们发现，恐怖袭击其实离我们并不遥远。交换生出国前所接受的安全培

---

① ［英］尼古拉斯·默里：《卡夫卡》，郑海娟译，国际文化出版公司 2006 年版。

训中，反恐培训的课程较少，学生面对恐怖事件应急反应乏善可陈，不会寻求紧急援助。这也使得危机管理具有较大的风险。国外频频发生恐怖袭击和枪击事件给不少交换生带来了思想上的恐慌和心理上的负担，他们在国内安定的环境中成长，从未遇到此种恶性事件，也给其家庭带来了思想压力。面对国外这种多发的恐怖和枪击事件，第一高校要加强出国前的安全培训，第二交换生要依靠驻外使领馆的领事保护力量，有效处理突发事件，安抚交换生情绪，稳定交换生思想，使交换生能够平安留学。

最后，政治动荡给交换生带来精神压力。一般来说，发达国家的政局相对稳定、制度法律比较健全、政治风险相对较小，而发展中国家的政治风险较大。例如，恐怖主义猖獗的阿拉伯地区、南亚次大陆，部分东南亚国家政党更替频繁、内乱迭起、政治体制缺陷加剧了其地缘政治危机。陆宝军[1]以2004 年至 2015 年 12 月前 289 起境外中方人员遭袭事件样本案例为研究对象，对发生危害的国家和人群进行样本分析。其中中东、非洲、南美与东南亚为袭击出现的高发区。而受害群体中，中国学生所占比例较大。政治动荡给学生带来的精神压力是显而易见的。因此，如果交换生去这些高风险国家，需要提前经过相关的培训，做好安全防范工作，避免发生意外突发事件，同时也要提高交换生的抗压、抗风险经验和能力。在交换生出国前的行前教育、应急预案制定以及各种安全演练是高校责无旁贷的任务。只有将学生的安全放在第一位，才能有效抵御国外存在的社会安全风险。

（三）事故灾害风险

交换生人身伤害、财产风险。不同国家和地区的社会治理和治安管理程度各不相同，人口的文明程度与素质也不一样。因此，交换生奔赴不同的对象国留学，其人身安全、财产安全亦受到当地环境的影响，存在一定程度的

---

[1] 陆宝军：《境外中方人员遭袭事件的规律性及预防方法研究》，中国矿业大学博士学位论文，2016 年。

人身伤害、财产损失风险。交换生人身伤害、财产损失风险具体来说包含因绑架、盗窃、火灾、交通事故等造成的突发人身伤害、财产损失风险。在这些风险当中，人身伤害风险以交通事故最为常见。如果当地的治安环境较差，财产损失风险以盗窃较为普遍。例如 2003 年 5 月，新西兰奥克兰的一名中国留学生从夜总会离开时遭绑架，家人被勒索 100 万新元。造成这些风险的原因除了与当地治安管理状况密切相关外，一定程度上也与大学生安全意识的缺乏相关。大学生在学校中，很少接受有关境外公共安全防范教育。大部分交换生的家庭经济条件较好，但缺少独立生活的经验，导致多数人对危险和风险的认识不足，自我保护的安全意识薄弱，也缺乏应对危机的能力。另外，中国人从小接受以孝为先、与人为善的教导，生来性格谦和，遇事忍气吞声；更多时候坚持大事化小、小事化了的处事态度，不愿用法律手段解决问题；由于对当地文化习俗不了解，因为语言障碍、文化冲突带来的风险导致交换生宁愿息事宁人。值得警醒的是，如果交换生携带大量现金、出手阔绰，出入舞厅、酒吧、夜总会等容易滋生是非的娱乐场所，容易成为抢劫、绑架犯罪分子的目标。所以，高校思想政治教育工作者一定要提醒交换生在国外注意人身安全和财产安全，不炫富不摆阔，办事低调沉稳，遇到问题保持冷静，与当地人民友好相处，尽量入乡随俗融入当地生活，避免激化矛盾，及时与警方和驻外使领馆联系，等等。

交换生触犯当地法律产生的风险。不同的地区有不同的法律法规和风俗习惯，交换生出国之前要了解当地的法律法规和风俗习惯。近年来，境外交换生由于漠视当地风俗以及法律法规引发的人身安全问题、违法事件等时有发生，造成了不良的社会影响。2004 年 3 月，境外中国学生沈某外出散步时途经圣路西亚大街，由于匆忙横穿马路，被车撞致脑死亡，此时离沈某入学还不到 20 天。2010 年 1 月，一名中国留学生漠视美国纽瓦克国际机场规定，未经安检擅自进入机场安全区域送别女友，迫使航站楼关闭，导致大量乘客滞留。据美国《侨报》报道，近年来，不少华人利用微信平台买卖、代购商品，引致相关的法律问题。休斯敦 30 多名中国留学生合伙开了一家微信私厨，售卖甜品，被发现后遭勒令遭返。这些存在的问题和风险值得各高校交换生警醒，避免发生类似情况。欧美国家的法治程度非常高，少数留学生不知法、不守法的行为不但令学校和个人蒙羞，也影响了国家的形象，导致对象国的人民对于留学生的印象恶劣，影响了两国之间的交流和来往。外事无小事，对于交换生的思想政治教育必须以国家形象为重，不能为了个人的蝇头小利做损坏当地社会、人民的事情。交换生必须提高个人思想道德素质、增强法律意识，在国外期间遵纪守法是基本要求。

（四）自然灾害风险

从客观环境来看，交换生交换的地域有的属于地震、火山、泥石流、山洪等自然灾害高发地带，而交换生如果缺乏对抗震抗灾的应变能力，其风险将大为增加。例如海外频繁发生破坏力极强的自然灾害，如 2005 年菲律宾的登革热、越南的禽流感、美国的飓风、南亚的地震；2010 年智利 8.8 级地震，引发海啸夺去上万人的生命，同年海地发生里氏 7.3 级地震，造成至少 27 万人死亡；2011 年日本 3·11 地震，这些意外使得成百上千人遭遇了生死大劫。[①] 各种天灾人祸潜在因素影响交换生境外留学的国际化进程，成为高校交换生风险管理不可忽视的重要问题，也成为大学生前往对象国交换学习的思想顾虑。如果交换生缺乏对这些自然灾害的认知，高校未能普及有针对性的防灾防震培训，将很难避免类似风险的发生，亦很难保证交换生的安全。因此，高校应建立切实可行的应急管理体系，加强交换生防火防震防灾的思想意识，始终把交换生的生命安全放在首位，以学生为本，最大限度尊重和维护学生个体生命安全及其合法权益。交换生本人也必须提高应急安全、防灾防震的能力和经验。

---

① 王永怡、陈文、张玲霞：《关注全球疫情，思考我国的传染病防控热点》，《传染病信息》2009 年第 1 期。

（五）心理危机风险

心理危机风险主要指交换生因学习压力、适应性不足等心理原因造成的风险。大量的交换生走出国门，部分交换生由于心理问题引发的安全事件或恶性事件，逐渐成为高校师生和社会所关注的新的风险情况。

因意识形态、价值取向以及认知方式等导致的心理问题。很多交换生初到国外，面对思想意识形态的差异、价值取向和认知方式的不同，难以融入当地的生活圈子，无法为自己营造一个有保护作用的社交圈。由于语言沟通障碍，只能与会说母语的同学来往；同时，因为长期以自我为中心，往往在与他人交往的过程中表现得过于敏感。小部分交换生可能因为心理承受能力差，引发心理健康问题甚至心态扭曲，容易自我伤害。例如，1991 年万圣节发生的爱荷华大学的杀人案就是最明显的案例之一，中国博士留学生卢某认为导师待己不公，枪杀系主任、导师、同事以及同系中国同学共四人后自杀。2012 年，就读于法国波尔多第三大学的中国留学生郭某就因不堪学业重负，突发疾病在宿舍死亡。

因为感情问题引发的心理问题。因感情问题而引发的交换生心理问题也不可小觑。男女感情问题目前也成为威胁留学生安全的一个重要因素。交换生在陌生环境中，一方面会在感情中过度依赖他人，失去理智，失去自我判断能力；另一方面会过度排斥他人，走入以自我为中心的感情死胡同。如2016 年 11 月 3 日凌晨，日本警方对外通报称中国留学生江歌在日本人中野家中遇害，犯罪嫌疑人陈某是中国籍男性留学生，也是江歌室友的前男友。由于中国目前大多数交换生皆为独生子女，从小就在父母的呵护下长大，现实生活中遇到的坎坷或者困境较少，接受的挫折教育不多，以至于难以承受出国后一下子蜂拥而至的打乱生活节奏规律的现实落差和心理冲击，从而很容易做出不理智的行为。

造成这些心理风险的原因：一是由于心智不成熟，交换生从"被呵护"到"独立自主"，角色进入过慢，容易导致考虑问题时过度偏向以自我为中心，从而产生过激行为。二是由于适应能力偏低、心理承受能力差。习惯了我国的基础教育方式，出国后面对新的教育方式、新的课程内容和语言沟通障碍等一系列问题时容易感到恐惧、焦躁和不安，导致自我评价过低，从而产生自卑、压抑心理甚至更加严重的心理健康问题。三是由于难以正面迎接失败与挫折，从而更加难以跟上国外开放式教育的脚步，导致学业中断。在经历短暂的新奇和兴奋后，心理压力和实际冲突迎面而来时不知所措正是交换生的普遍心理状态。

二、我国高校对交换生的风险防范管理

在风险社会理论的视域下研究交换生思想政治教育，除了研究交换生项目在发展中所要面临的风险外，更重要的是要运用风险社会理论做好对交换生的风险防范问题。在风险社会理论中，认为人类进行的各种活动，都可能会伴随活动导致损失的可能。在境外求学过程中，潜藏着很多天灾或人为的风险，尤其国外在文化、安全、风土人情、生活习惯等方面都可能存在与我国有差异的地方，因此，很多不确定因素难以把握，导致了境外求学成为一种高风险的决策活动。由于交换生应急风险的特殊性，加强风险防范，必须构建形成国内外联动、政府社会参与、公费自费全覆盖的工作机制。

近年来，出国留学行前培训、集训和实境演练的次数、密度、覆盖率不断提高。党的十八大以来，出国留学行前培训 50 万余人次，其中现场培训 13 万余人次、在线培训 37 万余人次。通过在全国 21 个省市建立的 36 家教育部出国留学培训和研究中心，也举办大量的出国留学行前系列培训、集训和实境演练。[①] 教育部与中央电视台于 2015 年合作制作了平安留学宣传片《留学之筋》作出提醒；驻外使领馆也开展了多种形式的在外人员安全教

---

① 《聚焦国家战略　提供人才支撑　留学工作取得显著成绩——十八大以来留学工作情况介绍》，中国教育网络电视台，2017 年 10 月 16 日。

育，建立"留学生之家"；部分高校举办"平安留学进校园"活动。可以说，覆盖公费和自费留学的行前培训体系已经初具规模，安全教育网络信息平台已有效发挥作用，国内外安全教育联动机制正在逐步完善。但是"安全无小事"，如何针对交换生的突发安全风险进行防范与管理成为高校新的挑战。对于大部分高校来说，认识程度不够深刻，相关的风险管理机制还不够健全，特别是针对交换生的安全意识、安全能力以及安全知识、安全培训相关课程的学习情况方面不容乐观。高校应尽快建立一套行之有效的风险管理机制，并完善预防、检测、识别和快速反应的制度与处理机制。在以复杂性、模糊性、关联性为特征的交换生风险中，高校作为风险管理的主体研究的理论和实践急需突破。我们需要形成以预防为主、全方位应急预案、规范解决程序、快速应急反应以及良好的事后沟通机制。

（一）树立全面风险管理的核心理念

交换生的风险管理，指高校围绕总体人才培养目标，通过对境外交换留学各个环节执行风险管理的基本流程，营造良好的风险管理文化，建立境外全面风险管理体系，包括风险管理识别、风险管理预测、风险管理处理等方面。交换生的风险管理主要包含以下工作：收集可能出现的各种风险初始信息；进行风险评估；制定风险管理策略；完整的风险处理程序；对于境外风险处理程序的监督与改进。这要求高校要树立交换生全面风险管理的核心理念，各部门、各学院达成共识，形成合力才能够进行有效的风险管理。

风险情景理论下对高校安全教育的指导。针对风险管理的阶段性特点与防范，学校作为重要的管理者，交换生所遇到的风险不再是异常的小概率事件，而是根植于日常生活之中。只有改变了认知风险的思维方式，把风险从结果的层面引入分析层面，才更有利于在情境中展开对风险的原因、演变以及解决办法进行系统的研究。高校本身参与了情境的创造，高校对风险的处理、与交换生的互动会决定风险的走向。因此，高校作为管理者研究风险管理应与风险情境结合起来。

重视学校与家庭安全意识教育。据问卷调查结果显示，77%的交换生表示接受过交通出行安全和人身安全的培训，而自然灾害的培训与反恐防暴的培训比例则相对较少。而有近20%的交换生表示没有接受过相关培训，反映了部分高校出国前的安全教育培训没有落到实处。经研究发现家庭经济情况、父母受教育程度都会显著影响学生对于留学安全意识与安全技能的认识和掌握。因此，高校应该与家长及时沟通，普及学校安全相关教育，提高家庭对于境外安全的意识与技能的相关重视。

（二）加强境外风险识别和预警，增强前瞻性和预见性

风险识别是风险管理的基础。风险识别是指在风险事故发生之前，人们运用各种方法系统地、连续地认识所面临的各种风险以及分析风险事故发生的潜在原因。风险识别过程包含感知风险和分析风险两个环节。一是感知风险。即了解客观存在的各种风险，是风险识别的基础，只有通过感知风险，才能进一步在此基础上进行分析，寻找导致风险事故发生的条件因素，从而为拟定风险处理方案、进行风险管理决策服务。二是分析风险。即分析引起风险事故的各种因素，它是风险识别的关键。风险识别的任务有两个：其一是辨认组织可能发生的危机的种类；其二是确认危机的性质。在对风险进行识别和评估，认识了危机风险类别后，还要对各种危机发生的可能性大小和各种危机造成的影响进行风险评估，为境外的风险预警和预防提供依据。

（三）对境外可能出现的风险进行防范演习和培训

预防是解决风险的关键，需要牢固树立以预防为主的风险管理观念。对于出境交换生来说，应加强学生出国前外事纪律教育和开展形式多样的安全教育，注意引导和教育学生了解对象国的环境、文化和习俗，进行应急安全和外事纪律培训。高校只有将针对交换生的应急教育和应急管理有效结合起来，才能提高交换生解决突发事件的能力。

针对危机进行的演习和培训是为了提高学生对境外出现危机进行反应和恢复所需要的知识、技能。当然，采取演习方式的规模应比较大，培训的内容应更加全面。针对危机培训的各种方法都有一定的适用性，不同的培训内容、不同的培训对象都会有不同的培训方法。比如，针对火灾，更多的是培训一些逃生技能和自救方法，针对国外出现的意外事故主要在于培训处理程序问题，如如何向当地寻求救助、通知相关部门处理、查清事故原因等。培训的内容主要是培训学生对于安全知识（留学安全知识的了解程度）、安全意识（防范危险、保障自身安全的意识）、安全能力（遇见危险时处理危机的能力）的掌握。还需要对境外不同地区及其不同风险进行针对性的培训。

（四）注重交换生的风险过程管理，建立沟通善后机制

学校需要建立沟通善后机制，及时应对交换生发生的风险事件。特别是需要不断完善留学安全服务与管理机制，明确责任，建立健全能够及时应对各类留学安全问题的留学安全评估体系与预警机制。

1. 制定详细的应急预案

高校需要制定和完善突发风险事件的应急预案，明确各部门职责。高校涉外应急安全事件危机管理的工作，需以认真的态度和科学的手段方法，制定相关管理细则和法律法规，使学校境外学生的危机管理有法可依，具备可操作性。在应急预案制定以后，学校应定期组织师生模拟演练。没有应急演练，应急预案就是纸上谈兵，海外各国的情况各异，更加难以把握。因此，增强学生防灾避险意识应该落实到每个学生身上。高校在各班各系开展相关应急演练，或者由保卫部门组织相关社团举行定向越野、安全技能大比拼之类的活动，提高学生的动手能力、应变能力。

在出境前为交换生提供全面全方位的信息公布系统，包括利用网络各种媒介，给交换生发放安全小册子。出境后，一旦出现交换生的安全问题立刻启动应急预案，迅速成立工作组，保障交换生的安全。同时与境外领

事馆相关负责人保持良好的沟通与联系，保证对于危机事件处理速度和处理质量。

2. 领事保护的重要性

高校针对交换生境外突发事件的处理首先要依靠外交部、驻外使领馆等国家机构。海外交换生及时联系使领馆，遵照领事保护等制度和措施，获得人身安全保护，从而保证个人人身和财产的安全。高校外派交换生应由高校外事部门向各省市（区）相关部门和外交部汇报和备案，学生到对象国后，应及时联系当地的使领馆进行备案，并进行定期和不定期的联系。如果所合作的对象国国内及其大学近期恐怖活动较多、局势不稳、安全形势恶化，应报外交部或外事办等有关部门，经有关部门同意后才可暂停合作协议，暂停派遣学生前往留学。

3. 交换生突发事件的应急反应程序

针对境外突发事件发生后，高校应立即启动应急预案，成立涉外突发事件应急处置工作组赶赴事发地。必须与驻外使领馆保持联系，掌握应急事件发生的原因，了解应急事件先期和将要受到的损失情况，提出第一步解决的策略。对事件进行评估，可根据危机的状况将应急安全事件定级别，协助受害人家属赴对象国处理有关事宜。

高校工作组赶赴事发地后，必须控制局面，制止事态发展。做好现场先期处置工作，了解事件规模、伤亡人员、人数、状况、国籍、财产损失等基本情况，安置安抚、医疗急救、转移、保护有关人员。向驻地的使领馆通报有关情况。后勤部门做好应急状态的通信保障工作，各相关部门单位保持各自通信联系畅通，确保及时提供充足的物资保障。

第一时间联系境外相关处理人员、学生以及学生家属。境外应急事件处理人员要注意与家长、教师和学生沟通，随时关心受害人的身心状况、生活困难。同时，有关权益问题，应急事件处理人员不宜擅自作决定，应等待亲属到达现场或电话联系后共同处理。遭受危机的交换生的家人、朋友和邻居都有可能打听有关危机事件的消息。学校应该及时与境外管理机构取得联系，详细掌握相关事实的准确消息，确保交换生的人身安全，做好后续处理，避免外界对于事件的主观臆断。

4. 及时与新闻媒体做好沟通，积极处理风险

随着自媒体的产生，舆情的控制更加困难。与媒体的成功沟通将对风险事件的处理起到积极的作用。高校对于境外师生突发事件的后续处理在信息上报、排查上，做到客观、及时、真实，没有谎报、瞒报、漏报，严格信息发布制度，客观、真实、及时向外界公布相关信息，稳定师生情绪，做好舆论导向工作。

5. 突发事件结束后的恢复

突发事件发生后，应主动与上级管理部门联系以求得到指导和帮助。及时向上级部门汇报危机事件发生的原因、处理的进展状况以及即将采取的措施。事件处理后要详细地报告事件解决的全过程，并以书面的形式总结处理该类危机事件的经验教训以及防范措施。由于突发事件的发生，影响交换生的学业进程是不可避免的，因此，后续交换生的学籍管理、学分互换和认定等规章制度应与国际化进程中的突发事件恢复相匹配，高校要进一步探索国际化进程中更加人性化的管理模式和管理方法。

6. 高校积极与中国驻地使领馆以及海外校友会、商会等社会组织进行联系、合作

高校的出境交换生不能脱离境外国家的安全管理系统而独立派出。要做好对境外风险的管理，需要整合境外使领馆的力量、交换生当地的学校力量、负责老师的力量，班委以及优秀学生的力量，当地校友会等力量，建立共同参与机制。通过与我国外交部门、当地政府、社会组织、个人进行网络状的治理模式，共同做好交换生的风险防范与处理工作。这样可以有效地降低境外风险管理的成本，减少风险出现后处理问题的阻力，提高高校交换生风险管理的效率。还可以与境外社会组织建立信息技术、医疗救援网络、呼叫中心等互助小组，保障交换生在境外的人身财产安全。

第二节　我国高校交换生思想政治
教育所面临的困境

交换生思想政治教育的困境，是指高校对国家主权范围以外的地区或国家实行交换交流的学生所进行的思想政治教育过程中，所面临的一切阻碍思想政治教育功能实现的客观及主观因素。随着时代的进步和科技的发达，国际化特色鲜明背景下的交换生思想政治教育工作也呈现出新的特征以及面临新的困境，对交换生的世界观、人生观以及价值观的形成有着重要的作用。

一、我国高校交换生思想政治教育面临的困境呈现的特征

在当今政治、经济、文化、社会交织在一起的高度国际化背景下，我国对交换生所进行的思想政治教育，既有传统环境的局限性，也因为时代的变化而显示出新的特点。国际化环境的急剧发展也相应地给我国交换生思想政治教育带来了诸多新的困难和挑战。新时期下的交换生思想政治教育面临的困境所呈现的特征主要有以下方面。

（一）复杂性

高校思想政治教育环境正在发生急剧变迁。当今的思想政治教育面临的困难是由外在环境和内在环境共同形成的，具有复杂性的特征。交换生思想政治教育成效低，不仅有着国内复杂的成分因素，更有国际环境的因素，是二者共同作用造成的。国际国内形势的深刻变化使思想政治教育工作面临严峻挑战。在国内，随着社会主义市场经济的深入发展，我国社会的经济成分、利益关系越来越多样化。在国外，消费主义和实用主义、自由主义等多

种西方价值充斥着人们的思想，利益驱动变得俞加复杂。因此，国内国际的双重环境给交换生的思想政治教育带来的挑战也呈现出复杂化和多样化的特点。

（二）长期性

交换生思想政治教育面临的困难和挑战具有长期性的特征，这是由马克思主义学说中人的本质属性所决定的。马克思认为，人具有社会属性，这是人之为人的根本属性。"人的本质并不是单个人所固有的抽象物。在其现实性上，它是一切社会关系的总和。"[1] 交换生随着所处的社会环境的变化，人的"各种社会关系总和"也会发生变化，思想和行为肯定同样也会变化。思想政治教育就是做人的工作，密切关注人所处的社会特性变化的动态就是赋予思想政治教育的挑战和困难，而这种挑战和困难也肯定是具有长期性的，不可指望短时间内能够完成或者消灭。

一直以来，敌对势力从未停止对我国意识形态领域的渗透，从未放弃扰乱社会主义秩序、颠覆社会主义政权的图谋。在我们越来越接近实现中华民族伟大复兴的中国梦的进程中，敌对势力在意识形态领域兴风作浪不会减弱，我们必须开展长期斗争。[2] 因此，意识形态领域的斗争具有长期性，这就决定了我们必须做好长期作战的准备，做好思想政治教育的常态化机制建立。

（三）隐蔽性

隐蔽性是当前交换生思想政治教育困境的主要特征之一，主要表现为意识形态传播内容及其传播形式的隐蔽性。现代信息手段的广泛运用给传播形式的隐蔽性提供了广泛的空间。在日益复杂的国际背景下，国外教育更多通

---

[1] 《马克思恩格斯选集》第 1 卷，人民出版社 1972 年版，第 18 页。
[2] 潘熙宁：《旗帜鲜明开展意识形态领域的斗争》，《党建》2018 年第 2 期。

过隐蔽性的手段或方式去进行价值灌输或政治渗透，例如网络媒体、纸质媒介以及宗教广播等隐蔽性的工具。除此之外，通过政治利益集团操控的社会团体、协会或者宗教团体等进行隐蔽性的说教方式也是非常隐蔽的。为达到目的，他们还会挖空心思，想尽办法，通过学术交流、资金资助、访学、境外培训、国际会议、学术讲座、课堂教学、西方教材、大众文化和产品消费等方式，把其意识形态融入其中。[①]

（四）普遍性

根据马克思主义观点，矛盾是普遍存在的，处处有矛盾，时时有矛盾。交换生思想政治教育面临的困难是普遍存在的，体现在经济上、文化上、政治上以及社会上等多个层面。这种交换生思想政治教育困境的普遍性，是由交换生个体、高校、社会、国家以及历史文化传统等多种因素决定的，它存在于思想政治教育的全方位和全过程之中。另外，交换生思想政治教育困境的普遍性还体现在空间的维度上，无论是处于西方资本主义国家中，还是处于社会主义国家中，教育困境的形式都是相似或是相同的。

习近平总书记在全国高校思想政治工作会议上强调，要坚持把立德树人作为中心环节，把思想政治工作贯穿教育教学全过程，实现全员育人、全程育人、全方位育人，努力开创我国高等教育事业发展新局面。"三全"育人格局的确立恰恰说明了思想政治工作要顾及教育教学的每一个环节和每一个地方，这也是由于思想政治教育困境的普遍性特点所决定的。有效把握好思想政治教育困境的普遍性特点，是我们做好工作的关键。

二、我国高校交换生思想政治教育面临困境的分类

由于空间地域的距离、各国意识形态的差异以及交换生面对对象国社会

---

① 阮天：《基于西方意识形态渗透隐蔽性的高校思想政治教育研究》，《亚太教育》2016年第27期。

环境出现的一系列问题而使思想政治教育面临的困境，可分为管理困境、文化困境、媒介困境、政治困境、过程困境、个性困境等类型。

（一）管理困境：高校党组织对交换生的管理和教育力度有待加强

对交换生党员的教育和管理一直是高校学生党员队伍教育中较为薄弱的环节和层面。党支部是党员管理和教育的基本单位和有效途径，但实际上，由于境外党员人数相对较少、党员管理资源匮乏等原因，交换生党员管理长期以来处于党建工作边缘的位置，既缺乏专项管理的部门组织，也缺乏相关的管理制度，高校党组织对交换生的管理和教育力度需要进一步强化。

目前，高校对出国（境）学生党员管理一般情况是办理保留组织关系手续，填写相关表格，回来后，要求恢复党员组织生活（党籍）的，党支部根据学生本人申请填写表格，按照审批权限逐级上报审批。鉴于大部分高校交换生党员所占党员总体人数相对较少，高校在交换生党员队伍管理上投放的精力有限，投入的资源不足，对该部分学生党员群体的管理及教育都有所忽视。

1. 党组织对交换生的管理教育的及时性和有效性有待提高

参加党组织支部生活会、定期提交思想汇报是考察党员思想动态及党员纯洁性的有效途径，这也是党员入党之后继续接受纪律监督和党性教育的有效方式。然而，在出国交换期间要能保证其参加党组织生活确实有一定的难度。有关调查研究表明，大多交换生党员认为造成组织生活会"断层"的首要因素就是国内外由于时差关系，没有办法同步参加国内党支部的组织生活。其次，"缺少接收交流生党员信息的统一平台致使他们无法同步参与本科生党支部生活""党支部对出国交流生缺乏关注"同样是重要因素。总的来说，影响交换生参加党组织生活的关键因素就是因为地域问题造成的时间和空间的差异。再者，由于个人联系方式更换、就读学校宿舍地址迁移、主观上欠缺主动积极性等原因，交换生党员往往没有主动联系学校而处于与学校或党支部"失联"的状态。另外，国内高校与境外交流高校双方联系不多，信息交流速度较慢以及交流渠道较窄，导致国内高校无法及时掌握交换生党员的思想变化。

2. 党组织对交换生党员队伍的管理制度仍须完善

目前，妨碍着交换生党员的教育管理工作有序开展的最大一块绊脚石是我国高校没有建立一个专门属于交换生党员的教育管理制度。一方面，当交换生党员进入预备期考察或者作为入党对象考察的时候，其联系培养人既不可能到国外去跟踪了解他们的情况，交换生党员也没办法向联系培养人当面进行思想汇报；另一方面，由于地域隔绝，他们没办法参加学校定期开展的组织生活，导致高校对这些交换生党员在预备期的考察情况和跟踪指导教育都是空白一片。① 学校一般的做法往往是对该部分群体暂时不列入党发展对象行列或者对预备期的党员作延迟转正的处理，待其回国后再对相关程序作后续处理，但这种做法一般流于形式。

交换生党员管理制度的不完善同时会对学生党建工作造成被动或尴尬的局面。例如，一些党性较高的学生党员在出国（境）前都会向学校组织部门或学院辅导员咨询了解关于出国（境）期间预备党员考察转正、上交思想汇报、缴纳党费等方面的问题，但由于各学院尚无统一执行操作的标准，学校组织部门也没有统一的指导意见或文件，这些问题没有办法得到妥善处理。这种现象在某个程度上弱化了党组织对交换生群体的思想引领，对该部分学生党性教育起到一个不良或负面的作用。

（二）文化困境：多元文化思潮的国际环境对交换生思想的影响

交换生进入对象国学习，受到对象国社会经济文化和意识形态的影响。

---

① 陆文、谢林鸿：《高校国际交换生党员教育管理工作中的问题与对策》，《科教导刊（中旬刊）》2014 年第 3 期。

尤其是西方国家进入后现代社会之后，经济高度发达、各种文化思潮层出不穷，包括新自由主义、功利主义思潮、经济全球化思潮、消费主义思潮和后现代主义思潮此起彼伏。丰富的物质文化与多元的文化思潮使交换生的人生观、价值观、世界观受到影响。

1. 西方社会多元文化思潮给交换生思想政治教育增添多变性

西方国家主要的几种社会思潮对境外交换生思想影响较大。一是新自由主义思潮，它强调自由市场的重要性，反对国家和政府对经济不必要的干预，鼓吹以超级大国如美国为主导的世界经济、政治、文化一体化，也称资本主义全球化、西方化，这妨碍高校学生正确树立建设社会主义的理想和信念；二是个人主义思潮，其以追逐个人利益，以利己主义为中心，这会助长大学生在学习钻研实现理想的道路上处处以个人利益为先，强调个性自由；三是经济全球化思潮，会令大学生错误地认为地球就是一个整体，不需要再谈任何狭隘的爱国主义，使大学生头脑中国家意识和爱国主义逐渐褪色，也削弱了他们的国家主权观和安全观；四是消费主义思潮，其助长了大学生在消费观上盲目、模仿、攀比的心理，令大学生形成不健康的人格，严重的可能会走向犯罪道路；五是后现代主义思潮，其灌输的是社会价值多元化的重要性和强调个体情感，有的大学生因而完全奉行以个人主义、利己主义为中心的价值观。长此以往，这些多元文化思潮会引发大学生模糊政治观念、缺失政治信仰、淡化政治意识、价值观偏差、理想失落等消极后果。

西方社会多元化文化思潮的长期大量存在也会造成大学生的思想观念紊乱，使之产生信仰危机。不良社会思潮不仅加重了对境外交换的大学生进行思想政治教育的困难和任务，还极可能埋下相关隐患，给境外交换生的未来带来隐忧。

2. 西方社会物质文化的丰富性使交换生价值观受到影响

大学生正处于世界观、人生观、价值观形成和发展的关键阶段，可塑性大，容易受到不良思潮的诱惑。加之大学生的心智、心理还在进一步发展，境外一些反映突出社会热点或社会矛盾的错误社会思潮，往往能够在交换生群体中传播，蛊惑人心甚至引发群体性事件。

交换生处于社会化开始阶段，缺乏自我经验和主见，对不良文化和诱惑的抵御能力有限。当代大学生从一出生就受到英语、网络、全球化的熏陶，对传统文化和核心价值观处于一知半解的程度，大学生的民族认同感很容易被西方文化遮蔽，特别对于出国留学的学生，对外来文化显得更主动、更容易吸收，容易迷失在西方发达国家物质文化倾向中，只从个人喜好、流行事物出发，从自我、本我的主观性出发作出选择。而国外文化产品，从物质消费的衣服、食品到精神文化消费的影视作品，淡化政治话语，渗透着西方所倡导的社会价值观和意识形态，隐匿地输出着他们的核心价值观，使大学生消费文化产品时，潜移默化对西方的社会价值观、意识形态产生自我认同。

（三）媒介困境：境外价值观的渗透

现代化新闻传播媒介，是各国公众了解外部世界的信息通道，由于其传播速度快、覆盖范围广、影响受众多，对政治、经济、文化甚至社会生活的各个领域，都起着十分重要的作用。① 习近平总书记强调，"宣传思想阵地，我们不去占领，人家就会去占领"②。虽然交换生所处的文化传媒环境各有差异，但西方国家的新闻媒体及平台对交换生的影响不容忽视。

1. 媒介传播已成为境外西方国家进行文化价值渗透的最主要渠道

西方国家对新闻媒体的控制非常重视。美国前国务卿基辛格曾经这样说："一座电台比一个 B-52 战斗轰炸机中队能更有效对某个国家施加压力。"在以美国为首的发达国家境内，无论是广播、电视，还是互联网，在新闻传播的信息流向上，都处于控制地位的绝对优势，形成了令人担忧的单向流动现状。信息单向流动的不合理秩序，成为以美国为首的西方国家进行文化渗透、实施"文化攻略"的"利器"。据相关数据统计所得，以美国为

---

① 李冬安：《文化渗透在新闻传播领域的表现及对策》，华中师范大学硕士学位论文，2001 年。

② 《十八大以来重要文献选编》（上），中央文献出版社 2014 年版，第 465 页。

例，西方四大国际通讯社发稿量占国际新闻量的 80%，而美国的美联社和合众社又占这 80% 中的 80% 以上。美联社目前的用户包括 5700 家美国媒体，8500 家外国报纸、电台、电视台，分布在 112 个国家和地区。该社用英、法、西班牙、瑞典等 6 种语言发稿，除总社外，还在欧洲、中东、亚洲、拉丁美洲设有发稿中心，全天 24 小时滚动播出。[①] 由此足以表明，西方国家已把新闻传播作为其进行文化渗透的最主要渠道。

在境外，以西方媒体为主导的媒介传播所带来的负面影响主要有两个。一是西方媒体善用双重价值标准对我国国情进行猛烈抨击，据交换生回国后叙述其所见所闻，最主要的印象之一就是美国的电视台或者新闻报道中大量充斥着我国国境内的"天灾人祸""公民维权""公共事件"等负面信息，"他们对我国的发展与进步视而不见或尽量回避，更多的是说三道四、指手画脚，侧重于渲染我国的阴暗面，试图给予毫无希望的印象"，受访的交换生曾这样感叹道。二是进一步挤压思想政治教育在境外的地位作用以及发展空间。美国也有相关条例或规定，对我国高校学生在境外的行为禁止项列明了详细要求，其中不乏很多涉及意识形态宣传和教育方面的内容。

2. 新兴网络媒体工具的价值渗透具有不可估量的影响力

新兴网络媒体工具的出现是科技进步的一大体现。近年来，以微博、微信、博客为主要标志的新型网络媒体工具迅速出现，改变了世界信息传播的格局和面貌。新兴网络工具以信息量大、互动性强、实时更新速度快等特点迅速走进年轻人尤其是大学生的生活圈子里，深得他们的喜爱。在境外网络市场，Twitter、Facebook、Instagram 等一些流行通信软件更是交换生群体使用率极高的网络工具。据同回国后的交换生访谈中可以表明，他们对国外网络的开放性和新鲜性感到欣赏，大多数交换生认为在对象国使用通信软件或网络工具更加方便，而且获得的信息面更广，令其视野更加开阔。

---

① 李冬安：《文化渗透在新闻传播领域的表现及对策》，华中师范大学硕士学位论文，2001 年。

新网络媒体的兴起推动了网络话语的不断普及。由于存在于虚拟空间，网络话语更加自由，因此通俗性和趣味性更强，更容易被公众所接受，这当中不乏大量的境外交换的中国大学生，但这又使得境外思想政治教育工作受到严峻的考验。交换生大多数欠缺一种正确的认知，他们不了解新媒体只是一种传播载体，是一种客观的信息传播工具，为所有群体服务。但在其背后，西方国家已经牢牢把握网络舆论的主导权。它们在各大使用率高的网络平台上都对新闻信息或网络评论进行过滤筛选，背后是从本国固有的政治制度、阶级立场、价值观念、文化传统和现行政策的需要出发的，是具有极强的选择性和倾向性的。

3."全民传播"时代为交换生思想政治教育增添不确定性

互联网的蓬勃发展加速了"全民传播"时代的到来，导致了大学生行为举止的多样化以及对是非取舍的不确定性。"人人都是记者，人人都有发言权"，每个公众号（微信客户端）或者每个个人微博空间都可以成为独立的信息发布机器，可以说每个公民都掌握了话语的主导权。客观地说，互联网环境下的手机、微信等不仅促成全民传播，分化话语权，而且的确使受众掌握了话语权。但是，"全民传播"时代充斥大量碎片化的信息，"娱乐至死"的口号大行其道，导致学生容易产生从众心理，难以建立批判性思维和个人独立思考的逻辑体系，失去主流的价值判断和道德选择，不能建立正确的价值观和世界观。

公众在这种"娱乐至死"的环境下无法正常冷静地思考，容易形成随波逐流的从众心理。参与全民传播的都是些庸俗、低俗、媚俗的东西，很快就会被人遗忘，这些言论都会变成无意义的话语，根本无法实现话语权的掌握，更何谈转移。① 这种现象对价值观正处于形成期和发展期的大学生来说更是危害甚大。

---

① 庄会晓：《从全民传播的发展趋势分析话语权转移》，中国海洋大学硕士学位论文，2011 年。

（四）政治困境：境外政治势力或宗教团体等对交换生的影响

"人才争夺的工作没有一刻停止。"实力强的中国学生日益成为很多国家学生强有力的竞争对手，美国前总统奥巴马曾经这样说道。近年来，国际政治环境日益复杂，人才争夺战呈"白热化"趋势，各国之间通过意识形态宣传手段等方式来争夺他国人才的现象愈演愈烈。造成交换生思想政治教育的困境主要来自于三股力量：一是境外政治势力或利益集团的拉拢；二是境外宗教团体的渗透；三是国际恐怖组织的"游说"。交换生在国外期间经常受到这三种力量或团体的围猎，其思想需要进一步得到引导和教育。

1. 境外政治势力或利益集团的拉拢

西方发达国家坚持不懈地企图西化分化我国青少年。有关数据表明，西方资本主义国家注重把境外留学生中的中高干子弟和优秀学子作为投资对象，与他们建立紧密的私人关系，冀望他们学成回国后在国内担任要职，"令他们在回国成为中国社会的栋梁之后，利用他们已被同化的头脑带领中国向西方资本主义演变"①。日本前首相中曾根曾于 1985 年在内部表态："美国在对中国留学生工作方面下手早、收效大，日本已落后，必须迎头赶上，加强对中国精英人才的投资。"由此可见，"西化""分化"中国，西方国家的企图显而易见，这些举动都会渗透到对我国交换生的日常教学和专业教育当中去，通过显性或者隐性的方式或手段对青年学生的思维产生影响。再者，一些优秀的交换生本身向往西方式的经济发达或先进科技，他们希望毕业后能通过移民或访学的方式任职于西方国家科技集团等企业，这恰恰与其背后的利益集团进行高端人才争夺的长远计划不谋而合。因此，国家对许多交换生的教育付出成了为他国"做嫁衣"，发达国家正悄然成为"中国教育成果的收割者"。从国际社会的层面来看，争夺下一代无疑是一场长期而又激烈的战争。尤其要数西方敌对势力对我国进行"西化""分化"步步紧

① 王言法：《近代中国高等教育与社会的嬗变》，山东大学博士学位论文，2011 年。

逼，推翻和演变社会主义中国的企图未曾停止。

2. 境外宗教团体的渗透

宗教所具有的社会控制、群体整合、心理调适和文化交流的功能对大学生有很强的吸引力。大学生群体大多比较感性，容易青睐并追逐外来的文化产品，也容易接受外来文化产品所包含的价值观。[①] 宗教团体对交换生学习生活的影响可以说是全方位的，很多受访学生均表示，在海外交流生活中常常遇到宗教文化，希望对国外宗教文化有所了解，也有学生表示参加宗教活动是为了表示对外国朋友的尊重。另外，宗教团体通过电视、电台、网站等媒体对大学生的渗透也是极为频繁的。例如，从中国香港、马尼拉到首尔的半月形地带约有 30 个广播电台设有针对中国大陆的宗教节目。[②]

上述事实表明，西方国家利用宗教传播来向交换生人才渗透的野心从未停止。美国中央情报局曾经制定了关于对付中国的《十条诫令》，其中第二条就指出："一定要尽一切可能做好宣传工作……核心是宗教传布。"[③] 境外宗教团体及有关势力以宗教语言掩盖着西方至上的理念及其核心价值观，直接侵蚀了我国交换生的爱国意识和民族精神，腐蚀交换生的主流价值观。

3. 国际恐怖组织的"游说"

恐怖主义的渗透成为近年国际社会关注的焦点。从某种程度上来说，它是宗教主义的极端演变。宗教极端势力主张以暴力手段推翻社会主义政权。"三股势力"互相勾结，策划、煽动恐怖活动和暴力犯罪，严重威胁社会稳定和国家统一。近年来出现了个别境外留学生被卷入恐怖组织的事例。以 ISIS 为例，原教旨主义符合境外留学生"拯救"不满现状的愿望。由于对社会现状（贫穷、贫富差距悬殊、高犯罪率、毒品、种族主义）的各种不

---

① 莫岳云、李娜：《境外宗教渗透与高校意识形态安全的几个问题》，《湖湘论坛》2014年第 2 期。

② 覃辉银：《新时期境外宗教渗透及其对策思考》，《华南理工大学学报（社会科学版）》2010 年第 4 期。

③ 莫岳云：《抵御境外宗教渗透与构建我国意识形态安全战略》，《湖湘论坛》2010 年第4 期。

满，他们必定试图寻找解决方法，极端恐怖主义把所谓的"希望"转向了原教旨主义，追逐信仰的纯洁性和重要性，反对现代主义、自由主义、世俗主义。这对学生的出国（境）教育管理提出严峻挑战。

（五）过程困境：缺乏事前培训、事中引导以及事后跟踪

2015 年初，中共中央办公厅、国务院办公厅印发的《关于进一步加强和改进新形势下高校宣传思想工作的意见》强调，思想政治教育工作需要把握好"长度""高度"和"宽度"三者的有机统一。所谓"长度"，是指育人周期长，育人过程需要做到静心养性。圆梦需要时间，成功需要积淀。而在交换生思想政治教育上，高校显然忽视了该项工作的"长度"，把它想得过于简单化。显然，目前的交换生思想政治教育在事前培训、事中引导以及事后跟踪这三个环节上还是做得相对不足，没有引起足够重视。

1. 出境交换前高校对短期针对性教育培训的忽视

首先，高校领导及有关部门重视力度不够。据第三章的调查显示，在问及"出境交换前，高校是否有进行安全培训"的问题中有 20% 的交换生回答"无"。在培训类型中，在交通出行培训方面，70% 的交换生接受过交通出行培训、34% 的交换生接受过防火防盗培训、14% 的交换生接受过反恐防暴培训，只有 9% 的交换生接受过防地震等自然灾害培训。由此可见，高校各部门重视不够，培训力度不足，使交换生出国学习在各方面存在隐患。

其次，需要各部门统筹规划。在涉及有关交换生出境培训的工作上，调查组曾经同负责交换生选拔的部门进行过访谈，如几所高校的国际交流处、教务处等。他们均表示，由于出境培训教育的内容种类繁多，涉及基本常识、意识形态、人身安全、国家文化、学分互换以及学习方法等多个方面专题，很难由学校某一个独立部门承担全部的任务，需要从学校宏观层面上统筹协调有关部门进行联合培训，这样效果会更好。

最后，对培训教育的主要内容把握不准，容易造成本末倒置。根据对有交换经历的学生群体访问的内容整理显示，每所高校对出境交换学生的培训

内容千变万化，差异非常大。如有些学校重视交换手续的业务培训以及专业学习方法培训，对出国之前的手续办理、交换过程中的学习交流记录、出国后的学分互换要求等程序性事项作了非常具体的要求；有些学校则侧重对出境国家的概况进行相关介绍，例如国家文化、国家历史进程、当地安全状况等。然而，大部分高校均忽视了意识形态安全的宣传教育，缺乏对西方国家价值观渗透、意识形态安全防范的警示和警惕，这恰恰是最关键的地方。因此，对培训教育的主要内容把握不准，容易造成本末倒置，甚至出现反效果。

2. 交换留学过程中高校对交换生思想的引导不足

交换生对所在交流的国家往往具有新鲜感和好奇感，加之年龄的特点和性格使然，容易接受西方国家的新事物和新观点，容易欣赏西方国家的物质先进性、科技发达、环境优越等，并对先进物器和科技有着强烈的认同和学习心态。同时，由于其知识结构的狭隘和有限，青年学生容易对西方国家和本国进行差异对比，并带着一定的观点偏见。他们认为，西式教育比中式教育要先进，"在美国，高等教育就是服务；在中国，高等教育就是管理"，等等。

以上的现象都需要国内高校对交换生进行一定的思想引导，提高其对中西方国家教育的客观分析能力、鉴别能力，以及防止境外不法团体渗透的抵御能力。然而，交换期间高校与交换生之间交流及对话机会非常少。据朱华、王丹的调查显示，在"交换期间是否与党组织保持联系"的选项中，70.7%的受访者选择"是"，29.3%的受访者选择"否"。出国（境）党员积极学习的愿望和参加党组织生活的渴求与当前无法有效开展党组织生活的现实形成了鲜明的反差。① 据在有保持沟通交流的学生群体中调查所得，双方沟通的方式一般都是电子邮件或微信等载体，而且频率大概维持在一个月

---

① 朱华、王丹：《高校出国（境）党员教育管理状况调查研究——以武汉大学为例》，《思想教育研究》2016 年第 7 期。

一次左右。这充分表明，国内高校对交换生交换期间的引导仍须加强。

3. 回国后缺乏反馈跟踪，无法对思想变化进行准确把控

回国后，很多高校并未对交换生出境期间的学生档案进行审查以及进行后续问卷调查和思想谈话，以便进一步准确把握交换生出境前后的思想变化。一般而言，大部分高校对交换生回国后的后续工作主要放在院校间就读专业的学分互换以及交换实践材料鉴定评分上，其他方面并未予以过多关注，尤其在学生的思想转变上，没有可量化的评定标准，因此，往往会对学生的发展留下更大的隐患。例如，有个别学生党员回国后已经悄悄信奉起西方比较流行的基督教，经过了西方宗教的"洗礼"，熟知宗教教义，并作为宗教的传播者在校园内传教，走上违反学校规定和党组织规定的错误道路。类似个案出现的原因主要还是高校对学生回国后的思想变化缺乏全面的评估和反馈，也没有建立起一套操作性强的思想鉴定评估机制，致使学生的思想没有得到及时的矫正。

总体而言，我国相关部门及高校均对交换生培训教育未予充分重视。培训资源和人力团队建设投入有限等都成为交换生思想政治教育成效未如理想的重要因素。从交换生的事前核查和教育、事中跟进、事后对接这三个方面上看，应建立一套适用于交换生的特色思想政治教育体系，从交换前集中培训体系、交换中思想政治教育引导体系以及交换后跟踪反馈机制三方面着手加强。

（六）个性困境：交换生个人思想及规划发展不够明朗

首先，随着时代的发展和国际合作化程度的加强，交换生趋向个性化发展的特点愈加明显。他们当中不少人都表明希望通过出国（境）交换来提高自己的就业竞争力或者求职资本，务求在境外交换期间能够接触不同的思维方式、学习方式或者生活方式，来进一步决定以后的人生规划。可以说，交换生大多数是本科二、三年级的青年，他们的思想没有完全成熟，人生处于探索期或者成长期，个人规划没有完全定下来，但大多数人都有日后出国

就业或者进修的打算，他们本身认为"外国的生活方式或学习模式更适合他们"。

其次，在出国（出境）交换生的构成比例当中，只有少数人出国前是中共党员或预备党员，另外，出国的交换生群体中本身学习成绩不好、思想水平有待提高或者纪律性较散漫的也会占一定比例，因此，交换生个人思想的成熟性以及未来规划的方向等也会对高校开展境外思想政治教育工作带来潜在的负面影响。

最后，人本理念是个性化时代社会的普遍追求。随着以人为本的政治理念不断深入人心，人的自由而全面发展也越来越受到社会的普遍重视。从某种程度上说，在交换生们的价值体系中，爱国主义、集体主义的观念在现实中已经受到极大挑战。这种观念在交换生的思想中尤其常见。

三、我国高校交换生思想政治教育困境的影响

交换生赴对象国留学期间引发的一系列思想政治教育困境，既有对象国意识形态严格管控的客观原因，也有交换生本人在多元文化冲击下的主观原因，容易出现交换生对党组织和党员身份认同度下降、对国家和民族认同度下降，削弱交换生对国家建设的信心和共产主义理想信念，使他们在道德选择和价值判断方面容易出现偏差。

交换生对党组织和党员身份认同度下降。对交换生党员管理和教育的弱化所产生的不良及负面影响主要有以下两个方面：（1）交换生党员对党组织和党员身份的认同度下降。交换生在出国境之后受到对象国意识形态的约束和管控，例如美国有一系列法律规定不允许其他国家的政党活动，部分高校在交换生中建立临时党支部的做法曾被外媒大肆渲染，客观上造成了境外学生党员管理的困境。很多交换生党员在境外交流期间反映不知道怎么履行党员义务或上交思想汇报，也无法通过有效途径获取党组织活动信息，由此产生一系列的个人对党员身份的认同度下降的问题。（2）交换生党员履行

党员义务和责任的积极性降低。由于意识形态的差异和资本主义国家制度的规定，一般情况下，交换生奔赴各国留学，所在对象国的法律不允许交换生开展相关的政党活动，主要是指党组织机构的建立和支部活动的开展。因此，对于交换生的党员考察失去了党支部的有效管理，也没有民主生活会的批评与自我批评的约束。失去制度的约束以及环境氛围的淡化，均使个人的责任感下降，甚至产生"质变"。由于脱离高校党组织氛围的时间过长，加之制度约束的压力轻，履行党员义务和责任的积极性也就随之降低了。

交换生对国家和民族的认同度下降。在境外大学生交换期间，以爱国主义为核心的理想信念教育处于真空状态。当今时代的大学生都是成长于以和平与发展为时代主题的社会大环境里，随着交换的时间长了，在境外环境里的生活久了，爱国主义的观点随之变得淡薄。交换生思想政治教育的匮乏和不足，直接导致一些大学生国家认同弱化，对国家、社会和人民缺乏高度的责任心，在对待一些较为敏感的政治问题时，政治立场不坚定，容易受资本主义国家及周边消极态度的影响，心理上呈现一种困惑、迷茫、多变的趋势。可想而知，在如此纷繁杂乱的西方思潮的冲击下，出国后受到西方文化剧烈冲击导致价值观与立场出现偏差，少数境外交换的学生在一些大是大非的问题上缺乏敏感度和鉴别力，"民族意识""爱国主义"这八个大字也离他们越来越远，令他们的政治信仰动摇的情况就有可能出现。

交换生对国家建设的信心和共产主义理想信念进一步削弱。2012年11月17日，习近平同志在十八届中共中央政治局第一次集体学习时指出，理想信念就是共产党人精神上的"钙"，没有理想信念，理想信念不坚定，精神上就会"缺钙"，就会得"软骨病"。某些交换生在交换期间面对与社会主义国家截然不同的经济生产、生活方式、学习模式以及西方文化，心底里会对社会主义国家建设的未来和奋斗的愿景提出疑问甚至质疑，会产生不同程度的摇摆，出现理想信念不坚定的现象。（1）交换生对社会主义国家建设前景的信心弱化。西方资本主义先进国家的学习方法、管理方式以及思维模式可能会让某些"初出茅庐"的交换生感到惊叹和崇拜，这使他们产生

"西方先进国家优于社会主义国家"的思想错觉，从而对社会主义国家建设的前景感到渺茫，甚至丧失信心。另外，西方资本主义国家鼓吹马克思主义过时论，这种错误的言论动摇了一部分交换生的社会主义理想信念，对国家建设的模式和道路提出质疑，加之盲目地崇拜西方资本主义文化，这些都会使得一些境外交换的大学生对社会主义国家建设前景产生悲观的看法。（2）交换生为共产主义奋斗的理想信念削弱。西方资本主义国家利用先进的技术手段，出现更加隐蔽的渗透方式，资本主义国家的意识形态利用经济全球化的趋势来掩盖、模糊社会主义和资本主义在意识形态上的差别，西方发达资本主义国家利用经济全球化下公平竞争的方式，通过平等对话、经济文化交流、慈善等方式来加强思想意识的渗透，借助网络技术、报纸、杂志等宣扬西方的价值观念，歪曲社会主义，企图从精神文化层面消解人们的社会主义主流意识形态，进而颠覆社会主义制度。① 这些对交换生的意识形态领域造成了不良的影响，侵蚀着大学生的头脑，导致某些大学生理想信念表现出不稳定、多样化的特点。

综上所述，交换生在交换期间就进入了一个高等教育国际化的阶段，无论是专业学习还是课外实践，都体现出与国际接轨的程度高的特点。这意味着世界不同地区、不同国家、不同民族的文化思想、价值观念相互碰撞、相互融合，也必然会对交换生的人生观、道德观产生一定的影响。因此，交换生思想政治教育的管理困境、文化困境、媒介困境、政治困境、过程困境和个性困境横亘于教育全过程之中，并造成了负面影响，需要引起高校和德育工作者的高度重视，探索交换生教育管理的有效途径和办法，形成人才培养的良性循环。

---

① 田梅：《多元文化背景下大学生理想信念教育研究》，中北大学硕士学位论文，2014 年。

第六章

国外高校交换生思想政治教育现状

——以印度和美国为例

在全球化的浪潮中，教育走向国际化已经成为各国政府的共识，派出留学生教育也成为各国高校的常态。不同的国家政府与高校在意识形态领域如何对交换留学生进行思想政治教育是我们本章着力探讨的问题和重点。笔者选择了印度和美国两国的交换生价值观教育来作为我国交换生思想政治教育的参照和借鉴，找寻我国高校在交换生思想政治教育中存在的问题并提出作出改进的方式方法，对推进我国教育国际化的进程，具有一定的现实意义。

第一节　印度高校交换生价值观教育状况分析

印度是发展中国家的"金砖五国"之一，近年来该国经济高速发展，高等教育不断改革创新。印度现有3万多所高等院校，其中顶尖的印度理工学院和印度管理学院在世界排名靠前。印度政府和高校加强了大学生国际化的培养，每年派出大批学生奔赴世界各地交换留学，从而推进了印度高等教育的国际化进程。研究印度高校国际化人才培养，成为我国交换生思想政治教育的有力观照。印度与中国高等教育发展并互为镜像，取长补短，从战略高度来比较两国之间高等教育人才培养有着深刻的理论意义和现实意义。

一、印度高校学生境外交换留学的现状与特点

印度与中国同为四大文明古国，其历史源远流长，有其独特的历史文化渊源和现实境遇。印度近代以来，曾有过长达百年的殖民历史，之后经过甘地领导的非暴力不合作运动而独立成为民族国家。殖民时代遗留下来的文化心理结构依然深深影响着印度高等教育的进程与发展。印度高等教育国际化人才培养有其独特的历史文化和现实的因素的影响。

虽然印度国内存在尖锐的种姓制度所造成的社会矛盾和复杂的宗教问题，但印度教育成为打破阶层壁垒人才流动的重要途径。因此，印度高等教育一直受到各阶层民众的重视。1857 年，英国殖民政府根据《马考利备忘录》《伍德文告》两份政策文件精神，开始建设印度的 3 所大学。直到 1882年，建立了 4 所大学、67 所学院。到 1965 年，印度全国共有 2370 多所大学和附属学院。① 到 2016 年，印度全国有 799 所大学，39071 所附属学院，11923 所高教机构。其中 277 所私立大学、307 所大学位于农村地区。② 印度高校飞速发展，既有自身发展的原因，也是因为接受了联合国教科文组织和其他国际组织与国家的教育援助。20 世纪 90 年代以后，印度政府和高校积极转变在国际交流与合作中的被动位置，主动开拓海外市场进行国际合作办学，鼓励师生参加国际组织及合作交流项目，促进师生人员的国际流动等。印度政府和高校一系列国际化的政策和措施、频繁的国际交流与合作使印度高等院校培养出一大批具有国际视野、能够参与国际竞争的复合型人才。尤其是像印度理工这样顶尖的高校，获得了很多国际交流学习的机会，而学生展现出来的活跃的创新思维和理念，很快就适应了欧美各高校的人才

① 数据转引自刘婷：《印度高等教育国际化历史、现状及特点》，《世界教育信息》2016年第 18 期。

② *All India Surver on Higher Education*（2015–2016），Ministry of Human Resource Development Department of Higher Education，New Delhi，2016.

培养的目标，非常具有国际竞争力。

根据印度最新发布的《2016 年印度学生流动性报告：从印度与全球看最新趋势》数据显示："从印度出国的国际学生在 2015 年超过了 350000 人，增长的势头越来越猛，这些留学生前往的目的国家前五位分别是美国、加拿大、澳大利亚、英国和新西兰，比 2014 年增长了 12.6%。印度是国家教育市场上仅次于中国的第二大国。"① 可见，印度学生的国际流动数量非常大，大学生出国留学非常普遍，而且形式多样。该报告也指出 2015 年在美国，来自印度的国际学生人数将近 133000 人，占美国国际学生市场的 13.6%。另外，2015 年，印度学生留学中国人数比 2014 年飙升近 23%，达到 16694 人，这一数字接近去英国留学人数的 18320 人。而赴德国留学学生数量增长 24.3%，达 11655 人，这意味着超过了赴俄罗斯留学的人数。鉴于德国提供的高等教育成本较低，为学生减免各项学费或提供生活费，赴德国留学的印度学生会越来越多。② 印度高校大学生国际流动具有以下优势。

印度大学生对英语的精通和把握。印度官方语言是英语，大学采用英语教学，大学生用英语进行思考思维，与世界各地的英语国家的师生顺畅交流，基本无语言障碍。从殖民时代建成的大学开始，印度各高校采取英语来授课与教学，英语是官方的语言，学生从小学开始，学校对其进行英语授课，学生也用英语来思考、分析和解决问题。精通英语，通晓国际商务，能够与西方进行直接的对话和沟通，这是印度高校培养出来的人才的优势之一。

开放的制度使印度大学生更易于与西方交流。印度高校思想自由、制度开放以及对宗教宽容的态度，印度对待网络媒体宽容无壁垒的态度，大学生可以查阅、接收到第一手的国外科研创新资料，更容易与西方互动交流。印

---

① *Indian Students Mobility–Latest Trends from India and Globally*：*MMA*（2016），M. M Advisory Services.

② *Indian Students Mobility–Latest Trends from India and Globally*：*MMA*（2016），M. M Advisory Services.

度顶尖大学的精英学生优秀的品质和素质使他们容易在国际化竞争中脱颖而出。而国内竞争激烈，大学生就业率低的现实情况，迫使精英大学生更加努力，主动适应国际化挑战，在国际交流中更快成长成才。

另外，印度高校国际化程度发展不平衡、种姓制度以及宗教观念对印度境外交换留学生的思想教育产生负面影响。

印度高校国际化程度发展不平衡。印度的高校分为政府教育机构、政府给予补助的私立教育机构和私立未受政府补助的教育机构。① 印度高校现有大学生 2000 多万人，高等教育复杂程度堪称世界之最，其人才选拔和社会阶层分布密不可分，无法像中国一样通过考试实现"分数面前人人平等"。教育结构呈现出"倒金字塔"结构，基础教育薄弱，高等教育发展快速；顶尖的高校很优秀，塔底的高校畸形发展；公立高校门槛极高，万里挑一难以进入，而私立高校四处开花，良莠不齐。公立高校与私立高校发展不平衡，成为制约印度高等教育的国际化人才培养的重要原因。

种姓制度对印度高等教育国际化的影响。印度高校发展不平衡，有着印度独特的社会结构和社会矛盾原因。首先，印度社会是由以种姓制度为基础的社会阶层构成，分为婆罗门、刹帝利、吠舍、首陀罗四个等级，不同种姓之间不能交往，不能通婚，等级森严。虽然 1947 年印度独立后宣布废除种姓制度，但是在实际的社会生活运作中，种姓制度仍然扮演着相当重要的角色。"印度政府为社会底层受压迫和歧视的阶层'表列种姓'和'表列部族'保留了一定比例的高校入学名额，从而为维护教育的公平发挥一定的作用。"② 如果大学在招生过程中，没有合理分布容易激化不同阶层之间的矛盾。而在大学实际运作中，由于种姓制度和复杂多元的民族，很难做到统一思想，统一教学方法，甚至统一教材，制定的各项政策方针措施，难以落实的情况经常发生。这种复杂的情况影响了印度高校学生的思想教育，导致

---

① 吴晓黎：《国家、公民社会与市场——以印度教育领域为例》，《广西民族大学学报（哲学社会科学版）》2008 年第 1 期。

② 安双宏：《印度教育战略研究》，浙江教育出版社 2013 年版，第 23 页。

部分高校大学生的价值观教育或是道德教育停滞不前，落实不到位。

宗教因素对印度高等教育国际化的影响。印度是有着丰富的宗教资源的国度。印度人民信奉印度教、耆那教、佛教、基督教等宗教。印度人认为精神比物质重要，没有宗教无法生存，他们对精神的需求远远超越了物质上的，宗教就像水和空气一样重要。他们重视宗教的精神力量。印度人受宗教的熏陶，心灵宁静平和，相信世间轮回和福报。虽然印度国内贫富悬殊，种姓制度复杂，但是因为宗教原因，能够保持大致的稳定。宗教的熏陶也塑造了印度大学生平和包容的心态。但是，从高校的思想教育而言，大学生有着不同的宗教信仰，不同教派之间的理念和教义的差异使得大学生对于价值观和道德的理解大相径庭，源于不同宗教形成的思维定式和心理结构不同。因此，高校制定大而化之的大学生思想教育的方针政策，有可能因为学生宗教的差异和不同的理解导致政令倒挂，无法贯彻执行。

二、印度高校交换生价值观教育的现状

由于意识形态和国情的差异，印度政府和高校对大学生的思想引领主要是价值观教育，或称之为道德教育。该国的交换生价值观教育分为出国前的教育和出国中的教育。出国前的价值观教育由高校来实施，包括爱国主义思想教育、道德教育、宗教教育、社会实践教育等。境外留学生或交换生出国中的价值观教育由印度政府尤其是外交部派驻到各地的使领馆来实施，使领馆组织各种文化学术教育交流活动，加强留学生之间的沟通和联系，重视海外印度人的思想工作。

印度有其特殊的文化历史传统和国情，其交换生或留学生出国前的价值观教育包括爱国主义教育、宗教教育、道德教育、社会实践教育等四个主要环节。这四个环节并不是割裂的单一的部分，而是互相渗透、相辅相成的整体。隐性教育成为价值观教育的主要方式。而印度高校针对海外交换生的价值观教育，并没有开设特别的通道和课程，而是在交换生出国以前通过各类

的专业课程和实践课程将价值观和道德教育包括爱国主义教育渗透其中。印度交换生价值观教育是在普通的课程之中间接地渗透，而不是像中国的思想政治教育课程那样直接地灌输。价值观教育或是道德教育在各门学科和课程中必不可少地隐性存在，而那些传统的文化、历史、宗教、哲学课程更是强化了交换生对印度传统文化和民族国家主流价值观的认同。

（一）爱国主义教育

任何一个国家主流的意识形态都必须对其国民进行以爱国主义为核心的政治教育。印度以民族主义为核心构建的爱国主义比较复杂。主要有两种，一种是国家层面的民族主义，一种是国内各种次民族主义。印度在殖民地时期是由 32 个邦构建而成的国家，不同的邦之间有不同的语言、文化和传统。本尼迪克特·安德森《想象的共同体——民族主义的起源与散布》认为，民族归属或者民族的属性以及民族主义，是一种特殊类型的文化人造物，民族是一种想象的政治共同体——并且，它是被想象为本质上有限的，也享有主权的共同体。[①] 印度从殖民地时代以甘地为代表的领袖开始建构印度的民族意识，并在赢得独立之后仍然继承这些意识，着力建构全民的共同体意识。具体说来，就是国家层面的民族主义即公民民族主义，强调国家统一和民心凝聚，表现为"印度人意识"和印度的大国梦想，强化印度人对国家的认同感。印度国内基于宗教、语言和地区不同的民族主义则是次民族主义，有着不同的利益诉求。号称世界上最大的"自由民主"国家的印度国内意识形态情况是复杂多样的，貌似统一实则分裂的状况时有发生。印度国内多民族之间也有各自的利益和诉求，容易引起不同民族之间的冲突和宗教冲突，甚至引起地方暴动与内乱。因此，印度政府和高校强调的是民族融合的政策，同时也塑造了国家共同体，宪法明确规定："在人民中间提倡友爱

---

① ［美］本尼迪克特·安德森：《想象的共同体——民族主义的起源与散布》，吴叡人译，上海人民出版社 2016 年版。

以维护个人尊严和国家的统一和领土完整。"

因此，在加强爱国主义教育方面，印度各大高校和学生会组织大学生参观各种标志性建筑和历史文化遗址，在各种传统宗教和文化节日中组织各种庆典活动来增强对国家和传统文化的认同感，增强大学生的爱国意识。印度法院规定，在每一场电影播放之前，全体观众必须起立奏唱国歌，通过唱国歌的仪式来形成对国家的认同。总之，印度政府和高校对大学生加强了以国家民族主义为核心的爱国主义教育，旨在唤醒大学生的民族自豪感和凝聚力，从而激励大学生为印度国家和社会服务，从而打造团结向上的印度国家形象。

（二）价值观（道德）教育

印度1986年《国家教育政策》（1992年修订）第八部分"价值观教育"明确规定："人们日渐关切基本价值观念的衰落和社会上不断增多的愤世嫉俗的状况，这就需要重新调整课程，以便使教育成为培养社会价值观念和道德价值观念的有力工具。在我们这个文化多元的社会中，教育应该以我们人民的统一和融合为目标，培养普遍的和永恒的价值观念。这样的价值观教育应该有助于消除蒙昧主义、宗教狂热、暴力、迷信和宿命论。除了这个积极的作用，价值观教育具有一种深远的、积极的内容，这种内容是以我们的遗产、国家的目标和普遍的认识为基础的。价值观教育应该把重点放在这个方面。"①

由此可见，印度的价值观教育首先是把国家的统一与人民的融合摆在首位，着力培养永恒的价值观，这些价值观体现了印度的文化思想传统。而在高校大学生思想政治教育中，强调继承优秀的道德文化传统，尤其是从印度教的历史渊源中提炼出来的"非暴力""尊重宗教""消除蒙昧和宗教狂热""欣赏其他文化价值""反对迷信、暴力和宿命论"。而在相关大学生价

---

① 原文资料来自印度人力资源开发部官方网站。

值观的教育中，不少有识之士也提出反对西方物质至上、金钱万能的拜金主义思想对青年大学生的腐蚀，要回归到传统价值观之中。

如果把印度的价值观放在全世界来看，印度人持有这些优良的文化价值传统，能够很快被其他民族国家所认同。也就是说，印度交换生或留学生的价值观中的非暴力、尊重宗教、包容等道德价值观，容易被第三国的他者所接受。正因如此，印度留学生或交换生毕业后在欧美国家很容易站稳脚跟，他们通常很容易通过接受高等教育成为体面的律师、医生。因此，印度优秀的交换生或留学生良好的道德素质使其在国际化竞争中非常容易融入其他国家的文化和社会，从而更好地创新科技和创造价值。

（三）宗教教育

印度宪法第二十五条第一款规定，良心自由与信教、传教和参加宗教活动的自由。第一款除受公共秩序、道德和健康以及本篇其他条款之外限制外，一切人皆平等享有良心自由与信教、传教和参加宗教活动之权利。因此，宗教在印度可以广泛地讨论，上文已经叙述宗教对于印度国民的重要性，此处不再赘述。但是必须强调一点，宗教教育依然是高校思想政治教育非常重要的一环。印度人也认为有宗教信仰的人，内心才有信仰，心灵才能趋向平和，心态才能更加包容，对世间的万事万物才会抱有欣赏的态度，从而也缓和了印度贫富悬殊的阶级矛盾。由于印度国内教派繁多，易发生宗教冲突，如国内印度教徒和伊斯兰教徒的冲突经常发生，印度政府加强了大学生对于宗教共存意识的教育，让学生意识到每种宗教的基本观念是共同的，学会包容不同宗教之间的共存，对任何宗教心存善意。

（四）社会实践教育

印度交换生在出国前接受与普通大学生一致的社会实践教育。自古以来，印度社会普遍存在鄙视劳动的观念。劳动一直被高等种姓视为卑贱的行为，在低等种姓和贱民看来，劳动作为"下贱职业"而理所当然地成为自己的工作。为了增强大学生的劳动意识，印度政府在大学生中开展的"国家服务计划"，发起了全国范围内的高校参加社会服务和发展工作的运动。该项计划的目的是使大学生认识到自己肩负的社会责任，确立为社会和国家服务的意识。同时，大学生也获取了集体生活和工作的经验。

而另一方面，印度高校非常重视交换生的社会实践能力的培养。以印度理工为例，该校与欧美著名高校接轨，注重培养交换生的国际视野，与国际组织、欧美的高校进行学生的联合培养来锻炼提升学生的实践能力和水平，每年派出大量交换生前往欧美学习，其人才培养模式以提升学生"就业—创业"能力为核心目标，注重实践性教学，强调培养学生动手操作能力，坚持专业性与综合性相结合。而印度其他高校也在逐渐将学生的社会实践能力的培养放到重要的位置。

就印度交换生本身而言，印度国内居高不下的失业率也使交换生意识到必须不断提升个人的实践能力，才能找到理想的工作甚至向国外发展。还有一个客观的原因，印度交换生或留学生大多申请国家教育贷款进行海外学习或交流，他们承担了很大的经济压力。因此，印度交换生或留学生必须尽快适应社会并找到工作才可能尽快还清贷款。

以上四种价值观教育是印度政府与高校对交换生价值观教育的内涵。而印度在高等教育国际化的进程中，对海外留学生在出国前的道德和价值观的教育充分而且不遗余力，但是缺乏出国之后的后续思想教育。印度政府和高校也采取了一系列的措施推进人才培养的国际化，他们进一步加强国际交流与合作，推进人才的国际流动，推荐教师海外交流学习计划，调整学科结构，构建国际化课程体系。印度高校在课程设置、师资配备、教材选用方面，尽量做到与欧美著名大学同步。

三、对印度高校交换生价值观教育的反思和借鉴

虽然印度对于交换生价值观教育较为重视，但是并未达到预期的效果，

反而存在严重的人才流失情况。对印度价值观教育存在的问题进行反思和借鉴，笔者认为中国高校必须加强交换生的民族、国家认同感和文化自信教育，培养社会主义可靠的接班人。

（一）对印度高校交换生价值观教育的反思

印度高等教育近年来国际化进程发展迅猛，在人才培养方面积累了许多成功经验，但是印度高校交换生价值观教育存在的问题值得我们反思。一方面，印度高校交换生依托校友会或海外基金会的力量，毕业后在欧美发展迅速。如印度理工学院等高校学生出国交换的往往是哈佛大学、麻省理工学院、普林斯顿大学等，毕业后就业起点非常高。硅谷许多工程师来自印度，他们以高度适应性、吃苦耐劳和分析能力强深得业内好评。另一方面，印度高校交换生价值观教育并没有达到预期的效果，其最主要的问题就是人才流失。印度政府和高校对交换生疏于管理，没有对交换生或留学生进行系统的深入人心的思想教育，直接导致"人才流失"，也间接导致本国的建设和发展因为人才的缺失而停滞不前。其原因非常复杂，主要有两点：（1）印度落后的经济条件、复杂的国情和国家治理不能提供好的工作岗位和薪酬待遇，导致大量留学生和交换生外流。印度大学生失业率惊人，大量普通高校毕业生找不到合适工作。而大部分高校交换生完成学业之后，如果能在发达国家找到工作或定居，则返回印度的较少。部分学生在事业有成之后对国内贪污受贿严重的现实、官僚主义的体制以及落后的基础设施和脏乱的环境望而生畏，从而停止回国工作的脚步。（2）印度各邦（省）对高校的管理、各高校对交换生的管理各不相同。各邦（省）政府和高校采取宽容的态度对待大学生出国，对交换生或留学生疏于管理，没有对交换生或留学生进行深入人心的建设国家、振兴印度的思想文化教育和组织动员，使印度成为西方国家源源不断的人才输送国。

印度前总理拉吉夫·甘地曾说："一个科学家、工程师或医生在50岁或60岁回到印度，我们也并没有失去他们。我们将因他们在国外获得经理职位或成为富翁而自豪。因此无需将此看作人才流失，而应视为智慧银行在积聚利息，等待我们去提取。所以我们应培养不仅能在印度工作，也能为世界工作的人才。"① 这种"银行存储论"对人才外流包容的态度在印度成为移民的主流思想。殖民时期留下的对欧美发达国家的仰慕与追随的殖民心态，包括印度人以成为"英国人""美国人"为荣，为交换生海外就业和移民奠定了社会思想基础和文化心理定势。印度境外留学交换生认同和拥抱了西方的文化观念，积极融入西方发达国家社会、文化与生活。虽然印度每年都有不少人士发表文章讨论人才外流的问题，但是在目前的经济和文化背景下，大量印度境外留学交换生从印度走向发达国家的趋势并没有改变。

（二）对印度高校交换生价值观教育的借鉴

中国和印度境外留学交换生思想教育可以互为镜像、互为借鉴。首先，印度交换生的教育和管理中重视境外社会的创新与实践值得借鉴。印度高校注重从校友团体中汲取力量，积极与国外院校、科研机构和各大企业联系，派遣国际交换生参与各种社会实践，以创新创业为导向，培养"实践—创新"型人才。这值得我国学习和借鉴。其次，印度出现的"人才流失"前车之鉴也警示我国必须重视交换生的思想政治教育，弘扬以爱国主义为核心的民族精神和以改革创新为核心的时代精神，增强交换生的民族国家认同感和文化自信，弘扬社会主义核心价值观，把交换生培养成为社会主义事业可靠的接班人。

印度理工学院交换生的状况是印度高等教育塔尖学生流动国际化的缩影。虽然印度理工引以为傲，但其流出该校的交换生只有博士生，没有本科生。作为大学生交换流动的"出口大户"，其弊端是不言而喻的。② 印度人才培养的国际化流动促进了欧美尤其是美国的科技创新和社会发展。作为印

---

① 刘筱：《印度工程技术教育发展研究》，西南大学硕士学位论文，2012 年。
② 程星：《大学国际化的历程》，商务印书馆 2014 年版，第 295—297 页。

度的国家利益，不可避免地受到损害。虽然中印两国经济环境、国家体制、社会制度和文化传统等方面情况迥异，而出现这种状况除了国家的物质经济条件、社会制度和环境外，更深层次的原因是交换生对国家认同和文化自信。

因此，中国高校应加强交换生以"道路自信、理论自信、制度自信、文化自信"的四个"自信"为内涵的思想政治教育，尤其是文化自信教育。习近平总书记指出："文化自信，是更基础、更广泛、更深厚的自信。在5000多年文明发展中孕育的中华优秀传统文化，在党和人民伟大斗争中孕育的革命文化和社会主义先进文化，积淀着中华民族最深层的精神追求，代表着中华民族独特的精神标识。"① 文化自信不是一般意义的教育内容，而是出于核心地位、触动灵魂层面的教育内容。如果不联系中国社会的过去、现在和未来，缺乏深厚的历史土壤和深沉的文化底蕴，难以走进交换生的心灵深处，就不能真正根植于交换生的精神世界，流于空泛和肤浅，教育意义也就大打折扣。

另一方面，在中国经济发展巨大腾飞的背景之下，中国政府和高校出台了各种政策、制度、举措，输送优秀人才出国进修，吸引国际化人才不断回流。中国政府实施引进海外高层次人才的"千人计划""青年千人计划""万人计划"等，通过各种待遇、资金、实验室平台去吸引人才回流，引进高层次创新创业人才。令人可喜的是，近年来大量海外优秀人才返回中国发展，中国也迎来了人才流动的"回国潮"。

习近平总书记2016年在全国高校思想政治工作会议上强调："我们对高等教育的需要比以往任何时候都更加迫切，对科学知识和卓越人才的渴求比以往任何时候都更加强烈。"② 我国高等教育"培养什么人""如何培养人"以及"为谁培养人"一直都是思想政治教育工作者的核心问题。我国高校

---

① 《习近平谈治国理政》第二卷，外文出版社 2017 年版，第 36 页。
② 《习近平谈治国理政》第二卷，外文出版社 2017 年版，第 376 页。

大量派出交换生学习和交流，让学生与世界各地的精英交流和思想碰撞，使学生更快更好地成长成才。各国大学之间人才培养竞争愈演愈烈，对青年大学生的争取其实是对未来的抢占先机。因此，我国政府和高校一定要加强交换生关于中国特色社会主义的道路自信、理论自信、制度自信、文化自信的思想政治教育，这四个自信作为一个有机整体，关系事业发展的方向和未来，关系中华民族伟大复兴中国梦实现的路径和保障。总之，加强对交换生的思想引领，使交换生坚持中国特色社会主义的道路自信、理论自信、制度自信和文化自信的工作任重而道远。

第二节　美国高校交换生思想政治教育现状及借鉴

作为高等教育国际化的倡导者，美国凭借其在高等教育领域显著的优势吸引了来自全球各国的留学生。在大量外籍学生赴美留学的同时，美国政府近年来也不断加强政策与经费扶持力度，鼓励美国大学生到海外交流学习。美国《2016年门户开放报告》[①]（Open Doors Report）数据显示，2014—2015学年，到国外学习的美国大学生超过了31万人，创历史新高。

作为高等教育最为发达的国家之一，美国在境外留学生的管理与教育方面有着先进的理念和方法。研究美国高校对交换生的教育与管理，对我国高校教育者具有借鉴和参考意义。

一、美国高校学生出国留学的状况及特点

作为英国曾经的殖民地、欧洲移民居多的国家美国，其高等教育经历了

---

① 除特殊标注外，本节统计数据均来自美国《门户开放报告》。

起步、发展、腾飞的历程。在其奠基阶段（17 世纪至 19 世纪），美国就不断派出留学生到英、德等国学习。进入 20 世纪上半叶，在国际教育协会等社会组织和洛克菲勒等基金会的共同作用下，美赴欧留学生人数不断增加。第二次世界大战后，为维护和扩大国家利益，美国政府对美国高等教育国际化进行了战略规划，通过制定《富布莱特法案》（*Fulbright Act*）、《国际交流法》（*International Exchange Act*）、《国家安全教育法》（*National Security Education Act*）等一系列法案法规，以及设立富布莱特项目（*Fulbright Program*）和吉尔曼国际奖学金项目（Benjamin A. Gilman International Scholarship Program）等，大力支持本国学生赴国外留学。美国学生出国留学的人数在此时期有了较大幅度的提高：1965—1966 学年，美国出国留学的学生人数为 18000 人，而到了 1989—1990 学年，则有 70727 名美国学生获得美国高等教育机构的认可，并通过相关合作资助项目赴国外学习。[①]

尽管如此，与美国巨大的大学生基数相比，美国高校出国留学生的比例直到 20 世纪末，依旧处于非常低的水平，本科生出国学习比例为 3%，出国学习总人数（包括本科生、硕博研究生）占在校学生总人数比例不足 1%，留学国家也基本上限制在几个传统国家内，留学专业则压倒性地限制在人文和社会学科专业，只有少量学生开始选择种族研究和经济类专业。[②]

进入 21 世纪后，为不断提升美国的国际领导地位和竞争力，美国政府实施了高等教育"全面国际化"战略，加大对高等教育国际化的政策扶持与资金支持力度，注重促进国际教育交流"引进来"与"走出去"的均衡性，鼓励美国高校学生赴国外交流学习，美国高校学生出国留学生人数从此有了稳定的增长。

2004 年 1 月，美国成立了亚伯拉罕·林肯海外留学委员会（Commission

---

① 吉兆麟、钱小龙：《21 世纪美国高等教育国际化新动向》，《南通大学学报（哲学社会科学版）》2013 年第 1 期。

② Fred M. Hayward, *Internationalization of U. S. Higher Education Preliminary Status Report*, American Council on Education, January, 2000.

on the Abraham Lincoln Study Abroad Fellowship Program）。该委员会负责制订美国学生海外留学的国家发展战略，于 2005 年 11 月发布了《全球竞争力与国家需要：100 万美国人出国留学》（*Global Competence & National Needs：One Million Americans Study Abroad*）（又称《林肯计划》）的报告。该报告构建了百万学生留学海外的宏伟蓝图：政府自 2007 年起拨款 5000 万美元启动新的留学资助项目，通过每年追加资金，使海外美国留学生人数在 2017 年达到每年 100 万人。为促使《林肯计划》的顺利实施，2009 年美国参议院颁布了《2009 年参议员保罗·西蒙留学基金法》（*Senator Paul Simon Study Abroad Foundation Act 2009*），将海外留学教育正式确立为美国大学教育的一部分。

除上述政策外，美国政府还加大对传统国际交流项目——富布莱特项目（Fulbright Program）的资助力度，并于 2000 年为本科生设立了本杰明·吉尔曼国际奖学金（Benjamin A. Gilman International Scholarship）。本杰明·吉尔曼国际奖学金以在校优秀的弱势群体学生为主要资助对象，为他们提供获得学分或非学分的海外学习机会，以及以就业为导向的海外实习或短期游学资助，增强学生的国际参与度。2017 年，美国国务院本杰明·吉尔曼国际奖学金项目计划为近 2900 名本科生提供最高 8000 美元奖学金，支持他们出国留学或实习。自 2001 年启动以来，该奖学金已为来自美国 1100 多所院校的 22000 名学生提供奖学金，留学目的国或地区数量超过 140 个。截至 2014 年 9 月，本杰明·吉尔曼国际奖学金已向来自 1100 多所美国高等学校的弱势群体大学生颁发了近 17000 份奖学金，这些弱势群体大学生在该项奖学金的资助下奔赴全世界 140 多个国家和地区学习。①

在一系列政策的推动下，美国高校学生出国留学人数不断增加，出国留学目的地范围也由原来的以英国、西班牙等西欧国家为主扩大到亚洲、拉丁

---

① 李琦：《Airbnb 资助美国国务院奖学金项目支持学生赴华留学》，《世界教育信息》2017 年第 9 期。

美洲、非洲等国家和地区。

（一）出国留学人数不断攀升

《门户开放报告》历年统计数据显示，进入 21 世纪后，美国高校出国留学人数不断增加，留学人数占美国高校学生总人数比例也不断提高（如表 1 所示）。

表 1   2000—2015 年美国高校学生出国留学总量及其变化情况

学　年	出国留学生总人数（万人）	年度增长比例（%）	美国高校学生总人数（万人）	出国留学生所占比例（%）
2000—2001	15.4168	7.4	1531.2	1
2001—2002	16.0920	4.4	1592.8	1
2002—2003	17.4629	8.5	1661.2	1.1
2003—2004	19.1321	9.6	1691.1	1.1
2004—2005	20.5983	7.7	1727.2	1.2
2005—2006	22.3534	8.5	1748.7	1.3
2006—2007	24.1791	8.2	1767.2	1.4
2007—2008	26.2416	8.5	1795.8	1.5
2008—2009	26.0327	-0.8	1826.4	1.4
2009—2010	27.0604	3.9	2042.8	1.3
2010—2011	27.3996	1.3	2055.0	1.3
2011—2012	28.3332	3.4	2026.5	1.4
2012—2013	28.9408	2.1	2125.3	1.4
2013—2014	30.4467	5.2	2121.6	1.4
2014—2015	31.3415	2.9	2030.0	1.5

过去 15 年间，美国高校出国留学人数由 2000—2001 学年的 154168 人，上升至 2014—2015 学年的 313415 人，留学人数增长了 103%，平均年增长率达 6.88%。美国高校出国留学的学生数占美国高校学生总人数的比例也相应提升：由 21 世纪初的 1%，上升至 2014—2015 学年的 1.5%。目前，

美国每 1000 个在校本科生中就有 15 个在毕业前有过出国留学经历。

（二）留学目的地范围不断扩大

15 年以来，美国高校学生留学的目标国由原来以少数的西欧国家为主，逐渐扩大到亚非拉等国家和地区，留学目的地范围不断扩大，趋向多元化态势。21 世纪初，美国超过 63% 的留学生以欧洲为主要目的地，其中绝大部分选择到英国、意大利、西班牙、法国等西欧国家留学；而在 2014—2015 学年，美国高校学生赴欧洲留学的比例下降至 54.5%，而赴亚洲、非洲、拉丁美洲等地区的总人数比例上升 33%，其中中国、哥斯达黎加、日本等国家受到美国学生青睐，吸引力不断增强。

以中国为例（见表 2 所示），2002—2003 学年，到中国留学的美国学生人数为 2493 人，仅占总留学人数的 1.4%，在 2011—2012 学年达到 5.3%，上升 3.9%。在留学目的地排名中，中国的排名则由原来的第 12 位上升至第 5 位。尽管近几年到中国留学的人数有所回落，但依然排名第五，仅次于英国、意大利、西班牙、法国。

表 2   2000—2015 年美国高校学生到中国留学人数及其变化情况

学　年	美国高校学生到中国留学人数（人）	到中国留学人数所占比例（%）	中国在美国高校学生留学目的地排名
2000—2001	2942	1.9	10
2001—2002	3911	2.4	9
2002—2003	2493	1.4	12
2003—2004	4737	2.5	9
2004—2005	6389	3.1	8
2005—2006	8830	4	7
2006—2007	11046	4.6	5
2007—2008	13165	5	5
2008—2009	13674	5.3	5
2009—2010	13910	5.1	5

学　年	美国高校学生到中国留学人数（人）	到中国留学人数所占比例（%）	中国在美国高校学生留学目的地排名
2010—2011	14596	5.3	5
2011—2012	14887	5.3	5
2012—2013	14413	5.0	5
2013—2014	13763	4.5	5
2014—2015	12790	4.1	5

（三）海外留学以短期项目为主

根据出国留学的时间长短，可以将美国高校学生出国留学时间划分为长期（1学年或1个自然年）、中期（1学期或1—2个季度）、短期（暑期或8周内）。根据美国高校出国学生学习时间分布比例情况①（见图1）来看，10余年来，美国高校学生出国留学时间较短，超过一半的学生以短期项目为主，且选择短期项目的学生人数呈上升趋势；选择中期和长期的学生人数呈下降趋势，且长期项目比例总体偏低，2014—2015学年该比例已下降至2.5%。

这种态势的形成与美国高校学生出国留学资助体系有着密切的关系。美国高校学生出国留学的项目主要有：联邦政府资助的国家项目、民间资助的全国性项目、各州大学系统与其他国家大学系统之间的交流项目，以及高校与国外高校之间的校际交流项目，这些项目大多倾向于资助美国高校学生以"交换生"的身份赴海外学习获取学分。② 由于"交换生"在国外学习时间较短，随着越来越多的高校推行"交换生"项目，短期留学学生数量不断上升。

---

① 美国《门户开放报告》只提供了美国高校留学生2004—2015学年出国留学时间分布的数据，故此处只列举了2004—2015学年的数据。

② 刘琪、薛卫洋：《美国高校学生出国留学发展状况、特征及其原因》，《比较教育研究》2017年第4期。

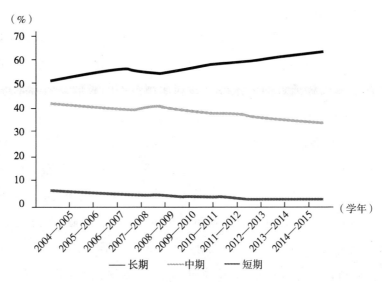

图1 2004—2015学年美国高校出国学生学习时间分布比例情况

二、美国高校出国学生价值观教育现状

美国历来高度重视美国公民的核心价值观教育。自美国成立以来，全社会已经形成了政府、学校、社会、宗教、媒体等全员参与、全方位联动的价值观教育格局，并取得巨大成功，个人主义、自由、平等、民主、法治的核心价值观深入人心。随着出国学生人数的不断增加，美国也通过多种方式和途径对出国学生开展价值观教育，加强出国学生的国家认同教育，规避出国留学所带来的国家认同弱化的风险，培养既有世界眼光又有民族情怀的综合性人才。

（一）多措并举加强美国青少年核心价值观教育，培养学生强烈的国家与民族认同感

美国非常重视青少年核心价值观教育。通过政府主导、学校教育、社会参与的全员参与、全方位联动的核心价值观教育模式，美国青少年形成了稳

定的、符合美国国家利益的核心价值观。

美国政府是核心价值观教育的主导者。美国政府制定了一系列的法律法规，推出了一系列措施，不断强化对核心价值观教育的主导作用。为了使价值观教育不偏离政治方向，并得以顺利实施，美国政府制定并不断修订《高等教育法》《国家安全教育法案》《爱国者法案》等法律法规的内容，对教育的方方面面进行制约和引导。为了实现每个公民"爱美国、爱美国政府、爱美国的社会制度"的目标，法律还规定了大中小学校不同阶段公民课程的内容和要求。① 美国政府领导人也在各种场合宣扬和推广美国核心价值观，如奥巴马在 2009 年就职演讲时指出："我们面临的挑战也许是新的，我们应对挑战的措施也许也是新的，但那些长期以来指导我们成功的价值观——勤奋、诚实、勇气、公平竞争、包容以及对世界保持好奇心，还有对国家的忠诚和爱国主义——历久弥新，这些价值观是可靠的。他们是创造美国历史的无声力量。我们现在需要的就是回归这些古老的价值观。"②

学校教育是美国核心价值观教育的根本途径。与中国学校强调显性的思想政治教育相比，美国核心价值观教育更多地通过隐性、间接、渗透和隐蔽的方式贯穿于教学的方方面面。课程设置上，学校没有开设直接的爱国主义教育课程，而是通过人文、社会、科学等课程让学生们接受核心价值观教育。以在美国学校广泛开展的公民教育为例，公民教育不仅包括对社会必需的知识、技能与品性的讲授，而且还包括对公民的国家意识和美国的政治、道德价值观念的培养。"美国学校开设了《公民》课程，除培养公民必要的道德品质外，更主要的是介绍美国的政治制度、宪法和公民的基本权利"③。教学方法上，学校注重价值灌输、价值澄清、价值推理和价值分析等方法的

---

① 孙建青、赵春娟：《美国大学生核心价值观教育特点分析及启示》，《山东青年政治学院学报》2014 年第 3 期。

② 奥巴马：《2009 年就职演讲视频及双语演讲稿》，2009 年 10 月 26 日，见 http：//www.en8848.com.cn/tingli/speech/abmy/186034.html。

③ 崔志胜：《美国价值观建设及其对中国社会主义核心价值体系建设的启示》，《江西师范大学学报（哲学社会科学版）》2014 年第 2 期。

综合运用。这些教育方法不只是把价值观当作一种知识单向地向学生教授，而是以学生的价值分析、价值推理、价值判断、价值实践能力的提高为中心，注重通过学生自主讨论、生活价值问题探究以及社会实践深化等方式来引导学生认知和认同美国的核心价值观，因而具有较高的实用性、客观性和可操作性。[①] 教学方式上，学校还注重尊重学生的主体地位，注重培养学生的个性，注重引导学生自觉进行道德实践。

宗教在美国青少年核心价值观教育中起着重要作用。宗教教育体现在美国家庭生活、学校教育、政治生活、社会生活的方方面面。"全世界还没有一个国家像美国那样，基督教对其国民的灵魂产生如此重大的影响，通过宗教支配社会风貌，并且通过控制家庭生活进而控制国家。"[②] 一方面，美国的学校，尤其是私立的中小学，开设了大量的宗教课程，每周举行大量的宗教活动。这些学校在强调文化知识学习的同时，还将宗教观念贯穿于教学过程中，把宗教作为培养学生品德和操行的途径，以此来丰富学生的精神世界。[③] 另一方面，宗教教义注重引导和规范青少年的思想和行为，有助于青少年养成诚实守信、勤俭节约、友好互助、谦卑忍让的基本道德规范，形成公正、自由、平等的价值观念和民主、法治的社会治理思想，实现青少年对社会、国家的认同感和归属感。

在政府、学校、社会等多方面的共同作用下，美国价值观教育措施效果显著。一项由著名的阿波斯特莱德研究中心进行的权威调查显示，在欧美18 个发达国家中，美国人对祖国的认同感和自豪感最强。[④] 美国大学生在出国前已形成了稳定的、具有美国特色的核心价值观，为出国留学生国家认同教育奠定了坚实的基础。

---

① 梁永艺：《美国学校价值观教育及其对我国青年学生社会主义核心价值观教育的启示》，《河池学院学报》2010 年第 1 期。

② ［美］H. S. 康马杰：《美国精神》，南木等译，光明日报出版社 1988 年版，第 249 页。

③ 雷鸣：《中美两国核心价值观教育比较研究》，东南大学博士学位论文，2015 年。

④ 史泽华：《美国对外政策的"悖论"及其成因》，《红旗文稿》2011 年第 8 期。

（二）多种手段加强与出国留学生的联系，紧密维系学生与国家的感情

美国驻外大使馆及领事馆在留学生价值观教育方面起着重要作用。大使馆及领事馆下设新闻文化处，负责开展文化和教育领域内的交流项目，创立、推动和协调信息、教育和文化交流项目，这些项目包括：富布赖特学者项目、汉弗莱学者项目、国际访问者项目、美国演讲者项目、美国研究项目、"人权与民主"小额资助、数码可视电话会议、博物馆国际合作项目等。例如，2017 年 8 月 31 日，美国驻中国大使布兰斯塔德会见了一群美国富布赖特讲师和英语语言研究员，鼓励他们多接触普通百姓，说他们的影响最终会不同凡响。① 此外，文化处每月不定期举行讲座、沙龙、分享会、电影放映等文化活动，活动内容涉及美国政治、经济、文化等，活动对象不仅面向当地民众，也包括当地的美国留学生。此类活动为美国政府与当地留学生搭建了充分交流的平台，加强了美国政府与境外留学生的联系。

美国强大的媒体对境外留学生潜移默化的价值观教育。作为文化输出国，美国无时无刻不通过影视剧、广播、报刊等传统媒体，以及 Google、Facebook、Twitter 等互联网新媒体在全世界宣扬符合美国国家利益的价值观。正如美国电影评论家菲利浦·考尔克在分析好莱坞影片制作时指出："美国影片……往往支持主导的意识形态，但却把自己表现为直接的现实，它在给我们娱乐的同时却在支持有关爱情、英雄主义、家庭、阶级结构、性别、历史的被确认的看法。"② 在海外学习的美国大学生可以便捷地收听、收看、阅读各类符合美国国家利益的内容，自觉不自觉地接受了美国核心价值观的洗礼。

---

① 《布兰斯塔德大使会见美国富布赖特讲师和英语语言研究员》，美国驻华大使馆和领事馆网，2017 年 9 月 1 日。

② ［美］托马斯·沙兹：《旧好莱坞/新好莱坞：仪式、艺术与工业》，周传基、周欢译，中国广播电视出版社 1992 年版，第 185 页。

宗教为美国海外留学生提供了维系情感的纽带。宗教对美国人的爱国心产生了很大的影响，自新中国成立以来，绝大部分美国人既信教又爱国。[①]在外交换的美国留学生会不定期到教堂做礼拜，参加教堂举办的活动。

（三）出国留学以短期为主，学生受留学目的地主流价值观影响较小

《门户开放报告》数据显示，近 10 年来，越来越多的留学生选择短期出国留学项目（暑期或 8 周内），2014—2015 学年选择短期留学项目的学生比例高达 63.1%。此外，由于美国高等教育高度发达，各学科的科研水平普遍较高，美国学生留学海外的目的倾向于文化交流、语言学习和专业技能培训。[②] 留学时间短，留学目的不同，使美国海外留学生较少受到留学所在国主流价值观的影响，有效地避免了国家认同弱化的风险。

三、对美国高校交换生价值观教育模式的借鉴

美国高校出国留学生价值观教育的经验为我国加强对交换生思想政治教育提供了借鉴与参考。

（一）打造"全员育人、全程育人、全方面育人"的思想政治教育体系，全面加强大学生思想政治教育，提升大学生民族认同感和自豪感

在教育体系上，形成全方位育人体系。我国可借鉴美国在核心价值观教育方面的经验和措施，打造"全员育人、全程育人、全方面育人"的思想政治教育体系，政府、学校、家庭、社会等各方面共同参与，形成合力，共

---

① 潘亚玲：《美国爱国主义与对外政策》，上海人民出版社 2008 年版，第 80 页。
② 吉兆麟、钱小龙：《21 世纪美国高等教育国际化新动向》，《南通大学学报（哲学社会科学版）》2013 年第 1 期。

同做好青少年思想政治教育工作。

在教育形式上，坚持灌输与渗透相结合。一方面，注重加强思想政治理论课的"主阵地"和"主渠道"作用，从理论灌输上确保社会主义核心价值观在大学生思想政治教育中的核心地位和主导作用；① 另一方面，注重尊重大学生的主体性，从学生兴趣出发，以学生的兴趣爱好、成长需求为导向，将社会主义核心价值观通过隐性教育的方式融入课堂教学、家庭教育、社会实践、志愿服务中，促进社会主义核心价值观入心入脑，知行合一，使大学生成为践行社会主义核心价值观的先行者、引领者、示范者、推动者。

在教育内容上，广泛开展理想信念教育，开展中国特色社会主义和中国梦的宣传教育，加强大学生对中国特色社会主义道路自信、理论自信、制度自信、文化自信，尤其是文化自信的认识和理解，引导大学生树立正确的历史观、民族观、国家观、文化观，提升大学生的民族认同感和自豪感，增强做中国人的骨气和底气，使他们在境外交换中能自发地抵制西方思想侵蚀。

（二）搭建思想政治教育新平台，加强与交换生的联系

美国的电视、广播、报刊等传统媒体与 Google、Facebook、Twitter 等网络新媒体影响力覆盖全球，美国政府利用媒体无时无刻不在输出其"平等、自由、人权"等符合美国资产阶级统治的价值观，无形中加强了对美国交换生的核心价值观教育。我国应不断加强媒体尤其是新媒体建设，打造主流文化宣传平台，用大学生喜爱的方式讲好中国故事，传播好中国声音，使境外交换学子主动关心关注国内外大事，深化他们同祖国的联系。目前，网络新媒体如微信、QQ、微博、知乎等深受大学生欢迎，用户基数大。我国主要宣传部门应主动出手，占领网络宣传高地，用年轻人喜闻乐见的方式加强主流价值观宣传，增加用户的黏合度。

---

① 李明：《社会主义核心价值观贯穿大学生思想政治教育研究》，《学校党建与思想教育》2017 年第 17 期。

高校应根据实际情况，建立网络党、团支部，通过视频在线互联、微信群、远程教育等平台，定期开展党、团组织生活，使"互联、互动、共享"的互联网思维与党建、团建有机结合起来，打破地域、时空界限和党、团组织间的壁垒，深化对交换生的思想政治教育。

此外，高校可充分发挥海外校友会在凝聚校友力量、维系校友与母校的沟通等方面的作用。目前国内知名高校都建立了海外校友会，如北京大学在美国校友会达到了 12 个，会员总数超过 1 万人；广东外语外贸大学相继在美国、英国、澳大利亚等地建立了 14 个海外校友会。我国政府和高校可充分发挥高校海外校友会的作用，把在境外交换的学生纳入海外校友会中，一方面引导校友会在开展活动时注重加强思想引领，加深学生对祖国的认同感；另一方面通过校友会加强对交换生的关心关怀，及时解决他们的困难，防止西方宗教的渗透。

（三）优化境外交换项目时长，降低学生长时间在境外交换造成的国家认同感弱化的风险

美国高校学生出国留学的项目大多倾向于资助学生以"交换生"的身份赴海外学习获取学分，超过 90% 的学生境外交换时长不超过 1 学期或 1—2 个季度。目前我国高校大学生出国留学项目众多，既有国家留学基金委员会公派留学项目、国内高校与境外高校签订的双学位联合培养项目、交换生项目、单项派出项目，也有学生通过海外学习基金会（The Study Foundation Abroad）自费申请的项目，等等，境外学习时长从几周到 2—3 年不等。我国可借鉴美国高校学生出国留学资助体系，把学生境外交换时间控制在中短期以内，降低学生因长时间在外交换带来的国家认同感减弱的风险。

美国对交换生的核心价值观教育的措施为我国加强交换生思想政治教育提供了借鉴和参考。我们可吸收和借鉴美国的做法，并结合国情、校情和社情，走一条具有中国特色的思想政治教育之路。

| 第七章 |

高校交换生思想政治教育的发展创新

经过系统全面的问卷调查、学生访谈等实证研究，以及以印度、美国高校交换生的教育做法作为借鉴，同时也深究我国交换生存在的管理风险，笔者认为在交换生思想政治教育的发展路径上需要有新的突破。时代在不断变化发展，如何与时俱进，科学地认识和把握新形势下交换生思想政治教育工作的特点和规律，形成新思路，探索新办法，开辟新路径，积极发展和创新交换生思想政治教育的内容形式、方法手段、体制机制是我国高校和德育工作者迫切需要解决的问题。笔者主要从行前教育和队伍建设、制度建设、文化建设等三个方面对交换生思想政治教育的发展创新进行探讨，努力做到体现时代性、把握规律性和富于创造性。

第一节　加强行前教育和队伍建设

在国际化的时代背景下，为了加强交换生思想政治教育的实效性和针对性，高校德育工作者必须进行思想政治教育组织创新。作为一个有机整体，思想政治教育的载体、教育的主体直接关系到交换生思想政治教育目的的实现和任务的完成，因此必须重视交换生行前教育，进一步加强交换生管理队伍建设，才能使交换生思想政治教育的效益展现。

一、加强交换生行前教育

行前教育指的是交换生出国交换之前的思想政治教育。高校交换生奔赴异国他乡交流学习，个人将面对全新的陌生环境，在应急安全、文化认同、外事纪律、心理健康、宗教影响等方面存在隐患和问题。出国前的理想信念教育、外事纪律教育、应急安全教育已经成为交换生思想政治行前教育必备"套餐"。

（一）加强理想信念教育

理想信念教育是高校思想政治教育的核心部分，直接关系到高校"培养什么样的人""如何培养人"以及"为谁培养人"的全局观念。习近平总书记在党的十九大报告中明确指出："要全面贯彻党的教育方针，落实立德树人根本任务，发展素质教育，推进教育公平，培养德智体美全面发展的社会主义建设者和接班人。"① 高校加强交换生的理想信念教育，必须进一步明确"立德树人"的目标、任务和使命，要加强马克思主义理论教育，坚持社会主义"道路自信、理论自信、制度自信、文化自信"，培育和践行社会主义核心价值观，引领交换生树立共产主义的远大理想，坚守中国特色社会主义道路，坚定中华民族伟大复兴必然实现的"中国梦"的理想信念。

交换生的理想信念教育尤为重要。如果学生个人有坚定的信仰，必然是内化于心，外化于行，从而在行动上与党中央保持一致。如果个人的思想政治觉悟不高，极易被他国别有用心的组织和个人拉拢利用，这不是危言耸听，而是由境外的现实环境氛围决定的。加强交换生的理想信念教育，可以通过各种报告、讲座、交流会、座谈会、观看影片等形式进行，也可以通过

---

① 《中国共产党第十九次全国代表大会文件汇编》，人民出版社 2017 年版，第 37 页。

网络微信群、QQ 群等形式来讨论，从而使交换生在思想意识上坚定中国特色社会主义共同理想。交换生出国以后，对象国或地区的文化、经济、社会方方面面都摆在了学生个人眼前，他们会有意识地将国内国外两种情况进行对比。理想信念坚定的交换生会自觉成为国家利益和民族大局的维护者，自觉地讲述中国好故事，传播中国好声音。

交换生行前的理想信念教育要求学生必须提高个人的综合素质。交换生与外国的学生在政治或者价值观念方面存在差异，要用实际行动去展现自身的能力、素质和形象，以优秀的素质和事实为国家代言。这要求交换生首先要有良好的语言能力和跨文化交际能力，对所在国的语言、文化、习俗有一定程度的了解，顺利实现与对象国的师生、居民文化、学术和日常的交流。他们良好的语言表达能力可以使交流畅通无阻，用自身的优秀素质和人格魅力去征服他人。正如习近平总书记所强调的，要"讲好中国故事、传播好中国声音，向世界展现真实、立体、全面的中国"①。加强交换生的思想政治教育，必须使交换生具有坚定的理想信念，坚定的马克思主义信仰，坚持走中国特色社会主义道路的自信。学生个体在国外的生活与交流，经常会遇到不同文化的冲击。一个优秀的交换生所体现出来的优秀的素质和品质，都会使当地的学生和居民感受到中国的变化。交换生要树立民族自尊心和自信心，克服盲目自大和狭隘的民族主义思想，通过良好的形象向世界展现中国文明与现代文明的魅力。

（二）加强外事纪律教育

高校必须加强交换生行前的外事纪律教育，包括遵守保密纪律、学习和尊重对象国或地区的文化和习俗、提升个人的道德修养。行前教育中的外事纪律教育要求学生必须保守党和国家的秘密，不能随意泄露信息和重要文件

---

① 《习近平在全国宣传思想工作会议上强调 举旗帜聚民心育新人兴文化展形象 更好完成新形势下宣传思想工作使命任务》，《人民日报》2018 年 8 月 23 日。

等，涉及国家安全的内容的交流要提高警惕，做到不泄密。尤其是学生党员，不得随意泄露党组织的秘密，也不要随意接受新闻媒体的采访。其次，要学习和尊重对象国或地区的文化习俗。交换生的足迹遍布世界各地，不同地区有不同的政治、经济、文化、宗教和传统。因此，入乡随俗之前一定要做好功课，以包容的心态对待异国风俗，不能随意发表议论。第三，要提升个人的道德修养。交换生以良好礼貌、谈吐和形象与对象国或地区的人们交流，必然会得到他们的理解和认同，减少不必要的麻烦。"外事工作无小事"，走出国门后个人的形象代表了国家的形象，交换生要以良好的行为习惯和个人修养维护国家的利益和尊严。

（三）加强应急安全教育

出国前的教育中应急安全教育有着重要的意义和价值。高校有责任对出国（境）的学生进行有效的应急安全管理，包括预防、制定预案、应急反应程序和恢复等四个方面。高校交换生的应急安全教育重在预防，在出国前开设安全教育课程，注重实践演练，包括地震、火灾等灾难逃生演练，通过墙报、手机 APP 软文推送、校园广播、校园网、校园视频等宣传阵地，通过办专栏、开设安全防灾、反恐防暴等讲座，组织主题班会、主题团日、党日活动和其他团队活动等多种形式广泛普及公共安全、应急管理和逃生自救的知识。行前的安全教育目的是为了培养大学生的主体性，调整他们对应急事件的认知和情绪状态，完善和发展他们的心理调节能力，锻炼他们的动手实践能力，使他们学会运用多种手段应对应急事件，从而形成个人对危机事件的有效解决。

总之，交换生出国前要加强对其理想信念教育，注意引导其了解对象国或地区的环境、文化和习俗，了解对象国或地区的宗教信仰、地质环境、交通出行、民俗习惯和法律法规，提醒学生出国后加强自我防范意识，注意人身和财物安全，不炫富不摆阔，办事低调沉稳，遇到问题保持冷静。与当地人友好相处，尽量入乡随俗融入当地生活，避免激化矛盾，遇事及时与警方和中国驻当地使领馆联系。

二、健全交换生管理组织

当前，交换生的派出分为成建制和非成建制两种形式。成建制指的是全专业或全班集体出国交换留学，非成建制指不是全专业或全班派出留学，而是学生单独或几个人前往国外不同院校不同专业交换学习。成建制交换生主要是外语类专业全班出国，而非成建制交换生是其他专业的学生，院校交换名额和专业较为分散。

目前，国内党团组织和班级是高校开展学生教育管理的基本组成单位，是开展思想政治教育的主要抓手。党团组织和班级根据学校的总体部署，可以充分发挥能动作用将学校的指导和教育加以丰富拓展，使之具体化、多样化。也正是这些相对独立的组织才构成整个学校的正常运转体系，使各项工作落到实处。随着派出的交换生的数量持续增加，高校亟须积极探索建立临时学生组织和班级，深度发掘交换生的主观能动性，发挥学生组织的整体优势。

（一）健全交换生的党员管理

由于出国（境）后对象国或地区复杂的意识形态要求，交换生所在国家大多数限制政党活动，一般不允许外国学生存在政党组织、结社组团，一些地区限制开展各类党派活动，虽然有的国家在法律上没有明确规定，但是对政党或社团活动也有诸多限制，党组织不便公开活动，党员也不能随意公开身份。因此，高校对于当前的党员管理需要在不违背对象国或地区现行法律制度的条件下谨慎稳妥加强学生思想引领。

1. 交换生出国（境）前管理工作

（1）按照中组部关于出国（境）党员管理规定，出国（境）的交换生党员包括预备党员，办理停止党籍手续。由党员本人填写《共产党员因私出国出境保留（停止）党籍审批表》，经学院党委或相当于学院一级党委组织部门审批，停止党籍，档案材料转移到学院党委组织部门保存备查。
（2）开展离境前专项教育。党组织要在交换生党员出国（境）前，开展党员组织纪律教育和外事纪律教育，向交换生党员发放《出国（境）党员服务手册》，明确出国（境）期间党员应履行的义务和必须遵守的纪律，引导交换生党员在国（境）外自觉维护祖国形象，在学习中继续发挥先锋模范作用。注意提醒交换生党员保守党的秘密，不在境外以党组织的名义组织活动，不向媒体透露党组织的任何情况。（3）做好与公安部门的信息双向反馈工作。交换生党员办理完停止党籍或出国（境）请假手续后，党组织开具《出国（境）党员管理双向沟通函》，由党员交公安出入境管理部门，以准确了解党员离境信息。

2. 交换生出国（境）期间管理工作

（1）国内的党组织要定期与出国（境）党员联系。党组织要定期（一年至少两次）与交换生联系，及时了解交换生党员在国（境）外的情况和思想状况，并做好相关记录。交换生党员通过电子邮件、邮寄或亲友转交的思想汇报与联系记录一并存入党员档案。（2）做好党内教育宣传引导工作。各级党组织要通过电子邮件、微信、QQ 或亲友转达等方式，将党内重要的主题教育活动告知党员，引导交换生党员加强自我教育。要注意宣传国内经济社会发展中的可喜变化，激发出国（境）党员的爱国主义情怀，增强他们建设祖国、服务人民的责任感和使命感。（3）做好回国后交换生党员恢复组织生活手续办理的指导工作。出国（境）交换生党员请假到期前三个月，党组织要告知其回国后恢复组织生活需办理的流程和手续；继续留在国外的，要及时指导其办理续假手续，填写《共产党员因私出国（境）续假申请表》，延长请假时间。回国后的党员，要及时向党支部汇报国（境）外学习情况，交流心得体会。

（二）健全交换生临时班级组织

健全境外临时交换生班级组织，对加强成建制交换生的思想政治教育具有重大意义。高校成建制交换生全班、全专业集体出国，可以充分发挥学生党员的先锋模范带头作用，组织好党员和学生的日常学习、工作和生活，有针对性对交换生党员进行思想教育，做好预备党员、入党积极分子、青年团员的考察和教育等。而非成建制出国的交换生，也可以通过国内的"网络党团支部"的形式，加强对学生党员、入党积极分子和青年团员的理论学习和思想引领。

成建制境外临时班级组织的建立，一是有利于加强交换生的应急安全管理，营造良好的氛围，加强学生爱国主义思想教育；二是有利于加强学生党员和入党积极分子的思想教育和考察，做好基层班级的组织建设；三是激发学生社会责任感，积极参与各种社会实践和社会服务，培养全球化时代的高素质的世界公民。通过坚持以思想政治工作为引领、以临时班集体组织为抓手为交换生思想政治教育提供组织保障。

（三）境外临时班级建设的实践

1. 组织建设

交换生虽然离开祖国，在外交换学习，有一定特殊性，但是建立一套完整而有效的组织框架对于一个组织来说至关重要。境外临时班级组织应该在该学院的指导下，采用民主集中制的方法，通过民主选举来产生班长、组织委员、宣传委员等组织干部，让他们负责组织协调在对象国或地区当地开展班级的各项工作与活动。学生骨干还需要定期、及时地与国内高校的管理人员联系汇报，反馈工作进展和相关信息。

2. 制度建设

交换生骨干要加强制度建设，包括定期召开会议、做好对积极分子的监督与培养等。骨干成员还要负责及时收集最新信息，与国内党组织定期联系，汇报信息。学生骨干和党员积极发挥领导作用，加强与国内党组织的联系，克服困难，在实践中修改和完善各项组织制度，比如加强境外党员与国内组织的联系制度、建立境外党（团）员的学习制度、规范班级会议的制度、加强境外党员与群众联系的制度等，使其既符合党的原则又切合境外的具体情况。在不断探索实践的过程中，逐渐形成一个体系完整、境外特色鲜明的规章制度。

3. 文化建设

境外临时班级组织，由于其相对的独立性与特殊性，在结合境外实际情况，配合学校及院系工作，开展各项活动的过程中，需要形成富有自身特色的班级文化。可以通过开展内容丰富、形式多样的活动来完善自身的文化建设，如，结合国内近期热点进行主题教育活动；结合中外文化差异的特性，组织境外特色文化之行；外出参观考察以及特色文娱体育活动；等等。

4. 平台建设

境外临时班级组织，可以通过搭建网络服务、管理和教育平台，加强与国内党支部和班级成员的联系，同时，加强与国内高校的联系，大大提高便利性与实效性。例如，可以打造"网上党校"，搭建交换生党员和团员的学习互动平台，加强思想建设。境外临时党员组织和班级也可以积极利用微博、微信、QQ 等网络平台，加强彼此间的联系和交流。也可以利用网络平台如微信公众号平台，推送相关通知、支部动态、班级风采等，切实服务广大同学，引领同学在活动里树立正确的世界观、人生观和价值观。

三、加强交换生管理队伍建设

在全球化国际化的大背景下，中国高校提出了建设"国际化特色鲜明"的大学目标。出国留学交换的大学生数量增加，国际环境日益复杂，加上大学生素质参差不齐等因素，这对管理队伍提出更高的业务能力要求。

（一）辅导员是做好交换生思想政治教育工作的骨干力量

辅导员是开展大学生思想政治教育工作的骨干力量，是高校学生日常的思想政治教育和管理的实施者、组织者和指导者。辅导员应当努力成为学生的人生导师和健康成长的知心朋友。① 交换生虽然身处境外，但是并不意味着辅导员的思想政治教育工作的结束，这也给辅导员工作带来了诸多挑战，提出了更高的业务能力要求，比如英语和计算机水平要提高，国际合作与协调能力、跨文化交际能力要增强，等等。虽然时差和空间的阻隔会给辅导员的思想政治教育工作带来一些障碍，但是辅导员应本着"以学生为本"的原则，克服困难，充分利用微信、QQ、Email、KC 网络电话等快捷、便宜的网络聊天工具，对交换生进行有效的思想政治教育，推送相关学习资料，让其了解国内校内重大事情，以保持思想政治教育工作的连续性。在做思想政治教育工作时，要坚持以理服人和以情感人相结合，给学生足够的热心、关心和耐心。

（二）导师是做好交换生思想政治教育工作的必要补充

导师制是研究生人才培养中较为常见的培养模式。广东外语外贸大学2008 年就颁布了《广东外语外贸大学本科生导师工作暂行办法》，规定本科生导师要关心学生身心健康，用科学的世界观、人生观、价值观和方法论教育学生。一般而言，导师是由本专业的教师担任，对于学生的学习成绩、论文评价等方面都有较大的话语权，在学生心目中也有较高的威信。所以，导师在指导学生专业学习的同时，也应该注重对其进行思想政治教育，可以使思想政治教育工作取得事半功倍的效果。当学生赴境外学习，国内导师也有责任和义务加强对学生的教育和管理，不能放任其在外。当交换生遇到专业问题或者心理、文化不适应，导师可以以其个人的学识见解为交换生排忧解难。

（三）境外进修或攻读学位的教师要充分发挥光和热

广大教职员工都负有对大学生进行思想政治教育的重要责任。② 每年都

---

① 《中共中央　国务院关于进一步加强和改进大学生思想政治教育的意见》，《光明日报》2004 年 10 月 14 日。

② 《中共中央　国务院关于进一步加强和改进大学生思想政治教育的意见》，《光明日报》2004 年 10 月 14 日。

有大量的教职工通过国家或者学校的访学、进修等方式去境外学习交流。如果这些在境外的老师与交换生恰好处于同一所高校或者区域，那么就可以通过到境外进修或攻读学位的教师与交换生保持一种沟通，彼此加强联系，让此作为境外思想政治教育的重要力量。

（四）海外校友会是加强交换生思想政治教育工作的重要桥梁

校友是学校建设发展的宝贵资源。校友会是在中国共产党的领导下，遵守宪法、法律、法规和国家政策，遵守社会道德风尚，为加强校友之间、国内外校友团体与母校之间的联系，来开展各类校友活动，继承和发扬母校的优良传统与校风，共同为母校的建设与发展和祖国的现代化建设贡献力量。[①] 以广东外语外贸大学为例，截至 2017 年 3 月，已经在海外建立了美国、英国、法国、德国、日本、澳洲、新西兰等 14 个海外校友会。[②] 我们通过加强交换生与海外校友会的联系，既可以帮助交换生更快、更好地克服"水土不服"，又能在生活、学习、思想上得到师兄师姐家人般的关照。同时，校友会也为交换生在境外参加社会实践提供良好的平台，使交换生得到充分的锻炼。

（五）家长是做好交换生思想政治教育工作的重要支撑

家长是学生的法定监护人，是学生最亲密的人，也是最了解学生的人。在遇到困惑的时候，身在海外的交换生，最愿意倾诉的对象也就是家长了。因此相对来说，家长最了解学生出国后的各方面情况。家长可以与学校配合，利用微信、QQ、电话等工具与学生进行沟通交流，给予其足够的关心和鼓励，并给予针对性的教育，指导学生更好地面对"跨文化冲击"和其

---

① 《广东外语外贸大学校友会章程》，2016 年 7 月 4 日，见 http://alumni.gdufs.edu.cn/xyzz/xyzh2/xyhzc.htm。

② 《广东外语外贸大学校友会章程》，2016 年 7 月 4 日，见 http://alumni.gdufs.edu.cn/xyzz/xyzh2/xyhzc.htm。

他问题，确保其安全健康成长。

（六）驻外使领馆教育处是增强交换生思想政治教育效果的有效力量

驻外使领馆教育处是我国境外中国留学生之家，以教育、指导和服务中国广大留学生为己任。为了提高教育的效果，让更多学生感受到爱和关怀，尤其是在思想政治教育方面，驻外使领馆需要积极探讨教育的措施和途径。一般而言，凡是赴境外进行留学、交换的中国学生都会通过网络、现场登记等各种途径在驻外使领馆教育处登记相关信息。他们就可以充分发挥互联网以及现代通信方式的优势，加强教育和引导。

近年来，外交部和驻外使领馆的"领事保护"得到广大人民群众的关注和好评。"领事保护"是驻外使领馆向派遣国的国民提供必需的帮助和协助，领事保护内容是保护海外中国公民和法人在海外的合法权益，包括人身安全、财产安全、合法的居留权、就业权、法定的社会福利和人道主义待遇等。如果交换生在对象国或地区遇到安全、财产等问题，第一时间要向使领馆寻求领事保护。另外，境外使领馆教育处也可以通过开展各种活动，适时组织报告、座谈、联欢、咨询、论坛等多种形式的活动，对留学生进行领事保护、安全、爱国主义、集体主义等教育。如针对留学人员在境外遭遇重大车祸，造成重大人员伤亡的事件，为及时引起广大留学人员对在外留学期间自身安全问题的重视，我驻外使（领）馆教育处（组）高度重视，他们迅速采取措施，用不同方式提醒我留学人员在外留学期间一定要注意生命和财产安全，特别要杜绝各种可能危害生命安全的事故发生。驻新加坡大使馆教育处举办过"公派留学人员安全教育座谈会"。[①] 汶川大地震发生后，为贯彻落实关于抗震救灾的一系列精神，教育部人事司经协商财务司、国际司后

---

① 《驻新加坡大使馆教育处举办"公派留学人员安全教育座谈会"》，2008 年 7 月 2 日，见 https://www.fmprc.gov.cn/ce/cesg/chn/zxgx/jyhzyjl/t470981.htm。

及时发出《关于做好海外学子抗震救灾募捐活动的通知》。在通知中，不同驻外使领馆教育处立即组织各种行动，努力教育留学生树立坚定的"国内外一盘棋"的思想，充分发扬"一方有难，八方支援"的精神，以自愿为原则，尽每人所能献出一份爱心，以实际行动来帮助灾区人民重建生活。驻外使领馆教育处还联系慰问了有亲人在灾区的留学生，并及时向华人华侨、留学生通报国内抗震救灾的最新情况。[1]

（七）境外留学生组织是做好交换生思想政治教育工作的自治组织

1986 年，国家教育委员会关于出国留学人员组织提出了若干暂行规定：出国留学的中国学生在国外学习期间，成立的学生会、联谊会等社团，是留学人员进行自我管理、服务、教育的群众组织。[2] 中国境外留学生组织遍及世界各地，是在驻外使领馆教育处的指导下独立开展"自我教育、自我管理、自我服务"的学生组织。境外中国留学生组织要教育、指导、鼓励和服务在外游学的留学生；加强与驻外使领馆教育处的沟通，积极反映留学生的意见和要求；积极倡导文明、团结、上进的健康行为，积极维护正常的学习、生活秩序，树立良好的留学生整体形象；积极组织开展各种活动，丰富留学生的业余生活。留学生组织既能帮助交换生尽早尽好适应异国文化，克服"跨文化"冲击；又能把留学生团结在爱国主义和社会主义的旗帜下，互相学习、互相鼓励、吸取彼此的经验教训，更好面对和处理留学生活中的爱情、安全等一切问题。[3] 海外中国留学生组织是一个有力量的输出交换生主体，海外中国留学生组织应在驻外使领馆教育处的指导下，积极探索各种有效手段，加强思想政治宣传与学习。可以利用网络进行宣传教育，创办境

---

[1] 《驻外使领馆教育处组积极参与抗震救灾献爱心活动》，中华人民共和国教育部网，2008 年 5 月 21 日。

[2] 《国家教育委员会关于出国留学人员工作的若干暂行规定》，1986 年 12 月 13 日。

[3] 陶春丽：《中国高校输出国际交换生思想政治教育研究》，中南民族大学硕士学位论文，2010 年。

外留学生期刊、网络自媒体平台等发布有益于留学生学习、生活的信息，并链接国内最新资讯，让留学生第一时间了解国内变化，让留学生与祖国同在，激励留学生更加勤奋学习，踏实做人，更好地承担中华文化交流使者的使命。同时也可以举办形式多样、内容丰富的活动，如邀请相关人士作报告、组织旅游、看电影、读书会等活动。既可以加强对留学生的教育和指导，又有利于留学生之间相互团结、互相借鉴、共同成长。

（八）国内高校思想政治教育小组是做好交换生思想政治教育工作的辅助力量

国内高校组织、管理、服务交换生相关的校内行政职能部门有很多，例如国际交流处、学生处、教务处等。这些部门在交换生出境前、出境中、出境后都会或多或少与交换生在事务办理、学分互认、组织管理等方面保持密切联系。学校的这些相关职能部门应该成立交换生思想政治教育小组，成为交换生思想政治教育的重要力量。多部门协调开展活动，主动联系境外交换学校相关负责人了解交换生的变化，利用校方与校方的高层联系，对交换生进行有的放矢的引导和教育。

第二节　建立健全制度体系

高校交换生思想政治教育制度化，是实现高校交换生思想政治教育程序化、常态化和科学化不可缺少的一个过程。高校必须把交换生的思想政治教育的基本要求成文化，形成合理的科学制度体系。高校交换生思想政治教育制度化的主体，既是认识主体，也是价值主体，更是实践主体。高校通过对交换生思想政治教育方向、方式方法等的规定，规范交换生的行为习惯，引导交换生适应对象国或地区的制度和文化，同时保持对祖国的认同感和归属感，从而将广大交换生培养成为新时代中国特色社会主义事业的合格建设者和可靠接班人。

交换生的思想政治教育在新的历史时期面临新形势、新任务。随着交换生日益增多，各大高校相继颁布了各类交换生管理办法。在纵深推进的过程中，如何把发挥制度体系效益做到最大限度，前瞻布局，科学地引导交换生思想政治教育工作的走向，是我们需要思考和解决的重要问题。

一、促进交换生思想政治教育工作法制化建设

高校必须将当前以政策为主体、把行政推进作为主要手段的政策环境，进一步优化为以法律制度为补充、以法治手段为保障的具有更强推动力和执行力的政策系统，加强交换学生思想政治教育工作专项立法。推动大学生思想政治教育工作向纵深发展，立法是重要手段。2013 年，中共中央办公厅印发的《关于培育和践行社会主义核心价值观的意见》就强调了法律在意识形态建设中的重要作用。该意见在指导思想中提出要"注重宣传教育、示范引领、实践养成相统一，注重制度规范、政策保障、法律约束相衔接"，着力贯彻"法律法规是推广社会主流价值的重要保证"，"用法律的权威来增强人们培育和践行社会主义核心价值观的自觉性"，"注重把社会主义核心价值观相关要求上升为具体法律规范，充分发挥法律的规范、引导、保障、促进作用，形成有利于培育和践行社会主义核心价值观的良好法治环境"。立法在整合社会资源、刚性保障和推动社会行动等方面，具有政策所不具有的优势，因此，有必要进一步加强境外交换学生思想政治教育工作的专项立法工作。一方面，校方可以制定严谨的境外交换学生思想政治教育的"基础性"法规，如《境外交换学生思想政治教育工作条例》，从全局梳理境外交换学生思想政治教育工作长期以来形成的稳定性、结构性、根本性的制度，用立法的形式，让境外交换学生思想政治教育制度更加规范、稳定和系统，为此项工作法制化奠定法律基础。另一方面，高校也可坚持"急用先建，逐步完善"的准则，将已经成熟的政策变为"法律"，抑或从工作需

要的角度制定新法，关于境外交换学生思想政治教育工作特定方面可先作规定，以实在地优化目前的政策环境。

二、优化交换生思想政治教育工作的政策布局

优化交换学生思想政治教育工作的政策布局，是对现存政策布局的进一步完善。这可以从"进一步深化"与"进一步拓展"两个维度同时推进。一方面，政府和高校应该通过"进一步深化"完善政策的纵向布局，对相关政策作深入细化或制定一系列可配套附属的子政策，加强政策的链条设计，形成关于制度终端的"政策链"；另一方面，政府和高校通过"进一步拓展"进一步完善政策的横向布局，不断补足漏洞，同时根据发展的形势任务，制定一系列可不断更新的政策。

交换学生思想政治教育工作政策布局应从以下四个维度进行建构。一是"思想政治教育主体"维度，包括作为教育者的交换生思想政治教育工作队伍建设，以及作为受教育者的交换生行为规范与要求；二是"思想政治教育途径"维度，包括网络思想政治教育、心理健康教育、社会实践、校园文化建设等；三是"思想政治教育管理"维度，包括交换生思想政治教育工作组织、评估、督导等；四是"思想政治教育资源配置"维度，包括境外交换学生思想政治教育工作经费资源、社会资源等。这四个维度是逻辑关联的统一体，包括了整个交换学生思想政治教育的运行过程。交换生思想政治教育政策体系建设，既要从全局着眼，又要注重纵深突破，纵向上不断细化或制定配套政策，从而推动上位政策或主政策目标的实现。

三、建立健全交换生相关管理制度

一套完善的交换生管理制度应包括：交换生选拔方案、相关部门的职责及交换生项目办事流程、交换生学籍管理办法等。高校要重视交换生派出选

拔，同时针对不同项目的实施，加强第三方评估，建立交换生反馈机制。同时，高校应制定相应的办事流程，明确职责，减少交换生办理手续的盲目性，提高各部门工作人员的办事效率，完善解决交换生学籍管理、学分成绩互换、课程设置等问题，不断提升高校管理、服务交换生的能力和水平。

（一）重视交换生派出选拔

成建制交换生在其人才培养方面已经明确了"3+1"或"3.5+0.5"的模式，基本都能实现百分之百出国学习和出国后实现境外班级的延伸管理。其教育的难度在于必须加强交换生出国前的思想政治教育，使其形成正面的价值观、人生观和世界观。而非成建制交换生，由于名额分散，必须重视其选拔的机制和过程，从而派出德才兼备者交换学习。制定选拔方案时应以公平、公正为原则，坚持选拔程序的公开、透明，让每一位有兴趣参加交换生项目的学生都公平地享有交换生项目的所有资源信息，以保证选拔结果的客观、公正。无论是成建制抑或是非成建制交换留学，思想政治教育都应贯穿于大学四年的教育管理之中。外派交换关乎"培养什么样的人"的问题，完善选拔机制和派出体系，尤其要将政治素养、思想品德放在考核体系的首位，将政治素养、思想品德与学生学业相挂钩进行推荐。

欧洲国家在 1999 年发布了"博洛尼亚进程"[①]，其中的交换生选拔派出方式方法值得我们借鉴。该计划的目的是整合欧盟的高教资源，打通教育体制，签约国家与高校互相承认毕业证书和成绩，学生可以无障碍申请不同国家的硕士学位和就业机会。该计划受到欧洲各个国家的支持，并形成了良性的循环。在我国，交换生合作的项目和计划处于迅速发展阶段，部分高校对交换生思想政治教育方面提出原则性的要求："政治素质高，思想表现好，品德优良，无违规违纪记录。"不同的高校比如北京大学、复旦大学、中山

---

① 仇妍：《"博洛尼亚进程"及对中国留学生的影响》，华东师范大学硕士学位论文，2009 年。

大学等根据本校的实际情况有针对性地进行选拔，并积累了相关经验。有些高校还形成了规范的管理规定，如暨南大学制定了《交换生管理手册》，广东外语外贸大学制定了交换生选拔相关的管理办法。这些经验和制度的形成无疑给交换生教育管理提供了参照和借鉴。如何优化交换生的管理制度和教育理念，提高国际化管理水平是高校和思想政治教育工作者需要进一步深入拓展的问题。

（二）加强第三方机构评估

交换项目的评估一直是较薄弱的一环，多数高校并未形成完整的评估体系。交换生思想政治教育评估要用定量和定性的方式提供信息反馈，以检测交换生的实际思想品德变化，以此来验证思想政治教育理念和过程的有效性或是相反。交换生思想政治教育的评估不仅重视双向信息反馈和教育管理功能，更强调其促进交换生思想道德发展的教育功能，尤其致力于在多元文化和域外价值观影响下的交换生的思想观点、政治意识、道德意识的变化和发展。交换生思想政治教育评估必须批判地吸收不同时代、不同国家和地区的思想政治教育观及其方法论，使之适应时代特点和民族特色。探寻交换留学的个性因素与教育规律，并为今后的交换项目提供借鉴，是评估的价值与意义所在。

目前，我国很多学校只是在交换生思想政治教育方面提出原则性的要求，一方面是体现得不够细化，另一方面是各种问题也随之产生，政治素质高、思想表现好、品德优良的具体运作标准和操作程序是缺失的，这就需要完善的交换生思想政治教育评估机制。在交换生思想政治教育方面的评估机制中涉及多方面的评估：一是派出时的思想政治状况评估，二是派出后的思想政治状况评估，还可以是阶段性的思想政治状况评估，甚至是总结性的思想政治状况评估。而在评估机制的建立方面，又涉及评估的主体、流程等方面。在交换生思想政治教育领域中，评估机制应该坚持时代性和导向性原则、系统性和科学性原则、相对独立性和相容性原则、公平性和有效性原则。① 因此，在评估机制的建设方面，我们还需要深入挖掘资源，量化和细化评估手段与方法，使评估有效反馈交换生思想政治教育的目标和效果。

（三）建构交换生反馈机制

反馈与评估其实是相扣的环节，包括交换生的反馈、交换学校的反馈、领事馆的反馈以及本校相关部门和师生的反馈等。大多数交换生都认为，交换留学能开阔眼界，提升跨文化交际能力。所以，对于交换生的思想政治教育反馈，要特别考虑交换生的思想政治意识，站在中国的立场看世界，学习先进的异国异地文化，促进祖国发展。当前的多元价值观与宗教的影响，导致少数交换生出现思想迷惘，对中国特色社会主义制度、理论、道路、文化的不自信。反馈机制的建立重在考察网络、宗教和文化等方面对交换生的影响，抵御西方价值观的侵蚀，培养交换生良好的政治敏锐性与辨别力，增强他们的文化认同与文化自信。

如果说评估机制是学校或者学者研究交换生思想政治状况的一种被动的反馈的话，那么建立交换生正向反馈机制是一种主动的反馈，这是任何研究者和评估机构所不能取而代之的。现阶段，各高校基本上都建立了以党委为核心，宣传部、学生处、团委等为抓手，班级为单位，辅导员为纽带，学生为主体的思想政治教育信息反馈机制。② 因此，构建交换生反馈机制的研究是我们未来对交换生思想政治教育的研究课题之一。

（四）不断完善交换生教育管理

实现大学生的"自我教育、自我管理、自我服务"是高校教育的重要

---

① 江乐园：《高校院系学生思想政治教育评估指标体系研究》，华中师范大学硕士学位论文，2006年。

② 吕振华：《试论建立高校思想政治教育信息反馈机制》，《学校党建与思想教育》2005年第5期。

目标。针对交换生人才培养的特殊性，出国（境）前、留学中和回校后的思想政治教育不能缺失。除了开展常规的思想政治教育工作之外，要充分联系境外特殊的意识形态、文化背景和交换高校的实际情况开展具有特性的思想政治教育。这要求教育者具有高度的政治敏锐性和前瞻性，对交换对象国或地区的经济、政治、文化有清晰的了解和研究，紧扣当下时局以及中外关系的发展状况，开展有针对性、前瞻性的思想政治教育工作。所以，交换生思想政治教育的调整机制实质是现实政治性的体现，需要将党的大政方针延伸至交换生的学习环境中，并依据当地的政治经济文化现状调整受教育者的思想政治角色。

完善调整是一个动态的过程，对交换生的思想政治状况、教育方式方法进行调整是长期性的问题。在目前的调整机制中，着重围绕着交换生危机事件应急调整，包括发生重大事故后的应急处理机制、反应调整机制等，这可以看作是微观调整。未来的调整机制也应该重视宏观调整，例如，对合作对象国或地区的体系建设、境内外思想政治教育共识体系建设、建立合作共赢的战略合作伙伴关系等方面进行研究等。

总之，交换生思想政治教育工作是一项系统的战略工程，除了思想政治教育之外，交换生的学分问题、课程问题和其他技术性问题也是交换生教育管理服务不可分割的部分。

1. 学分问题

在交换生的学籍管理办法中，制定交换生学分及成绩互认互换管理细则，规定交换生学分及成绩转换的申请流程以及认定办法。学分转换的认定主要由双方二级学院协同教务处、国际合作与交流处完成，将本校与合作院校课程的教学内容、学分以及课程性质进行比对分析，认定课程能否转换。对于那些不能转换为专业必修课、公共必修课或者专业选修课的课程学分，可以作为公共选修课的学分予以承认。随着双方合作时间的加长、合作内容的加深，还可形成一套交换生课程互认互换列表，简化工作流程，提高工作效率。同时，由于合作院校给出的成绩与校内成绩的评定标准不一定相一致，甚至是同一个国家各大高校之间给出的成绩也不一定按照同一个标准，因此，对于成绩的互认互换，需由国际合作与交流处与教务处合作完成。国际合作与交流处负责与合作院校联系，将合作院校的评分等级折算成相应的百分比，再由教务处结合交换生国外学习的成绩，确定转换后的课程成绩。

2. 课程问题

针对交换生回国后补修课程太多，学习压力太大的问题，可以采取免听与补修并行的方式解决。也就是说，交换期间的校内课程可以根据课程性质、学分分别采取补修与申请免听两种方式予以解决。对于相对重要的专业必修课，如果采取免听的形式不能保证学生重要专业知识的掌握与运用，可以采取回国后补修的方式；对于专业选修课与公共选修课，则可以采取免听的方式，学生平时可以通过网络完成任课教师布置的作业与任务，获得相应的平时成绩，然后回国参加期末考试并获得期末成绩。如果不能及时返回参加考试的，可由同班同学代为申请缓考。这种组合方式既减轻了交换生回国后的学业压力，也保证了交换生专业知识的掌握，进而保证了学校的教育质量。

同时，高校也可以创新思想政治教育课的形式，通过网络直播或者微课的形式延伸到境外，结合交换生的实际情况开展贴近学生、生动活泼的思想政治教育。思想政治教育课可以引导学生将境外的见闻与国内的情况结合起来思考，同时也结合学生的专业实践情况，以更加多元的作业形式来完成课程的考核。每一种活动背后都有其文化和价值观念，境外大学生接受了这种思想政治课的活动形式，也就在潜移默化中接受了社会主义核心价值观。

3. 其他技术性问题

对教务管理系统的相关模块及时进行更新，提升交换生管理工作的效率与质量。在教务管理系统中增加一个交换生管理模块，将交换生的名单在管理系统中标记出来，并显示在任课教师的点名册和成绩录入界面中，让各科任课教师清楚了解教学班中的交换生名单，方便任课教师对其平时成绩、期末考试成绩进行管理，避免成绩的后台修改，使教学信息化管理更加科学、更加高效。

第三节　发挥文化引领作用

在当前世界多极化、经济全球化、文化多元化和信息网络化的崭新时代，任何一个国家要想在世界民族之林占有一席之地，除了政治要素、经济要素保持绝对优势之外，文化的要素越来越成为必不可少的条件。在本书的第一章理论部分、第三章问卷调查和第四章访谈调查中已经明确指出文化认同对于交换生思想政治教育的重要意义，在此不复赘述。在第三章交换生文化认同的问卷调查中，愿意将中华文化元素推荐给国外友人的前三项分别是中国美食文化、书法剪纸艺术、唐诗宋词。尤其是中国美食文化认同度高达89.02%。微信、QQ、高铁、共享单车等科技创新产品也成为交换生推荐给外国友人的新元素。"文化是一个国家、一个民族的灵魂。历史和现实都表明，一个抛弃了或者背叛了自己历史文化的民族，不仅不可能发展起来，而且很可能上演一幕幕历史悲剧。文化自信，是更基础、更广泛、更深厚的自信，是更基本、更深沉、更持久的力量。坚定文化自信，是事关国运兴衰、事关文化安全、事关民族精神独立性的大问题。"[1]　文化是国家、民族、社会兴旺发达的重要支撑和基本内容，是人类生存的精神家园。文化是深入到人灵魂深处的无形力量，以潜移默化的形式影响交换生的成长与进步。交换生文化自信的基础是对马克思主义先进文化的坚信，对中华优秀传统文化的弘扬，对中国革命文化的继承。从本质上而言，交换生文化自信是对社会主义价值观的认同，也是对实现民族复兴大业的中国梦的认同。必须强调的是"文化认同的核心是价值认同和价值观认同"[2]。社会主义核心价值体系是当代中国文化认同的核心。高校和德育工作者要充分发挥文化引领的作用，必

---

① 习近平：《在中国文联十大、中国作协九大开幕式上的讲话》，人民出版社2016年版，第6页。

② 崔新建：《文化认同及其根源》，《北京师范大学学报（社会科学版)》2004年第4期。

须以社会主义核心价值体系引领交换生的文化认同。"打铁还需自身硬"，只有坚定理想信念，坚持社会主义核心价值观，交换生才能不受境外多元文化思潮的消极影响，从而将其培养成为具有"国际视野，家国情怀"的社会主义可靠的接班人。

一、文化在思想政治教育中的功能

交换生在跨文化交际实践过程中，对文化的认同情况直接影响个人的价值观和世界观。高校德育工作者必须重视文化在思想政治教育中的功能与作用，用社会主义核心价值观武装交换生的思想，使交换生在对外文化交流中自觉传播"中国好声音"，自觉讲述"中国好故事"。

（一）教育与引导功能

教育与引导功能是文化创新的主要功能。文化反映了人们的共同价值观、共同目标和共同追求，是个体实现自己奋斗目标的指向标。特别是要将马克思主义先进文化、中华优秀传统文化和革命历史的红色文化这三者的教育和引导贯彻到交换生的思想教育之中，使交换生坚定民族复兴的理想信念，坚守社会主义核心价值观，在接受主流意识形态的思想引领下有着个人的共鸣和认同，塑造交换生的爱国主义思想和创新进取精神。

境外的环境对交换生而言，存在着对象国或地区的文化与本国的文化之间的认同差异。他们既要学习和认识对象国或地区的文化，又要增强对祖国文化的认同。高校和德育工作者通过不同文化之间的对比与差异来引导、激发交换生的爱国主义精神和对理想信仰的坚守。在境外文化思潮复杂背景下，我们要注重引导学生坚持对社会思潮批判认识的态度，提高学生的辨析能力，引导学生在中西对话传播之中，善于表达属于中国的自我的声音，从而影响"他者"。不要求交换生去改变"他者"的思想，但求个人坚持以"中国梦"为核心的社会主义价值观的共同理想。在社会主义核心价值体系的中国话语中，交换生既要加强历史视野中的时间维度上的对比与发展的认识，又可以提升在国际社会视域下空间维度上的对话和互鉴的认识。

（二）规范与协调功能

文化载体的规范功能，主要是指一方面可通过相关的制度、条例、法规等行为规则来规范广大交换生的行为，从而达到特有的群体风貌和文明水准；另一方面又要使它们不断健全，更具科学性、思想性和文化性，令广大交换生获益匪浅。习近平总书记在党的十九大报告中指出："明确中国特色社会主义事业总体布局是'五位一体'、战略布局是'四个全面'，强调坚定道路自信、理论自信、制度自信、文化自信"①。要达到文化自信，必须坚持道路、理论和制度的三个自信。通过制度的规范与协调，保障了交换生认同的方向性和持续性，通过对交换生的约束实现制度文化对人的内化，从而实现个人对制度的主动认同。只有当理想和信仰内化于心、外化于行，交换生才能实现文化上的自信，自觉地去要求个人符合制度和文化的规范。

在交换生的思想政治教育实践中，要借助文化载体这种形式发生互动，而不是思想政治教育主客体单方面的活动过程。思想政治教育过程是主客体共同参与、相互协调的过程。文化载体包括精神文化载体、制度文化载体、行为文化载体、环境文化载体、网络文化载体、手机文化载体等形式，它们都具有这种相互协调和规范的功能。文化载体的协调功能，主要是针对人际关系冲突特别是思想的冲突。社会上各种思潮在高校汇聚和相互激荡，广大交换生也在学习、生活过程中产生思想的冲突和碰撞。这种冲突有利于产生新的思想、新的动力，因此冲突并非全是坏事，但冲突最终必须趋向协调，最终形成交换生群体整体目标一致基础上的和谐。例如，赴巴基斯坦留学的交换生，必须尊重对象国或地区文化的禁忌习惯，遵守当地高校的法律法规，在个人的行为习惯中更加谨言慎行，符合伊斯兰国家的标准。相比之

---

① 《中国共产党第十九次全国代表大会文件汇编》，人民出版社 2017 年版，第 16 页。

下，中国的开放程度比巴基斯坦要高，学生更加自主自由，而伊斯兰国家的宗教文化约束更多，甚至连学生外出旅行没有报告宿舍管理人员都会遭到投诉。在这些中外文化的对比冲突中，交换生要熟悉对象国或地区的文化话语和管理规定，更好地约束自己的行为。这些文化载体的认知与建设，有利于广大交换生情感的宣泄、思想的交流、认识的统一，从而达到"润物细无声"的效果。

（三）激励与凝聚功能

中西方文化传统之中优秀的文化结晶，都是人类思想宝库中璀璨的花朵。优秀文化的力量在于激励和凝聚，使人们在文化的感召之中形成强大的向心力和凝聚力。当前的交换生思想政治教育，要以"中国梦"的必然实现为核心价值体系的文化底蕴加以思想引领。"中国梦之所以具有强大的吸引力感召力，就在于它不仅生动形象地展示了我们国家和民族的美好前景，也集中反映了社会主义核心价值体系的内在要求，体现了国家价值、社会价值和个人价值的完美融合。"① 对交换生而言，境外刻苦求学，学有所成归来报效祖国，实现人生价值和社会价值，从而实现"中国梦"的诉求是个人必然的要求。而身处异国他乡，对祖国母校和亲人的思念必将无形中强化交换生的"家国情怀"。从我国留学生的历史中可知，海外学子的"家国情怀"一直是凝聚人心、激励自我的最深厚最强有力的内驱力，这是几代留学生共同的理想。时至今日中国之强大，莘莘学子依旧以民族的复兴大业、祖国的繁荣昌盛、人民安居乐业的"中国梦"为己任。所以，文化的激励与凝聚功能在交换生的成长成才中能够起到重要的作用。

这种文化激励功能可以直接调动广大交换生的积极性并强化他们实现目标的意识，通过文化载体的激励作用，可以培养交换生的集体主义人格品质，促进他们相互学习、相互帮助和共同进步。同时，这种凝聚力又将会充

① 刘云山：《推动形成实现中国梦的强大精神力量》，《党建》2013 年第 6 期。

分发挥和展示交换生的智慧和积极性，促使他们认同祖国的优秀文化和优良传统，找到自己在国外学习的使命和责任，并产生强烈的归属感和责任感，从而有效推动学校学生交换学习工作的正常开展。

（四）开放与创新功能

文化载体的开放与创新功能，指的是优秀文化本身所蕴含的创新因素及其对生活在其中的大学生的创新意识、创新潜能等的激发和开发。交换生尤其是留学欧美学子在全球化背景下中外文化交汇之中，多元价值观的交流、碰撞和融合客观存在。"中西方核心价值体系，分别作为两种文化价值体系的集中代表，是当今世界核心价值体系论域的两大焦点。"[1] 西方发达资本主义文明与价值体系是当代中国社会主义核心价值体系的参照和借鉴，我们要以文化的自觉自信、辩证的眼光去吸收西方价值观念中的合理成分。交换生要以开放的"拿来主义"与批判继承的态度来面对西方文化价值观念。从文化开放与创新的角度，西方文明是人类历史发展中的重要组成部分，交换生出境学习西方文明先进技术和人文价值理念，成为科技和人文创新的借鉴。开放与创新需要海纳百川的胸襟，从而实现文化自我吸纳、自我扬弃的提升。

例如，交换生在中外高校中感受到丰富多彩的校园文化活动，包括内容丰富、形式多样的文化知识，充满着生动新鲜的创造力，昂扬着探索进取的开拓精神，能激发生活在其中的大学生的创造灵感；同时，中外校园文化对非智力因素如动机、兴趣、情感、性格等的培养有着十分重要的作用。而这些非智力的因素是创新的胚胎，非智力因素的培养需要一定文化氛围的熏陶、感染和潜移默化的影响。

总之，交换生思想政治教育文化载体的形式是多样的，我们应该根据时代特征、中国特色和境外高校特点，按照不同的情况，适当地选择不同的文

---

① 杨建义：《大学生文化认同与价值引领》，社会科学文献出版社 2016 年版，第 209 页。

化载体，同时，继承和发展传统文化载体，创新新型文化载体，使其相应功能得到充分发挥，不断增强交换生思想政治教育的针对性和实效性。

二、发挥文化载体功能增强交换生的文化自信

文化建设是一项系统工程，在有形和无形中，对交换生的思想政治教育发挥着巨大的支撑作用。"所谓文化载体，是指能够承载社会文化的事物，包括相应的组织、机构、场馆、设施、环境、历史遗迹、人文景观、文化遗产、书籍资料等各种要素。"[①] 这些文化载体，一方面可以为思想政治教育提供较为生动、丰富、感性的传统文化资料，另一方面思想政治教育也利用诸如设施、机构及科技等文化载体进行更为广泛、全面的文化传承。

文化载体在交换生思想政治教育中可谓灵活多样。首先，必须充分挖掘文化资源，深入理解与聚焦文化载体的内涵，剖析文化符号的意义并对其巧妙运用，从而使交换生思想政治教育具有深厚文化底蕴。例如，交换生喜爱"老干妈"辣椒酱，并称老干妈为"女神"。这看似幽默诙谐的方式实则反映了交换生对中国美食的深厚情感。2012 年，央视纪录片《舌尖上的中国》也引起海内外广大人民群众的共鸣。一个普通的美食节目，背后隐含着深沉的文化内涵和本质，通过中华美食给中国人生活带来的仪式、伦理、趣味等方面的文化特质，寻找美食背后的故事，让人们意识到在全球化语境下现代人的生活忙碌背后被疏离的亲情乡音有另外一种意义的表达。这种对中华传统饮食文化的传承与展示的文化模式应该被交换生的思想政治教育所借鉴。交换生也可以开展美食活动，以享誉世界的中国美食名片推广中国文化，拉近国际同学的交流和友谊。交换生身体力行，在国外就地取材，亲手制作中国各地区美食与国外学生交流的过程也是传播中国好声音、讲述中国好故事

①　韩玉芳、林泉：《思想政治工作方法教程》，中共中央党校出版社 1998 年版，第 42 页。

的过程。近年来不断提升的中国电影也是文化传播的一个良好的载体,《战狼2》《无问西东》《流浪地球》等影片高扬爱国主义旗帜,饱含深厚的文化底蕴,彰显强烈的时代精神,也在交换生中引起共鸣。因此,在交换生的思想引领中,选择年轻人喜闻乐见的形式,贴近年轻人的生活,但是又要在文化内涵上有深度和广度,唤醒他们的文化自觉与崇高感,激励他们更奋发努力,砥砺前行。

其次,中国优秀传统文化的展示与传承是交换生思想政治教育的有效载体。文化模式是不同的民族或国家在历史发展过程中形成的各种习俗、规矩,通过形式化的方式,逐渐演变成为风俗和仪式。中国上下五千年的历史文化形成了重人伦亲情、重祖宗祭祀等特有的仪式和传统。另外,革命先辈浴血奋战建立新中国的"红色文化""红船精神"等政治文化也可成为思想政治教育的重要形式。"五一"、国庆等重要节日的庆祝亦可以成为其中的重要一环。在对交换生的思想政治教育中,以节庆的文化传统与政治文化相结合来增强交换生的爱国情怀。例如,在国庆和中秋之际,在交换生群体中可以开展"祖国在我心中","庆祝国庆,爱我中华"等相关的主题活动。注重主题的凝练和文化内涵的挖掘,使文化活动达到事半功倍、凝聚人心的效果。除此之外,必须加强国内外师生的联系,通过网络、视频、微信等新媒体形式展示境外学子在文化传承中的精神面貌与个人风采,贴近交换生的生活,拉近师生距离,为国内准备交换学习的低年级学生树立良好的榜样。

最后,课堂、网络、活动都是文化载体的承载形式,而对于交换生而言,受地域和空间的影响,活动载体是文化载体的主要表现形式,以活动为载体,积极宣扬国家文化是开展海外交换生思想政治教育的有效方式。交换生可以积极开展"全方位、多层次、宽领域"的活动,以活动为载体,积极宣扬中国悠久的历史文化,展现大国形象。如:开展体育赛事,以积极进取的体育精神作为世界认可的普世价值,促进各国留学生在切磋中较量、在竞争中交流;组织文娱宣传活动,以歌曲、舞蹈等形式演绎中国文化;举办各类文化展览,以图片、视频等可观、可感的多媒体方式,让海外友人了解中华五千年的文化，了解中国改革开放以来的成就；等等。另外，交换生也可以以开放兼容的态度，开拓创新，通过学生喜闻乐见的形式来发挥活动载体在文化交流中的作用。大学生国际流动的意义就在于增强学生的见识，在境外独立自主地锻炼个人的才干，从而提升大学生的综合素质和创新意识，培养学生成为全球化的高素质公民。

三、其他方面的思想政治教育

交换生的思想政治教育分为出国前教育（主要包括开展"文化冲击"的适应性教育）、国外教育（主要包括开展"做文化交流使者"的主动性教育）和回国后教育。这里提到的其他方面的教育，主要是指那些与出国前思想政治教育内容重合的这一部分内容，如国家安全和个人安全教育、自强自立教育、艰苦朴素教育、正确的恋爱观教育、励志教育等。虽然出国前对交换生已做过相关方面的思想政治教育，但各类思想政治教育主体仍然需要根据环境的变化而不断变化，要巩固相关方面内容的教育，不断采取新的方式和工作方法，以便更好地对交换生进行学习、生活等方面的指导，提高交换生的留学质量，更好承担文化交流的使命。

1. 开展"文化冲击"的适应性教育

在 1958 年，美国人类学家 K. Oberg 首次提出"文化冲击"的概念，他将"文化冲击"界定为："由于失去了自己所熟悉的社会交往文化信号或符号，又不熟悉新的社会文化符号，而在心理上产生的深度焦虑症"。这种"深度焦虑症"主要表现为面临新的完全陌生的社会文化环境时所产生的一种迷失、疑惑、排斥甚至恐惧的感觉。K. Oberg 认为，"文化冲击"是一种具备特定症状的可以治愈的疾病。① 人从原有的文化环境进入到新的文化环境后，就会产生"文化冲击"。出国（境）交换生在进入到对象国或地区

---

① 潘馨星：《文化冲击与有效应对》，《琼州学院学报》2009 年第 3 期。

后，会面临不同于国内的课程内容和教学方式的学习挑战，面临旧有人际关系断层而亟待建立新人际关系的社交挑战和语言障碍的生活挑战等状况，进而产生"文化冲击"。这种"文化冲击"，具体表现在心理和生理两大方面，心理症状主要包括：在精神上出现不良情绪，容易产生悲伤、压抑、孤独、忧郁等消极情绪，也容易产生愤怒、急躁、怨恨等负面情绪，进而影响正常的人际交往。在文化认知上出现偏差，主要体现在两方面：由于对原有文化形成文化定型，这种文化上的民族优越感往往会让自身在面临新文化时，过度强调原有的文化标准，而对客居文化产生敌对情绪；由于对自身文化的不自信，费尽心思和全盘接受新国家的文化，进而在这种文化不适应中迷失自我。

上述心理症状严重时往往会伴随头痛、胃痛和过敏等身体反应，引发失眠、贪睡或睡眠不足等生理症状，进而影响身体健康。① 作为思想政治教育主体，高校和德育工作者应当在交换生出国前开展应对"文化冲击"的适应性教育，包括跨文化的教育训练等内容，以帮助交换生正确认识并更好地适应"文化冲击"给自身带来的影响。具体措施包括：（1）帮助交换生正确认识"文化冲击"的考验。当交换生面临新旧文化冲突时，要认识到"文化冲击"不可避免，但这也是暂时性的，交换生可以通过加强文化交流而适应"文化冲击"的状态。出国留学都会经历兴奋、文化冲击和习惯三个阶段。（2）鼓励交换生主动开展跨文化交流。当交换生面临"文化冲击"时，应变"被动适应"为"主动应对"，积极开展跨文化交流，但要避免两大误区：一是带有文化偏见的排外，二是带有文化自卑的媚外。交换生既要不过度强调自身文化标准而尽可能去理解外国文化，也不要放弃自身的文化价值而全盘接受外国文化。（3）要求交换生通过加强语言学习，尽快融入当地文化语境。语言是文化的最基本载体，也是交流的基本工具。交换生应该加强语言训练，而尽快适应当地的文化环境。（4）鼓励交换生主动融入

---

① 江丽容：《跨文化交际：文化冲击与应对》，*Sino-Us English Teaching*，2007 年第 3 期。

当地的生活方式。交换生可以多参加当地的一些社交活动，尽快适应不同的生活方式，扩大社交圈。与此同时，交换生也可以通过与国内家人和好友交流的方式排解负面情绪。

2. 开展"做文化交流使者"的主动性教育

我国的综合国力不断提升，国际地位稳步提高，但由于国内外敌对势力的曲解，造成海外国家对中国的国家形象和文化理念不甚了解，甚至存在误解，这与中国的大国形象不匹配。宣扬中国文化，展现大国形象，成为当下中国开展国际交流的重大命题。海外中国留学生由于直接与海外国家的当地人接触，成为展现中国国家形象的最直观载体；也因为自身文化素质普遍较高而成为中国形象的最好"代言人"，是对外输出中国文化和价值观的最佳载体。为此，思想政治教育主体应该针对海外留学生的特点，在包括交换生在内的所有海外中国留学生中开展"树立文明形象，做文化交流使者"的主动性教育。

（1）严于律己，展现良好文化形象。由于各种原因，海外留学生不遵守当地法律法规的事情时有发生，甚至出现违法犯罪行为，在对象国或地区造成恶劣影响。因此，海外留学生一方面要严格遵守当地法律和国内对留学生的相关规定要求，严于律己；另一方面要尊重当地人民的风俗习惯，约束自身行为。与此同时，作为来自中华文明古国的海外留学生，在异国他乡应摒弃一切不文明、不礼貌的习惯和行为，在日常生活中发扬中华民族的优秀文化传统，让更多的外国友人感受到中华文化魅力。

（2）以对话代替对抗，理性爱国。在保卫北京奥运火炬相关的国际事件和钓鱼岛事件中，包括交换生在内的海外留学生纷纷用各种方式表达对国家的支持。思想政治教育主体在肯定他们爱国情愫的基础上，要引导客体理性爱国，选择正确的方式，增进中外沟通和交流。引导海外留学生认识到，爱国不仅仅是游行示威等方式，更不应该出现"砸车抗日"等违法极端行为，而应该通过对话、沟通等方式发出自己的声音，讲述客观事实，展现真实的中国。

（3）以思想政治教育为主导吸收先进文化。放眼世界，每个民族均有自己独特的文化，各种文化彼此间各不相同，且地域相隔越远的国家和民族，其彼此间的文化差异就越大。高校发挥思想政治教育的文化载体作用促使交换生在不同文化的流动中相互交流、相互学习，从外来文化中吸取符合自身需求的文化因子，通过一系列的文化整合来促进个人的提高和发展。

四、发挥网络载体功能作用开展交换生思想政治教育

网络文化是一种容纳多样独特内容和表达手段的文化形式。它是以网络技术、网络信息和网络资源作为支点的，人在社会活动中创造的物质财富和精神财富的总和。从狭义上讲，网络文化特指以数字语言为前提，以互联网平台为基础，以电子传输工具为依托，以创新互动为核心的文化现象，也是与现实文化紧密相连的文化现象。网络的覆盖范围远远超出报纸、广播和电视，只要有一台连接了互联网的电脑，就可以获得世界各地的信息。网络具有大量的信息，同时具有三维、交互、快捷方便的特点。可是，网络也是一把双刃剑，在为人类社会带来方便、高效的同时，也会带来负面的影响。我们要积极发展，加强管理，占领引导接收网络信息的主动权，扩大思想政治教育网络载体新途径，努力提高交换生思想政治教育的针对性、时效性、主动性和科学性。所谓网络文化载体，是把网络文化当作大学生思想政治教育的载体。把思想政治教育内容放在大学网络文化中，让网络文化承担着相应的思想政治教育功能。

加强交换生的网络思想政治教育，实质上也是在促进网络文化与思想政治教育的良性互动。相比于传统的教育模式，学生会更喜欢接受网络文化形式的教育。同时，由于网络文化具有隐蔽性，如果我们能加以利用，在网络文化活动中，增添更多的思想政治教育元素，在交换生思想政治教育中融入网络文化的成分，就能达到潜移默化的教育效果。网络思想政治教育本身就是一个新兴的事业，作为教育者一定要有创新精神，不能简单地将传统的教

育方法照搬到网络思想政治教育中，应该在工作中不断探索、创新，利用网络的特色，抓住交换生的思想动态，总结规律和经验，创造性地开展工作。网络环境日新月异，网络文化随时发展，新的思想随时产生，作为思想政治教育者一定要有与时俱进的精神。例如对当下的网络流行语言、常用的网络沟通技巧等都能有一定程度的掌握，甚至对对象国或地区的政治、经济、文化，近期发生的重大事件等各方面都有一个清晰的了解，才能与交换生消除隔阂，进行畅通交流，才能在不同时期有针对性地开展网络思想政治教育。

加强对境外交换学生的指导，可以充分利用社交网络平台和即时通信工具，重点关注海外党员的在线学习、时事宣传和理论研究，形成定期汇报制度，使交换生和同学、老师，大学、祖国保持密切联系。高等院校通过QQ、微信、微博等网络平台和交换生实现国内外无缝对接管理和服务，让交换生能和国内的学生同时进行综合测评和奖学金评定。在思想引领中，注意舆论的指导，关心学生微信朋友圈、QQ 空间的变化，及时传递正能量。关注交换生在专业学习、社会经验、情感体验、生活经验等方面的交流，给予及时关怀和鼓励。通过同学微信公众号和学院网站等渠道积极宣传。

大学生正处于世界观、人生观、价值观成型的关键时期，而网络上各种观念充斥碰撞，如果不给予正确引导，必然会引起大学生思想上的混乱。因此，对于交换生的网络思想政治教育一定要注重提高大学生上网的文明素养。在学生接受思想政治教育过程中，可以以本国或者对象国或地区的大型节日为契机、以本国或者对象国或地区现实中发生的或者网络上发生的事件为案例开展一系列教育活动，通过启发、因势利导等方式引导交换生树立正确的世界观、人生观、价值观，养成高尚的道德情操，提高法律意识和自主意识，增强辨别是非和分析问题的能力。网络思想政治教育中，由解决问题到预见性引导，随时关注和把握舆论方向，防止舆论扭曲，如果出现相关问题应当及时澄清，安抚学生情绪，防止事态进一步恶化，当然这只是应急措施。在平常的网络思想政治教育工作中，应该引导交换生树立正确的道德观和价值观，遇到紧急情况时，能够有自己的是非观、自主意识，不会轻易受到他人的煽动和蛊惑。

综上所述，加强对交换生的文化引领，增强他们的文化自信、自觉意识，高校在交换生思想政治教育中坚持文化自信的价值导向，发挥文化载体和网络载体的育人功能，弘扬以爱国主义为核心的民族精神和以改革创新为核心的时代精神，大力弘扬中华优秀传统文化，使交换生在中西文化交流互动中既能够坚持自主性和话语权，又能接纳西方的先进文化，坚定社会主义道路自信、理论自信、制度自信和文化自信，成为社会主义合格的建设者和可靠的接班人。

第八章

我国高校交换生思想政治教育研究的展望

习近平总书记在党的十九大报告中指出："要以培养担当民族复兴大任的时代新人为着眼点，强化教育引导、实践养成、制度保障，发挥社会主义核心价值观对国民教育、精神文明创建、精神文化产品创作生产传播的引领作用"①。纵观交换生思想政治教育的历史沿革和现实情况，青年大学生出国学习国外先进科学技术和人文理念，归国后对国家和民族的贡献有目共睹，每个历史时期都涌现出一批担当国家社会之重任的杰出人才。当今国际化人才培养成为各国政府和高校极其重视的关键环节。高校以培养担当民族复兴大任的时代新人为基本任务，交换生的思想政治教育任重而道远。"打铁还需自身硬"，加强思想政治教育，必须以社会主义核心价值观引领交换生群体，以中国改革开放以来取得的巨大成就和"中国梦"的远大理想激励交换生奋发向上、刻苦学习，增强交换生的政治认同和文化自觉，从而将他们培养成为德智体美劳全面发展的、能够担当民族复兴大任的社会主义可靠接班人。

而在思想政治教育的过程中，高校和德育工作者必须积极探索交换生思想政治教育的途径、方法，纵横结合，深入拓宽教育的内容，从而提升思想

---

① 《中国共产党第十九次全国代表大会文件汇编》，人民出版社 2017 年版，第 34 页。

教育的实效性和彻底性。虽然地域、空间和距离等客观因素导致交换生深切感受到国内与境外在政治、经济、文化和社会等方面的差异，但是中国经济的崛起和科技的进步在全世界引起的关注，使交换生们越来越感受到祖国的强大对于个人发展的重要性。问卷调查的数据表明，境外交换留学的经历增强了交换生的民族国家认同感，拓宽了他们的国际视野，提高了他们的外语能力和跨文化交际能力，增强了他们的专业水平和学术能力。

但是境外的意识形态对交换生渗透的风险和交换生管理的风险也同时存在，境外交换留学或访学的学生、教师和学者的种种经历牵动着政府、社会各界、高校和家庭的神经，部分留学生遭遇恐怖袭击、谋杀、毒品等事件，成为一个又一个的社会聚焦热点。例如赴美访问学者章莹颖遇害事件、留日女生江歌遇害事件、海外基督教组织在机场夹道欢迎留学生、海外留学生吸食毒品等，无疑放大了境外交换留学的风险，让人们从思想上越来越重视境外交换留学的莘莘学子的安全、心理健康、文化冲击等方面存在的问题。在这方面，国内关于交换生的研究明显滞后于大学生国际流动迅速发展的现实情况，而本书的研究从实证研究的角度在国内率先提出交换生思想政治教育的理念研究与实践探索，从而填补了这一空白，将交换生纳入了思想政治教育的范畴，为思想政治教育拓宽了理论维度。

教育最重要的是唤醒学生内心的理想信念和文化自觉，从而使学生在追求真理、学习新知的过程中具有百折不挠的动力。通过思想政治教育，交换生形成对理想信仰和文化认同的自觉自律，这才是思想政治教育的难点。当一个大学生在出国前本身就具有坚定的信念和实现中国梦的理想，身上更有阳光心态和担当精神，就无惧境外敌对势力意识形态的侵蚀、渗透。所以，笔者再三强调，加强交换生思想政治教育，必须把新时代中国特色社会主义思想贯彻其中，深入到交换生灵魂深处，增强其文化自觉，优化其思想引领载体，拓宽其思想教育新途径，达到政治宣传与文化熏陶的有效结合，显性教育与隐性教育的合理统一，从而实现国内外两种现状、两种距离、不同空间的思想政治教育的无缝对接、全面覆盖。

交换生项目在近年来的发展过程中也呈现出迅猛的势头，各大高校都不断开辟新的交流项目。《国家中长期教育改革和发展规划纲要（2010—2020年）》提出，作为人才培养方式的一种新探索，交换生项目将成为世界上参与者最多的文化交流项目。交换生思想政治教育和管理是高校延伸教育管理的重要范畴，将越来越受到重视，对此全面深入的研究是我国高等教育发展的必然要求。展望未来，交换生思想政治教育研究大有可为，这一研究领域还有许多尚未完善之处，需要进一步深入研究探索。

一、深化交换生网络思想政治教育

与时俱进，在"网络"上下功夫是新时代思想政治教育的要点。现今互联网已经完全融入了人民的工作、生活和学习中，巨量信息资源和新锐的思想，通过网络迅速传播。高校和德育工作者要强化互联网思维，创新交换生思想政治教育的网络载体，开拓网络新媒体的视角，拓展"网络思政"平台建设。

（一）深化交换生网络思想政治教育案例研究

案例分析的重要性在于有可能发现被传统的统计方法忽视的特殊现象，它不仅对现象进行翔实的描述，更对现象背后的原因进行深入的分析，它既回答"怎么样"和"为什么"的问题，也有助于研究者把握事件的来龙去脉和本质。案例研究属于质的研究，强调的是其特殊性，弥补了我们目前量化研究的"去特殊性"，在思想政治教育研究这一领域，往往是特殊案例开拓了新的研究课题。

随着信息技术的发展、网络使用的普及，拉近了个体之间的距离，为学校了解交换生的学习、生活、思想状况提供了可能，也为思想政治教育注入了生机和活力。网络的出现以及网络在教育领域的运用，给思想政治教育的方式、手段、条件、效果等方面都带来了全新的变化和拓展，打破了时空的隔阂。从某种意义上来说，网络思想政治教育是辅导员主动了解境外交换生思想状况的重要途径。但网络的发展是一把双刃剑。一方面，作为一种新的传播技术和交流工具，传输快捷，交互性强，覆盖面广，形式多元，为实现思想政治教育创新提供了新机遇；另一方面，网络的多元性容易消解思想政治教育主体的权威性，网络的虚拟性容易造成境外学生的道德观念的弱化、道德行为的失范。面对网络的这种双重效应，我们必须抓住机遇，深化对交换生网络思想政治教育案例的分析，以包容的胸襟对待网络给思想政治教育带来的严峻挑战，扬长避短，兴利除弊。

在未来深化交换生网络思想政治教育案例分析研究中，我们希望从优秀的网络思想政治教育案例分析研究中对典型的案例进行归纳总结，能在特殊性事件中开拓领域，更希望在特殊性事件中得出其中的共性，从实际问题出发，开拓对交换生的思想政治教育研究新方向、新课题，发挥"主动积极、正面引导、加强管理、趋利避害、为我所用"的作用。

（二）深化交换生网络舆情把握及舆论危机管理研究

舆情即意见、态度、言论，交换生网络舆情体现了鲜明的开放性、地域性和现实性。简言之，舆情是人表达的话语及观点，及其在网络上的传播及相互影响。把握舆情、引导舆论首要的是熟悉人、引导人和教育人。除全过程、全时段育人外，特殊节点的舆情把握也很重要。如何把网络舆情管理前置化，关键在于国（境）外的党员、团员骨干，他们既是受教育者，同时也是网络舆情的重要引导者。网络舆情与危机管理看似在一时，实则来自日常的外化影响。危机管控既具即时性，又具长久性。夯实基层党组织建设，融入于专业塑造，方能有效把握网络舆情，及时化解舆论危机。

目前，人们对于信息的需求空前强烈，加之相对较快的工作生活节奏，具有"爆炸性"的新闻和言论往往能吸引更多的眼球，引发人们的热议，而网络舆情又具有文化价值观多元化、主体情感感性化、信息影响范围广、消息传播速度快等特点，因此，这些都给交换生思想政治教育中网络舆情把握及舆论危机管理带来不小的难度。网络舆情把握及舆论危机管理，关键是在话语权上面。① 德育工作者要树立正面的朋辈网络意见领袖，注重引导交换生的价值取向。

在高等教育全球化的语境中，传统思想政治教育"教师讲，学生听"的模式受到质疑，以学生为中心的教学方式逐渐受到广大学生的欢迎。尤其是现代信息技术的发展，大量的知识和信息资源可以经由网络查找到。因此，在发达的媒介环境中，要做好交换生思想政治教育工作，就要把握网络舆情及舆论危机管理在对交换生的思想政治教育中的关键作用。

交换生网络思想政治教育研究还处于浅尝辄止的阶段，其研究的深度、广度不够。如何推进交换生网络思想政治教育研究，使其进入新的深入发展时期，是当前思想政治教育面临的艰巨任务和前沿性课题。在未来研究过程中，应重视这一领域的突破，根据交换生思想政治教育方面的特点，深化、细化网络思想政治教育。

（三）深化交换生大数据在网络思想政治教育方面的作用研究

大数据或称巨量资料，指的是所涉及的资料量规模巨大到无法通过目前主流软件工具，在合理时间内撷取、管理、处理，并整理成为帮助管理者决策的资讯。大数据是一种价值观、方法论，通过对多向度海量信息的分析，获得具有规律性的巨大价值或信息体系。对于交换生网络思想政治教育而言，数据安全与来源是重要考量标准。大数据在网络思想政治教育中的运用不单纯是学工队伍的研究领域，更是整个教育体系的合力研究范畴，要确保数据来源的多样性、可靠性与安全性。重在分析出交换生的价值取向变化、异域信息对交换生的影响。有的学者认为，加强思想政治教育队伍的数据素养很有必要，思想政治教育队伍应主动收集、整理数据并认真分析，深入挖

---

① 翁文斌：《网络舆情演进的周期性特征及其监管体系研究》，浙江工商大学硕士学位论文，2012年。

掘学生数据信息的规律，增强教育工作的前瞻性、预见性，提高对数据信息的敏感性。同时，高校应该有针对性地系统组织培训，提升思想政治教育者的数据分析能力。[①] 进入大数据时代，要学会用数据说话。通过大规模数据挖掘信息，大数据为我们获得更为深刻、全面的洞察能力提供了前所未有的空间与潜力。

近年来，以美国为首的发达国家在高等教育领域里进行了令人印象深刻的改革创新，最有代表性之一的就是对大数据的利用。在众多借助大数据管理分析的案例中，美国堪萨斯州威奇塔州立大学通过大数据分析学生的学业管理，获得令人惊奇的准确性。同时，美国的很多高校将大数据科学应用于各种各样的管理实践之中。通过来自学生社交媒体、交谈记录、博客以及学生调查等方面一系列统计分析、数据挖掘等方法，得出较为科学的结论。以此为鉴，我国高校的思想政治教育工作者也可将大数据运用于高校交换生的管理服务之中。大数据从信息的收集、分析到运用是一个专业的数据分析系统，高校需要最大限度地将技术支持用于正确利用好大数据，让它为高校的改革与发展服务。经由正确的方式方法，大数据项目才能增进高校学生、教师、管理者三位一体的管理服务效益。目前，国内高等教育在大数据分析上仍然处于探索阶段，在学业成绩管理、学工管理和就业信息管理等方面广泛运用，而交换生的大数据信息管理尚属空白。因此，笔者在此大胆预测，未来在对交换生的思想政治教育研究中大数据分析也将成为重要研究领域。

二、加强交换生教育管理的比较研究

新时代思想政治教育工作者既要坚守阵地，遵循交换生思想政治教育发展的规律；也要善于通过对不同国家和地区、不同社会和制度、不同民族和

---

① 凌小萍、邓伯军：《大数据时代高校思想政治教育探究》，《广西师范大学学报（哲学社会科学版）》2015 年第 1 期。

文化的对比分析，发现问题，提供借鉴。

（一）加强对派出对象国或地区实地交流调研

实地调研是指由调研人员亲自到调研地，运用访问法、观察法、实验法等研究方法收集第一手资料的过程。对于交换生的思想政治教育研究，实地调查法是一种非常有效而且质量比较高的调查方法。从学术角度来说，加强实地调研交流有利于管理者对理论知识的转化和拓展，增强运用知识解决实际问题的能力。

根据马克思主义认识论中实践对于认识的基础意义，"全部社会生活在本质上是实践的。凡是把理论引向神秘主义的神秘东西，都能在人的实践中以及对这个实践的理解中得到合理的解决"①，解放思想，实事求是，德育工作者应总结凝练交换生思想政治教育工作的实践经验，进而将其上升为理论，再来指导交换生教育管理工作。在交换生规模不断扩大这一背景下，思想政治教育工作者赴交换生所在国或地区实地调研颇为重要。交换生离开母校，到异国他乡学习，教育者要了解交换生的动态和学习生活状况，实地调查研究必不可少。调查研究是有目的、有计划的多维系统工程，涉及交换前中后的三个阶段，运用小数据与大数据分析，进行专题调研，凝练异地交换的教育重点。高校必须对对象国或地区有深入细致的研究，并建立稳定的派出调研机制，定期派出思想政治教育工作者队伍赴外调研，与交换生建立直接联系，并在调研中及时收集相关信息与数据，为下次调研打好基础，更好地指导交换生思想政治教育实践。

目前，对交换生的思想政治教育与管理中，实地信息交流调研工作的地位越来越重要，它是教师、辅导员体验和了解交换生学习、生活和工作的实际情况的有效方法途径，教师或辅导员通过实地调研、综合分析、反馈积累，亲身经历收集信息、处理信息、发放信息的过程，为各项工作的开展提

---

① 《马克思恩格斯选集》第 1 卷，人民出版社 1995 年版，第 56 页。

供依据和证据。① 目前，交换生的思想政治教育研究主要还是采用文献研究和国内的实证调查研究为主。文献研究有迟滞性，新闻媒体存在非权威性，那么实地调研的作用便凸显出来。因此，我国各大高校应对于思想政治教育工作者前往学生交换的对象国或地区实地考察给予经费等方面的支持，形成稳定的赴对象国或地区考察调研的管理制度，才能进一步推进交换生的思想政治教育研究。

由于各国在政治、经济、文化、社会生活诸方面存在着差异，大学生出国学习往往就是感受异国风情和与国内完全不同的教育方式和内容，而正是这些差异容易引起交换生在短时期内的思想波动。因此，也应该注重以文化差异和文化认同为代表的研究。在交换生思想政治教育这一研究领域，我们要引进来，也要走出去。

（二）建立交换生思想政治教育研究队伍

交换生的派出与教育是需要学校各部门通力合作的工作，专业教师、思想政治课教师、辅导员、班主任、外事部门和教务部门等应合作组建交换生思想政治教育研究队伍。习近平总书记在全国高校思想政治工作会议中强调，"做好高校思想政治工作，要因事而化、因时而进、因势而新""要遵循学生成长规律""提升思想政治教育亲和力和针对性，满足学生成长发展需求和期待"。② 同时提出了抓好"高校党政干部和共青团干部、思想政治理论课教师和哲学社会科学课教师、辅导员和班主任和心理咨询教师等队伍"的学习与建设的重要性。③ 而交换生思想政治教育研究队伍越来越成为不可忽视的队伍，必须齐抓共管，形成教育合力，将思想政治理论课和健康向上的校园文化活动延伸至对象国或地区高校。要加强高校党的基层组织建设，创新体制机制，改进工作方式，提高党的基层组

---

① 夏江南：《我国境外交换生教育质量管理研究》，南昌大学硕士学位论文，2013 年。
② 《习近平谈治国理政》第二卷，外文出版社 2017 年版，第 378 页。
③ 《习近平谈治国理政》第二卷，外文出版社 2017 年版，第 380 页。

织做思想政治教育工作的能力。实际上，除了教师队伍，学生党员骨干也是重要的思想政治教育研究队伍成员，他们是学生，同时也是生活在学生中的思想政治教育者。教育主体与客体对党组织来说可以合而为一，这对于交换生教育的调查研究、数据分析、思想引领具有不可替代的作用。

随着国家对学生思想政治教育研究的重视，旨在搭建促进从事思想政治教育教师和辅导员自我提升的合作交流研究平台，打造区域内高层次团队，带动区域内教师队伍整体素质和育人能力的提升而成立的专业工作室越来越多。例如，在广州大学成立的广东省高校少数民族大学生教育管理服务工作平台"李敏工作室"，在提高少数民族大学生辅导员工作科学化水平等方面发挥了积极作用。[①] 上海高校辅导员"洪汉英工作室"，在新疆少数民族学生的教育管理，特别是民族团结教育方面探索出了成功经验，形成了有效的工作机制，值得全国从事少数民族教育工作的同行借鉴。因此，针对交换生这一庞大的群体，高校应组建思想政治教育国际化研究队伍，实践探索，因材施教，形成合理的研究交换生思想政治工作的学术团队，使思想政治教育更加深入拓展，从而达到立德树人的目的。

建立专门的交换生思想政治教育研究队伍是把交换生思想政治教育研究推向专业化道路的重要举措。成立专业的研究机构，一方面可以在交换生思想政治教育管理中寻找创新理念和方法，孵化辅导员名师；另一方面是建立资源共享、信息互联、沟通交流、成果共用的交换生思想政治教育管理的工作载体。交换生思想政治教育研究工作室作为研究人员开展学习创新工作的新载体，既是开展教师素质提升工作的落脚点，更是提升交换生教学质量和效益的重要增效点。因此，在未来的研究工作中，走有组织、专业化、专家化的道路将是交换生思想政治教育研究的一大趋势。

---

① 《广东首个以辅导员名字命名的"李敏工作室"在我校成立》，广州大学新闻网，2014年1月3日。

（三）借鉴国外经验，建构交换生思想政治教育体系

在全球化教育背景下，中国的高校都在拓展中外教育平台，如何取长补短、相互借鉴是高校教育的重要使命。对中外思想政治教育理论进行比较研究，有助于更好地吸收先进思想与技术，提升教育理论与实践。比较德育也是学界关注的领域。"所谓比较德育，简单来说，就是对不同时代、不同国家或地区的德育理论和实践进行比较分析研究，找出它们之间的共性与特点，从而揭示德育发展的共同规律，把握德育发展趋势。"[①] 对于交换生思想政治教育研究，不仅要借鉴中国古代德育理论，也要借鉴西方德育理论，并以马克思主义德育理论为指导。从时间维度和地域维度对中外思想政治教育理论进行梳理和提炼，延伸至交换生教育，裨益不小。从实践层面，对来华交换生的教育管理也是宝贵的研究参照，中方的教育管理与对象国或地区的教育管理结合，将探索出有益的途径。

在当今大学生国际流动蓬勃发展背景下，我们需要引进更多的国外教育合作资源，学习国外教育先进水平的国家在交换生管理方面的经验，构建我国高校交换生思想政治教育的独特体系。一方面，直接引进优质的国外教育资源，比如说在价值观、思想政治与我国具有相似性的国家；另一方面，可以引进国外对交换生教育管理的先进方式方法为我所用。[②] 西方发达国家在学生事务管理方面积累了许多经验，也值得我国高校借鉴。例如美国的学生事务管理，通过建立学术咨询（Academic Advising）系统来增加学生与学校之间的互动。[③] 而我国的交换生思想政治教育，除了管理之外，要增强高校的教育指导和服务职能，同时让学生参与大学教育的发展进程。这要求国内高校的辅导员等具有更强的专业素养，能够全程参与到学生的培养与发展之

---

① 武汉大学思想政治教育系组编，王玄武等著：《比较德育学（第二版）》，武汉大学出版社2003年版，第12页。

② 牛群：《中外合作办学中优质教育资源的引进》，《煤炭高等教育》2010年第5期。

③ 程星：《以学生为中心的学术咨询及其管理：一个案例研究》，《苏州大学学报（教育科学版）》2013年第1期。

中，提供宝贵和有效的咨询意见。

我国交换生思想政治教育是近年来思想政治教育理论体系的一个新生类别，对于思想政治理论体系是一种境外的拓展和学科门类的延伸，因此，建构我国特有的思想政治教育体系，必须以马克思主义关于人的全面发展的理论为指导，以学生为本，借鉴、消化和吸收国外先进的经验与理念，从而回归到学生的发展与成才之中。在这个过程中，高校应保持开放兼容的态度，以学生为主体，使交换生的思想政治教育回到教育的本质，即把人从蒙昧的状态中解放出来，培养成为全面发展的人。

综上所述，我国交换生思想政治教育，归根到底是对交换生的价值观、人生观和世界观的洗礼和教育。在理论预设、实证调研和模型建构中的交换生思想政治教育状况存在的问题亟待解决，而在现有的教育手段和研究模式之中，应充分考虑交换生思想政治教育的研究路径，加强交换生的道路自信、理论自信、制度自信和文化自信教育，以社会主义核心价值观去武装交换生的思想和大脑，使他们经过境外的学习历练之后成为社会主义合格的建设者和可靠的接班人。

附　录

附录1　高校交换生思想政治教育研究问卷调查

亲爱的同学：

感谢您在百忙之中抽出时间参与本次高校交换生思想政治教育的调研。此问卷采取不记名方式填写，所有问题的回答没有"对""错"之分，仅作科学研究之用。请您根据个人实际想法作答，资料仅供学术研究使用，并绝对保密，请您不必有个人的顾虑。非常感谢您的参与、配合！

第一部分　客观题（请根据您的实际情况选择或填写）

1. 性别：_____

（1）男　　（2）女

2. 年龄：_____周岁

3. 您的政治面貌：_____

（1）群众　　（2）共青团员　　（3）预备党员　　（4）中共党员

4. 在学状态：_____

（1）本科在读　　（2）硕士研究生在读　　（3）博士生在读

5. 您的专业：_____，参加交换的专业：_____

6. 作为交换生，您参与的是以下哪类学科的研究：_____

（1）理工科类　　（2）语言类　　（3）人文社科类　　（4）其他_____

7. 交换学校所在国（或地区）：_____

8. 交换持续的时间（累计时间）：_____

（1）0—6个月　　（2）6个月—1年　　（3）1—2年　　（4）2—4年

第二部分　选择题

9. 出国前，您接受了哪几种类型的安全培训（多选题，最多可选三项）：_____

　　A. 交通出行安全和人身安全　　B. 防火防盗安全培训、讲座和演练

　　C. 反恐防暴安全或演练　　D. 防地震火山等自然灾害的安全培训

　　E. 无

10. 出国前，您最担心对象国或地区哪方面的问题（多选题，最多可选三项）：_____

　　A. 治安（偷盗、抢劫等）　　B. 战争、恐怖袭击、动乱

　　C. 文化和价值观的差异　　D. 消费（饮食、住宿）

　　E. 自然环境　　F. 交通出行

　　G. 其他（请补充，下同）_____

11. 交换留学期间，您或周围同学遇到过以下哪些事故（不定项选择题）：_____

　　A. 盗窃、抢劫等治安事件　　B. 交通事故

　　C. 地震、火山、洪水等自然灾难

　　D. 炸弹袭击、枪击事件等恐怖行为

　　E. 其他_____　　F. 以上都没有

12. 境外交换留学期间，您的月消费折算人民币：_____

　　A. 2000 元以内　　B. 2000—4999 元

　　C. 5000—7999 元　　D. 8000 元以上

13. 境外交换留学期间，您的个人消费观念发生如下改变：_____

　　A. 因为国外留学花费大，我比以前更加节省，并努力打工挣钱，变得更加独立

　　B. 和在国内相比，我的消费情况没有变化

C. 国外是购物天堂，我用于个人消费的钱比国内更多，经常买买买

D. 国外的消费情况直接影响个人观念，我要努力学好专业，找个好工作努力挣钱

14. 您会更倾向于向外国朋友介绍或展示哪些中华元素（多选题，最多可选三项）：_____

    A. 中华艺术（如书法、剪纸）   B. 中国功夫

    C. 中华美食   D. 中国建筑

    E. 中国文化（唐宋诗词）   F. 其他_____

15. 您在境外参加过哪种类型的社会实践（多选题，最多可以选三项）：_____

    A. 兼职打工   B. 义工

    C. 使领馆组织的志愿者活动

    D. 在学校或学院境外实习基地的实习

    E. 非政府组织的各种活动   F. 其他_____

16. 交换留学回来后，您认为以下哪些方面得到了提高（不定项选择题）：_____

    A. 外语能力   B. 跨文化交际能力

    C. 专业水平和学术能力   D. 视野开阔，比出国前心态更包容

    E. 没有什么区别

17. 交换留学回国后，您是否愿意再次出国留学或工作？如果再次出国留学或工作，原因是：_____

    A. 是，进修更高的学历   B. 是，学到更多前沿理论和先进技术

    C. 是，公司派遣出国工作   D. 否

18. 如果您在境外参加过班团组织活动，请问包括以下哪些活动（多选题，最多可选三项）：_____

    A. 民主生活会   B. 班集体或团支部主题团日活动

    C. 理论学习以及网上讨论   D. 中外文化传播交流活动

E. 国庆或五一、七一等重大节日的庆祝活动

F. 集体聚餐、唱歌　　　　　G. 集体户外烧烤、露营和旅行

H. 其他_____

19. 您在境外参加党员活动，包括哪些内容（多选题，最多可选三项）：_____

A. "两学一做"等理论学习　　B. "两会精神"学习

C. 党员和入党积极分子考察　D. 批评与自我批评

F. 没有参加过这类活动　　　E. 其他_____

20. 您在交换留学期间是否参加过宗教活动或进入宗教场所，那么可能促使您参加的原因是（多选题，最多可选三项）：_____

A. 旅行浏览　　　　　　　　B. 祈福

C. 陪同他人　　　　　　　　D. 好奇

E. 了解、融入当地的民情民俗

F. 个人兴趣　　　　　　　　G. 没有参加过

21. 在国外交换留学期间，国外网络媒体资讯发达，我经常浏览网页，并有以下看法：_____

A. 国外媒体的观点开阔了个人视野

B. 那些对中国的不同意见，我保持理性分析的态度

C. 我对媒体的态度无所谓，网上那些观念影响不了我

D. 对于国外媒体揭露出来种种丑闻，我感到愤慨

22. 作为大学交换生到境外求学归来，接触国际多元文化是否使您原有的人生观和世界观产生变化：_____

A. 是，有本质的变化　　　　B. 没有本质变化，但产生较大影响

C. 没有本质变化，影响不大　D. 没有变化

23. 请根据您自身的实际情况与下列表述的符合程度在相应的方框内打"√"

题目内容	非常同意	比较同意	一般	比较不同意	非常不同意
1. 通过交换留学，我对民族国家的认同感增加，更加热爱祖国。					
2. 在境外交换留学，我感受到国家强大对个人发展的重要性。					
3. 当前我国整体环境（如社会、经济、自然环境等）较好，我国所处的国际环境也较好，各方面处于有利位置。					
4. 交换留学期间，向世界传播中华文化是交换生的爱国行为。					
5. 交换留学期间，在异国文化的冲击下，我感受到中华文化的博大精深。					
6. 国外自由的生活让我变得更加独立、自律。					
7. 交换留学期间，我提高了个人的应急安全意识。					
8. 我在国外交换留学期间会积极参加各种社会实践和志愿者活动，包括打工、家教和兼职。					
9. 交换留学期间，我改变了个人的金钱观念。					
10. 我是坚定的唯物主义者和无神论者，在国外自觉抵制宗教的渗透。					
11. 我对各种宗教团体有良好的认知能力，会尽量避免日常生活中与不法团体进行接触，以防受到危害。					
12. 在对象国或地区有大部分人信仰宗教的情况下，我会尊重当地人的习俗，仅当是开阔视野，但不会发自内心去信仰一个宗教。					
13. 国外媒体咨询发达，我充分利用网络找到各种前沿学术资料，快速便捷。					
14. 在国外期间，虽然看到互联网上有许多不良不实的新闻，我能理性判断真伪，不受网络的影响。					

第三部分　主观题

24. 您对中国高校交换生的思想政治教育有什么意见和建议？

附录 2　我国交换生思想政治教育现状访谈提纲及样本

访谈对象：略

学习国家与学校：瑞士，伯尔尼应用科技大学

记录人：尚丹

时间：2017 年 3 月 1 日

地点：广东外语外贸大学院系楼 325

调研目标简述

为深入了解我国交换生的生活境遇和思想动态，我们将对境外留学生进行一个较为深入的调研，在与大家进行深入沟通的情况下，针对目前交换生生存现状和思想状态中存在的问题，以及现行的交换生思想政治教育现状进行梳理，从而希望达到能够提高交换生思想政治教育水平的目的。为了达到期望的效果，我们将在保证对您不愿意公开的信息绝对保密的承诺下，了解您最真实的想法。感谢您的合作！

一般性问题（了解基本情况，所有人员通用）

1. 请问您是哪里人？

河南开封。

2. 请问您的学术背景是什么？

广东外语外贸大学本科，2017 年毕业，出国时间是 2015 年 9 月大三上学期。

3. 请问您的政治面貌是什么？

现为中共党员，出国时为预备党员。

4. 在出国之前，您对中国的思想政治教育有什么感受？认为这项教育对您的人生观念有什么影响？

出国之前我认为中国的思想政治教育是潜移默化、根深蒂固的。这项教育对我的人生观念产生了潜移默化的影响，对个人、家庭、社会、国家形成了正确的是非观念。知道自己应该做什么，不应该做什么。有明确的积极向上的人生目标。

5. 您的家庭经济情况如何？是否申请了困难认定？

是的，我申请了困难认定。学校给了我出国出境的奖助学金。

境外交换经历背景

1. 请您介绍一下您进入这所学校的过程？（如面试中见的人、问题、如何通知你的、最看重的评估条件）您对这样的接洽方式是否满意？

首先是学院发布申请通知，进行院内申请，提交要求的材料。学院依据学业绩点、综合测评、英语水平等三个主要标准进行筛选。提交推荐名单，经由大学审核报送对方学校审核，全部审核通过，最终下发录取通知。对这样的接洽方式较为满意，较为全面地考量了学生的综合素质。

2. 请您简要介绍一下您的学习经历，出国后所在学校院系学习情况。包括课程设置、考核情况等。

在学校的学习课程主要是工商管理类的课程。选课是自主选择，但是对方学校的课程在最后一年才会涉及专业性特别高的课程，之前的课程以专业通识类课程为主，因此选择的大多数是工商管理类的基础课程。学校的课程设置课时长度比国内长很多，每周的课时安排比较多。大多数的课程都需要做小组作业，小组作业的任务和国内的不太一样，国内偏向于理论学习和案例分析，当地重视实践。我当时做的所有小组作业都是以实体公司的实际问题为前提的，要通过不断的实地考察和访谈来完成，做出来的作业也要提供给公司作为决策依据。实用性比较强，感觉自己做的作业是真实而有意义的。课堂考核和国内的项目差不多，但每一项的比重有所不同。课堂出勤的要求根据老师的不同而有所不同，每个老师所规定的可以缺席的次数标准不同。但共同点是平时成绩所占比重较大，大多数课程的小组作业所占比重都大于50%，期末笔试占的比重不大。

3. 您在境外学习的学校有怎样的人员构成？您是否有过了解？包括多少本国人、多少外籍人士？

由于瑞士当地的教育系统和体制与我们不同，伯尔尼应用科技大学的学生有一部分是已经工作过一段时间之后再回到学校读书的。学校里的学生也分为兼职学生和全职学生。兼职学生的学时比全职学生多一年。学校里的课程分为德语教学（母语）和英语教学两类，学生在选课的时候可以自主选择语言。英语教学是全英语教学，不会掺杂任何其他语言。德语教学的学生基本都是瑞士本地人。我参加的是英语教学课程，课堂中的本国人和外籍人士的比例基本为1∶1，外籍人士多为欧洲人，以德国、法国、意大利、挪威、芬兰、瑞典等国为主，亚洲人以中国、韩国、越南为主。

4. 您境外学习的学校有没有宗教色彩？如果有，您会不会参与它的宗教课程？在其中的感受如何？

没有。不会。

5. 在境外交换过程中，接触最多的人是谁？他（她）在学校中是什么角色？在你们交往的过程中，他（她）对你的影响大吗？

接触最多的肯定是每天一起上课的同学，一起做小组作业的组员，还有上课的老师，以及私交比较好的外国朋友，还有对方学校国际处的老师。这些感觉没有办法说哪个最多，每个个体对我产生的影响不尽相同，个体差异较大。

6. 请问您境外交换后最快乐或印象最深刻的一件事是什么？为什么？

印象最深刻的一件事是一节跨文化课上，老师开展的一系列跨文化的测试，来测试不同国家文化对同一件事的接受程度，例如和异性的安全距离测试。之所以印象深刻是因为这些测试中有一些会让我感觉很难接受，但在其他国家的文化中是很正常的事情，感受到了较大的文化冲突。

价值观念冲突及文化冲突

1. 境外交换过程中，有没有发生过文化冲突事件？是发生在谁的身上？您的感受如何？

有。在瑞士当地人见面的礼节和我们不同，初次见面时握手，普通异性朋友见面会拥抱，男生朋友之间会击掌、握手、撞肩。关系非常好的异性或女生同性朋友会行吻面礼，吻三下脸颊，右一左一右。在一次比较熟悉的几个朋友的家庭聚会中，见面很多人对我行吻面礼，虽然能够理解但还是感觉不太舒服。

还有就是很多西方国家包括瑞士人都认为同杯饮水是很常见的事情，但是我会觉得脏，很难接受。

2. 是否有拥有其他信仰的人与你沟通，希望您能更了解他们的宗教？

有。虽然当地人大多信教，但每周去教堂做礼拜的严格意义上的信徒比较少。伊斯兰教的穆斯林通常更希望我了解他们的宗教。

3. 您的政治面貌有没有成为在境外交往的过程中的话题？是否有人问过您的政治态度？您如何回答？

政治面貌基本没有人问过。他们好像没有这个概念。但是有人问过我政治态度。曾经有一个越南的同学问过我对于中越领土争端的问题。我当时回答：我永远和我的国家站在一起。

4. 您所在的学校有没有进行过当地或所在国家的爱国主义教育？是否会影响您的立场与判断？

没有。

5. 离开祖国后，您是否觉得国家荣誉感更重了？

是。

6. 在境外的这段时间，您是否有任何关于自己国家的观念上的变化？这个变化具体的指向是什么？您对此有怎样感受？

对世界如何认识中国有了新的看法。原本以为世界对中国了解很多，后来到了瑞士通过和他们的交谈发现他们对中国的认识还停留在 30 年以前，一无所知甚至认为中国充满了让人畏惧的神秘气息。我感觉中国在世界范围的国家形象宣传做得还远远不够。

境外学习所引发的变化

1. 您回国的主要原因是什么？是否曾有过不回来的打算？如果有，为什么会改变？

交换期满回国。没有。

2. 您对于中国的国家概念是否有改变？如果有，体现在哪些方面？

不是太理解什么是国家概念。感觉没有改变。

3. 您是否还有出国出境学习的意愿？如果有，是为什么？

有。想要把中国的文化和国家形象输出出去。

4. 您认为什么样的方式可能更能吸引您对一个国家或者政党的热情与关注？

可能更为活泼的形式和载体吧。

5. 出国后您有没有出游经历？某些文化或文明以什么样的方式影响到您？

去了很多地方。在异地生活、学习和旅游的经历中，体验的差异无处不在，但有时联系上当地的文化，很多也能顺理成章地理解了。在差异中学习与适应，这依然是自己当下的主题。

6. 您是否有实践经历？是有偿的还是无偿的？有什么样的收获？

我没有实践经历，因为学习比较忙。而且我去的瑞士，语言不通，也无法去当地工厂打工。但我的同学曾有过去当地人家里教中文的经历，还是感受到中西文化对于女性的社会角色塑造是有一定差异的。

7. 您的消费观出国前后有变化吗？如果有，是什么样的变化？

出去后觉得自己更穷了，好多东西买不起。不敢乱花钱，消费更加有重点了，也比原来会规划一点了。

附录3 教育部关于进一步加强高等学校中外合作办学质量保障工作的意见

（教外办学〔2013〕91号）

各省、自治区、直辖市教育厅（教委），新疆生产建设兵团教育局，部属各高等学校：

为贯彻落实党的十八届三中全会精神，深化教育领域综合改革，继续深入扩大教育对外开放，巩固发展高等学校中外合作办学成果，提升办学质量和水平，解决个别地方和单位存在的办学目的不端正、片面逐利倾向、办学整体质量不高等问题，现就新时期进一步加强高等学校中外合作办学质量保障工作提出如下意见：

一、明确质量保障建设总体目标

高等学校中外合作办学质量保障建设总的目标是：高水平、示范性中外合作办学机构逐步增多，品牌专业和示范课程初具规模，结构更加优化、布局更加合理，质量评估和认证体系趋于完善，质量监管和信息公开平台基本建成，对高等教育改革发展的促进作用更加明显，对国家和地方经济社会发展的贡献度进一步提升。

二、加强全面统筹，优化布局结构

（一）加强类别统筹。举办具有法人资格的中外合作办学机构要纳入办学所在地省级人民政府高等学校设置规划，坚持强强合作、典型示范，真正引进强校、名校。鼓励举办不具有法人资格的中外合作办学机构，发挥双方学科优势，在相近或相关领域开设学科专业，推动学科协同创新。

（二）加强地区统筹。加强对全国中外合作办学的合理规划和全面统筹。加强省级教育行政部门对本地区中外合作办学的统筹管理。引导中外合作办学发展基础较好的地区开展高水平、示范性的中外合作办学。加大对中西部地区扶持力度，支持中西部地区办学基础较好的高等学校开展中外合作办学。

（三）加强学科统筹。实施本科以上高等学历教育的中外合作办学，要分别按照《普通高等学校本科专业目录（2012 年）》、《普通高等学校本科专业设置管理规定》和《学位授予和人才培养学科目录（2011 年）》有关要求开设专业。鼓励在国家急需、薄弱和空白的学科领域，以及先进制造业、现代农业和战略新兴产业等领域，与外国教育机构确具优势的学科专业开展中外合作办学。严控已有相当规模的商科、管理学科、国家控制布点学科的合作办学，严把资源引进入口关，维护我教育主权。

三、完善优质教育资源引进机制

（一）突出优质资源导向。对利用现有办学条件举办不具有法人资格的高水平中外合作办学机构，简化审批程序，加快审批流程。对办学水平一般的外国教育机构、同一外国教育机构在境内举办多个合作办学以及拟举办专业在境内较为集中的，严格限制。

（二）优势互补实质合作。坚持以我为主、为我所用的原则，做好优质教育资源的引进、消化、吸收和融合创新。对举办具有法人资格的中外合作办学机构，要借鉴外国教育机构先进的教育理念和教育经验，实现高端引领。对举办不具有法人资格的中外合作办学机构，要突出双方办学特色，鼓励双方发挥学科优势，推动学科创新。

（三）拓宽资源引入渠道。充分利用境外教育展览、重要国际会议、双边多边合作平台和驻外使领馆教育处组等多种渠道，引进国际一流教育资源来华开展合作办学，拓展境外优质教育资源的选择空间。

四、规范办学过程管理

（一）完善招生机制。颁发中国高等教育学历文凭的中外合作办学机构招收中国内地（祖国大陆）学生，招生计划要纳入经教育主管部门核定的年度招生规模内，并按照国家有关招生工作规定和要求开展招生工作。只颁发外方合作办学者学位证书的中外合作办学机构，在不低于外方合作办学者在其本国录取标准的基础上，逐步采取与国内高考、学业水平考试、综合素质评价等方式相结合的录取模式，逐步建立科学的人才评价和选拔机制。

（二）保障师资质量。加强高水平中外合作办学师资队伍建设，保证教学质量。中外合作办学机构的外方教师，应从外方合作办学者校内选派一定数量的专任教师担任；在国际上招聘的教师，其职业资格和学术水平应不低于外方合作办学者的教师标准和水平，并获得合作双方的认可。对外方教师的规模、专业水平、任教的课程和时间等，要在合作协议中明确约定，符合相关要求，同时建立监督考核机制。

（三）规范收费管理。加强中外合作办学收费管理。省级教育行政部门应会同物价等部门，按照国家有关规定，完善中外合作办学收费管理。中外合作办学收费项目和标准要向社会公布。

五、完善质量评价体系

（一）健全质量评估制度。建立和完善中外合作办学定期评估制度，突出学校自评、学生满意度测评、专家和社会综合评价等评估方式，全面推进中外合作办学机构评估工作，规范办学秩序，维护学生及相关主体的合法权益。

（二）建立质量认证机制。支持相关机构探索与国际高水平教育质量评价机构合作，建立反映中外合作办学特色、具有广泛社会公信力和国际可比

性的中外合作办学质量认证标准和机制，推动行业质量提升和健康发展，加
强行业办学自律。

六、加强质量监管和行业自律

（一）加强监管工作平台建设。完善中外合作办学监管工作信息平台和
中外合作办学颁发境外学历学位证书认证注册工作平台，加强中外合作办学
质量监管，促进规范办学，实现科学发展。

（二）加强信息公开。建立全国中外合作办学年度报告发布制度。鼓励
各地区建立本地区中外合作办学年度报告发布制度。各高等学校要加强中外
合作办学信息公开工作，主动通过校园网等媒介公示办学情况，接受学生和
社会的监督。

（三）加大执法力度。对违反国家教育方针和有关法律法规、未达到法
定办学条件和标准、未按照合作办学协议约定投入办学资源以及质量评估不
合格的机构，要严格按照《中华人民共和国中外合作办学条例》及其实施
办法规定，严肃查处，依法限期整改，情节严重的，予以停止招生或吊销办
学许可证，促进形成良好的发展环境。

（四）加强行业自律。中外合作办学行业组织要在教育行政部门的指导
下，制订行业标准，规范行业行为，通过开展能力建设、宣传引导、研究咨
询、国际合作，推动办学单位持续提升办学质量。

七、推动改革创新，加大示范性中外合作办学支持力度

综合利用国家教育体制改革试点和教育国际合作交流综合改革试验区平
台，加强办学体制机制创新，建设高水平、示范性中外合作办学。鼓励各地
区各高等学校加强人财物投入，择优建设一批中外合作办学示范机构、品牌
专业和示范课程。加强高水平、示范性中外合作办学的经验总结和典型宣传。

八、强化分级管理

教育部按照国家教育方针和法律法规，进一步做好中外合作办学统筹规划、综合协调和宏观管理，突出引进优质资源，优化布局结构，全面提升我国高等学校中外合作办学质量与水平。

省级教育行政部门要在教育部指导下，进一步强化属地管理职能，加强对本地区中外合作办学类别和学科专业统筹，积极扶持高水平、示范性中外合作办学发展。及时研究解决中外合作办学中遇到的新情况、新问题，加大对本行政区域内违规行为和非法办学的查处力度，推动形成良好的中外合作办学发展环境。

各高等学校要进一步完善中外合作办学内部质量管理机制，加大资源投入，努力创办高水平、示范性中外合作办学机构，充分发挥中外合作办学对促进教育教学改革、学科发展、提高办学质量的重要作用。

教育部

2013 年 12 月 10 日

附录4　广东外语外贸大学学生赴国（境）外
交流学习协议书①

甲方：广东外语外贸大学

乙方：_____（姓名）_____（院系）_____（学号）_____

根据《广东外语外贸大学国际交换生管理规定》，为进一步明确双方的权利和义务，甲乙双方签署本协议。

一、乙方获得甲方的推荐前往_____交流学习，期限自_____年_____月始至_____年_____月止，共_____个月（自出国［境］之日起计算）。乙方自愿参加本交流项目，接受甲方的派遣和管理。

二、甲方承担的责任：

1. 向乙方提供出国（境）交流在学习方面的咨询。

2. 指导乙方办理出国（境）手续。

3. 向国（境）外高校（科研机构）提供所需的有关乙方的材料。

4. 指导办理乙方在国（境）外交流期间学习课程的学分及成绩的认定与转换等事宜。

三、乙方自愿参加本交流项目，并承诺履行以下义务：

1. 服从甲方管理，积极配合甲方做好交流工作。

2. 临行前全面了解国（境）外机构学习、生活等各方面的情况，做好交流学习必要的准备。

3. 接受甲方对乙方在交流期间学习课程的学分及成绩的认定与转换标准。

4. 按要求及时向甲方提供办理对外交流手续所需的所有材料。

5. 在国（境）外交流期间与本校导师、相关职能部门及院系老师保持

---

① 来自广东外语外贸大学国际合作与交流处网站。

联系，定期汇报学习研究和生活情况。

6. 出国（境）外交流前，学生必须根据所在国/地区法律或境外学习单位的规定，购买相关的强制保险，并根据自身情况自行购买医疗、意外伤害、财产等商业保险，所有保险费用均由乙方自行承担。乙方自行负责其在国（境）外期间的人身、财产安全，并自行对其行为造成第三方的任何损害承担责任。如未购买保险而由此产生的后果由学生本人负责。

7. 乙方赴国（境）外学习前应当按照甲方的收费标准缴清学杂费和该项目规定的其他费用。在交换期间，乙方所获得国（境）外学习单位的资助津贴、奖学金或相关机构给予的经济资助由乙方自主支配。

8. 在国（境）外期间，保证遵守中国法律对出国（境）交流人员的有关规定，遵守所在国（地区）的法律法规及学习所在单位的规定，保证执行本协议规定的各项条款。由于乙方本人违法或不当行为而引起的一切法律责任由其本人承担。

9. 按照交流项目规定的时间、内容在国（境）外高校（科研机构）学习研究，交流期满按时回校。未经甲方许可，乙方不得以任何理由中止、延长交流期限或改变交流内容，交流期满不能按时回校者，甲方将视情节轻重对乙方作出相应处理。

10. 未征得甲方同意，乙方不得擅自更改交流计划；若遇特殊情况需要更改，乙方须服从甲方的安排。

11. 在交流期满回校一个月内向甲方提交书面的交流总结。

四、在乙方赴国（境）外交流学习期间，根据管理需要，甲方指定国际交流处项目科老师为联系人。

五、本协议适用范围：凡申请并获得甲方推荐参加由甲方联系、组织的各种赴国（境）外交流项目的广东外语外贸大学全日制学生。

六、本协议自甲乙双方签署之日起生效。

七、因本协议引起的或与本协议有关的争议，由双方友好协商解决。协商不成的，提请广州市仲裁委员会进行仲裁。

八、本协议书正本一式两份，甲方和乙方各持一份，具有同等效力。

甲方：广东外语外贸大学　　　　　乙方签字：

代表签字：（公章）　　　　　　　身份证号码：

日期：　年　月　日　　　日期：　年　月　日

附录 5　广东外语外贸大学学生赴国（境）外
交流学习亲属声明①

　　本人＿＿＿＿＿＿出生于＿＿＿＿＿＿年＿＿＿＿月＿＿＿＿日，系完全民事行为能力人。本人与＿＿＿＿＿为＿＿＿＿＿关系。＿＿＿＿＿＿出生于＿＿＿＿＿＿年＿＿＿＿月＿＿＿＿日，系完全民事行为能力人，具有依法独立承担法律责任的资格和能力。

　　本人了解，＿＿＿＿＿已经认真阅读并签署了《广东外语外贸大学学生赴国（境）外交流学习协议书》，对自己将来独立在国（境）外学习生活的风险有清醒认识。

　　本人了解，＿＿＿＿＿＿已经接受了广东外语外贸大学组织的行前培训，清楚了解在国（境）外学习生活的注意事项特别是安全方面的注意事项。

　　本人已经认真阅读过＿＿＿＿＿＿与广东外语外贸大学签署的《广东外语外贸大学学生赴国（境）外交流学习协议书》，对＿＿＿＿＿＿将来独立在国（境）外学习生活的风险有清醒的认识。

　　本人向广东外语外贸大学保证：本人及＿＿＿＿＿自行承担＿＿＿＿＿在国（境）外期间的一切人身损害和财产损失，本人及＿＿＿＿＿对＿＿＿＿＿在国（境）外期间的行为承担法律责任，不因其在国（境）外期间的个人行为向广东外语外贸大学提出任何法律上或道义上的主张或要求。

　　亲属签名：

　　联系电话：

---

　　①　来自广东外语外贸大学国际合作与交流处网站。

签名日期：　　年　　月　　日

说明：

1. 亲属填写顺序为：（1）家长或配偶；（2）成年兄弟姐妹；（3）其他近亲属。

2. 请认真阅读本说明，由学生本人及亲属签名，并于离校前交回国际交流处。

（地址：广东外语外贸大学北校区行政办公楼 319 室，电话：020-36317267；

南校区行政办公楼 332 室，电话：020-39328198）

附录6　广东外语外贸大学学生赴国（境）外
交流学习学生声明①

本人已经认真阅读《广东外语外贸大学学生赴国（境）外交流学习协议书》，对自己将来独立在国（境）外学习生活的风险有清醒认识。本人向广东外语外贸大学承诺：在国（境）外期间，遵守中国以及所在国家和地区的法律、法规，遵守国（境）外学习单位的规章制度，尊重当地道德和社会风俗，认真学习，注意健康和安全，定期与广东外语外贸大学保持联系，并按时回广东外语外贸大学完成学业。本人向广东外语外贸大学保证：本人自行承担在国（境）外期间的一切人身损害和财产损失，并对自己在国（境）外期间的行为承担法律责任，不因个人行为向广东外语外贸大学提出任何法律上或道义上的主张或要求。

学生签名：

签名日期：　　年　　月　　日

---

① 来自广东外语外贸大学国际合作与交流处网站。

附录 7 广东外语外贸大学国际交换生管理规定

第一章 总 则

第一条 为适应教育国际化的发展要求，拓展学生视野，培养国际通用型人才，规范我校国际交换生的管理，制定本规定。

第二条 国际交换生是指基于校际合作协议而在我校与国外院校之间互派的不涉及国外学位颁发的学生，分为派出交换生与接收交换生两种类型。

派出交换生是指基于校际合作协议由学校派到国外高校进行短期培养的我校在籍学生。

接收交换生是指基于校际合作协议由国外高校派到我校进行短期培养的国外高校学生。

第三条 学校通过完善政策、规范管理，促进国际交换生项目的发展。

第二章 管理机构

第四条 国际合作与交流处为国际交换生项目的主管部门，负责该项目的协调和管理。

第五条 教务处负责本科层次的国际交换生的课程选修、学分转换及学籍管理工作。

第六条 留学生教育学院负责接收交换生的日常管理及汉语教学。

第七条 各学院负责派出交换生的推荐选拔及专业教学。

第八条 研究生处负责研究生层次交换生的课程选修、学分转换及学籍管理工作。

第三章 派出交换生

第一节 选 拔

第九条 派出交换生必须具备以下条件：

（一）我校在籍的本科生和研究生，或符合我校与国外院校合作协议规定的我校在籍学生；

（二）政治素质高，热爱祖国，品德优良，具有较强的进取心和责任感；

（三）符合国外合作院校规定的申请条件及语言要求；

（四）学业成绩优良，本科生必修课平均成绩达 75 分以上，无成绩不及格记录，全部课程平均学分绩点 2.7 以上，研究生各科平均分不低于 80 分，单科成绩不低于 75 分。

（五）无处分记录；

（六）身体健康，能圆满完成出国学习任务；

（七）具有在国外学习和生活的经济能力，已缴清应缴付学校的各项费用。

第十条 派出交换生选拔程序：

（一）根据学校与国外学校签署的合作协议，针对具体合作项目，国际合作与交流处将学院预审过的国外学校的专业介绍、教学计划、课程简介以及交换名额等详细资料交教务处、研究生处备案；

（二）教务处、研究生处分别负责本科生和研究生的选拔，发布赴国外各高校派出交换生的选拔通知，各学院组织学生报名，学生填写《广东外语外贸大学学生国外学习项目申请表》；

（三）在"信息公开、机会均等、自愿报名、择优选拔"的原则下，由学院对报名学生进行综合考评，将本科生初选名单报送教务处，研究生初选名单报送研究生处；

（四）教务处、研究生处分别审核学生推荐名单，确定推荐人选，将本科生名单书面通知学院并抄送国际合作与交流处、学生处备案，将研究生名单书面通知学院并抄送国际合作与交流处备案；

（五）各学院联系国外合作院校获取有关申请材料，并将我校派出交换生填写的申请材料报送国际合作与交流处；

（六）国际合作与交流处负责将我校派出交换生的申请材料邮寄给国外合作院校办理相关录取手续，并将录取通知书等有关材料转交给有关学生；

（七）派出交换生在赴国外学校学习前，到教务处或研究生处办理离校手续；

（八）派出交换生离校前应按照所在专业学费标准缴清所有学杂费和项目规定的其他费用。

第二节　学籍管理

第十一条　派出之前，学生及其亲属必须与学校签订《赴国外学习协议书》、《学生声明》及《亲属声明》。

第十二条　派出交换生赴国外学校交流学习之前，需充分了解国外学校相应学期的课程设置，对照本专业教学计划，在专业老师的指导下制订学习计划，并填写《广东外语外贸大学国际交换生国外学习项目课程修读计划表》，经学院批准后报教务处或研究生处备案。

派出交换生出发前无法确定学习计划的，经学院批准后，可在抵达国外学校后，在专业老师的指导下制订学习计划，返校后补交教务处或研究生处备案。

第十三条　派出交换生学分互换细则由学院根据实际情况制定并报教务处备案。学院在制定派出交换生学分互换细则时，应遵循以下原则：

（一）课程性质相近原则。学分互换的国外学校课程名称/教学内容应与我校课程名称/教学内容相同或接近。

（二）学分/课时对等原则。学分互换的课程学分/课时数原则上应一一对等。若双方学校课程的学分或课时数差异较大，可用国外学校多门学分

（课时数）较少的课程兑换我校一门学分（课时数）较多的课程，也可用对方一门学分（课时数）较多的课程兑换我校多门学分（课时数）较少的课程。

（三）成绩一致原则。我校课程的成绩原则上应根据国外学校课程成绩以百分制形式登录。

第十四条　学生因参加派出交换生项目而无法按照本专业教学计划规定完成课程修读的，返校后可采取补修或免听不免考等形式补修课程。

第十五条　派出交换生学分认定和成绩换算程序：

（一）派出交换生在国外学习所取得的各科成绩，应于国外学校每学期结束后 1 个月内，由该校密封寄至该生所在学院；

（二）派出交换生返校后 10 个工作日内提交《广东外语外贸大学境外交流项目学分互认申请表》，连同《课程修读计划表》、国外学校的成绩单及翻译件、所修课程的大纲或简介（经对方学校盖章）一起提交学院；

（三）学院按照学分互认相关规定审核并办理学分认定和成绩换算手续，审核结果报教务处或研究生处备案登录。

第十六条　学生所在学院需在确定派出交换生名单后以及学生交流期满返校 10 个工作日内报教务处、研究生处进行学籍备案。

修读双学位、双专业的学生必须在离校之前办理好双学位、双专业休学或退学手续；辅修专业需办理退读手续。

返校后 10 个工作日内办理双学位、双专业复学和选课补报手续。

不按时按规定办理者将作双学位、双专业自动退学处理。

第十七条　学生交换期满返校后应及时在教务处、研究生处进行选课并填写《复学回校课程补报申请表》，进行课程补报。

第三节　国外管理

第十八条　派出交换生在交流学习期间应遵守所在国的法律和所在学校的规章制度，尊重当地的风俗习惯和宗教信仰；应遵守外事纪律，不做任何有损国家尊严的事情。

第十九条 派出交换生所在学院需安排专人负责交换生工作，并指派教师通过邮件或其他方式负责交换生在国外学习期间的指导工作。

第二十条 派出交换生到达国外驻地后，应于 1 周内将国外住址和联系方式通知学校国际合作与交流处和学院指定的联系教师。

第二十一条 派出交换生在国外学习期间，应定期向学院汇报在外学习和生活情况，遇到重大事情应及时向我国驻当地使领馆或机构和学校报告。

第二十二条 派出交换生应当在赴国外学习期满后 14 个工作日内向学院报到，所在学院应并以书面形式报告国际合作与交流处。

不得擅自中止、延长交流期限或转往其他国家。交流期满后两周内无正当理由不按时回校者作自动退学处理。

第四章　接收交换生

第二十三条 教务处或研究生处根据我校每年与国外合作院校的协议内容，确定本年度我校接收交换生的数量和专业要求，并负责安排落实接收交换生的学院及接收交换生需修读的课程。

第二十四条 基于与国外合作院校对口学院间合作的交换生，由我校接收学院负责该项目主要课程的组织教学和管理。

相关学院负责联系国外合作院校，落实接收交换生的来华细节，并报送留学生教育学院办理接收交换生来华的有关材料，由国际合作与交流处统一发放入学通知和签证通知。

第二十五条 留学生教育学院统筹我校所有接收交换生的来华手续、日常管理与教育以及汉语课程教学。接收学院负责非汉语专业课程的教学。

第五章　项目管理及费用

第二十六条　学校在国际合作与交流处账户下设立国际交流基金，国际交换生项目的有关费用由该基金代管、支出。

第二十七条　在对等的前提下设立奖学金，鼓励更多的交换生来我校学习和交流。

第二十八条　对于国际交换生的学费，学校实行对等互免的原则。

第二十九条　对于接收交换生的学费，学校可给予比普通留学生低10%—20%的优惠。

第三十条　我校派出交换生在国外学习期间仍需向我校缴纳学费。

第三十一条　在等量交换、学费全免的情况下，我校派出交换生应当在出国前缴纳学校规定的项目通讯联络费，并按照对等原则缴纳支付该项目规定的其他费用，用于对方交换生在我校相关费用的支出。

第三十二条　对于来自某些经济不发达国家的国际交换生的费用问题，可采取适当的灵活措施。

第六章　附　则

第三十三条　我校与港澳台地区高校的交换生项目的管理参照本规定执行。

第三十四条　本规定自公布之日起施行，《广东外语外贸大学国际交换生管理规定》（广外大国交〔2007〕67号）同时废止。

第三十五条　本规定由国际合作与交流处和教务处、研究生处负责解释。

附录8 广东外语外贸大学高水平大学建设
学生国（境）外访学项目管理办法

第一条 为大力推进我校教育国际化战略，加快国际化特色鲜明的高水平大学建设，培养具有国际视野和国际竞争力的高素质创新型人才，为我校学生赴世界高水平大学和国际组织学习、深造创造条件，学校设立"广东外语外贸大学高水平大学建设学生国（境）外访学项目"（以下简称"本项目"）。为规范项目管理，制定本办法。

第二条 学校设立"广东外语外贸大学高水平大学建设学生国（境）外访学项目"专项经费，主要用于资助我校全日制在读本科生及研究生赴本项目规定的国（境）外大学修读学分课程或攻读学位，赴知名国际组织专业实习，或赴世界名校参加夏/冬令营项目。

第三条 本项目下设世界顶尖大学访学项目、世界知名大学访学项目、非通用语种国家知名大学访学项目、创新型人才国际合作培养项目、国际组织实习项目、世界名校夏/冬令营项目等子项目。

本项目中的世界顶尖大学是指全球综合排名或专业排名前10名的大学，世界知名大学是指全球排名前300名或专业排名全球前150名的大学，非通用语种国家知名大学是指非通用语种所在国排名前3名的大学。

以上排名以QS世界大学排名、US News全球大学综合排名、Times世界大学排名或上海交通大学世界大学学术排名最新资料为据，符合其中一项排名要求即可。

本项目中的国际组织原则上是指，两个或两个以上国家（或其他国际法主体）为实现共同的政治经济目的，依据其缔结的条约或其他正式法律文件建立的常设性机构。本项目资助学生实习的国际组织须经学校认定。

第四条 项目申请人应具备以下基本条件:

1. 申请时为具有我校学籍的全日制在读研究生或本科生。

2. 具有中国国籍,热爱社会主义祖国,具有良好的政治素质,无违法、违规、违纪记录,有学成回国为祖国建设服务的事业心和责任感。

3. 品学兼优,身心健康,热心参加社会实践和公益活动。

4. 在校期间的历次考试中均无不及格记录。

第五条 世界顶尖大学访学项目

(一)项目目的与内容

本子项目旨在资助我校全日制在读本科生及研究生赴国(境)外世界顶尖大学修读学分课程或攻读学校认可的双学位。

(二)资助额度

本子项目原则上资助额度的上限为 20 万元/生。

(三)申请条件

1. 具备第四条中规定的基本条件。

2. 平均学分绩点不低于(含)3.7 分(四分制)。

3. 英语水平达到雅思 7.0 分或托福 100 分,或符合拟访学大学的外语要求。

4. 已经获得世界顶尖大学录取信。

第六条 世界知名大学访学项目

(一)项目目的与内容

本子项目旨在资助我校全日制在读本科生及研究生赴国(境)外世界知名大学修读学分课程或攻读学校认可的双学位。

(二)资助额度

本子项目原则上资助额度的上限为 10 万元/生。

(三)申请条件

1. 具备第四条中规定的基本条件。

2. 平均学分绩点不低于(含)3.5 分(四分制)。

3. 英语水平达到雅思 6.5 分或托福 95 分，或符合拟访学大学的外语要求。

4. 已获得世界知名大学的录取信。

5. 符合世界顶尖大学访学项目申请条件未获得资助的学生可自动获得世界知名大学访学项目的参评资格。

第七条　非通用语种国家知名大学访学项目

（一）项目目的与内容

本子项目旨在资助我校全日制在读非通用语种专业本科生及研究生，赴非通用语种所在国大学修读学分课程或攻读学位。原则上只资助学生赴非通用语种所在国排名前 3 名的大学学习，成建制派出的非通用语种专业学生拟赴非通用语种所在国前 3 名以外的其他高水平大学访学的，需经学校认可。

（二）资助额度

本子项目原则上资助额度的上限为 10 万元/生。

（三）申请条件

1. 具备第四条中规定的基本条件。

2. 原则上平均学分绩点不低于（含）3.2 分（四分制）。成建制派出专业的学生如平均学分绩点低于 3.2 分，可申请本项目，但资助标准降为同一项目学生受资助平均金额的 50%。

3. 非通用语种成绩符合拟访学大学的外语要求。

4. 已获得国外合作院校的录取信。

第八条　创新型人才国际合作培养项目

（一）项目目的及内容

本子项目旨在资助我校创新型人才国际合作培养项目的在读本科生和研究生赴国（境）外合作大学修读学分课程或攻读学位。

"创新型人才国际合作培养项目"是指经教育部等上级有关部门或我校认定的创新型、复合型国际化人才国际合作培养项目。

（二）资助额度

本子项目原则上资助额度的上限为 20 万元/生。

项目培养计划中如有多次出国（境）访学安排的，申请人可根据培养计划每年提出多次出国（境）访学申请，但资助总额度不超过 20 万元/生。

（三）申请条件

1. 具备第四条中规定的基本条件。

2. 英语水平达到雅思 6.5 分或托福 95 分，或符合拟访学大学的外语要求。

3. 项目选拔办法中设定的其他条件。

第九条 国际组织实习项目

（一）项目目的与内容

本子项目旨在资助我校全日制在读本科生及研究生赴经学校认定的国际组织专业实习。

（二）资助额度

本子项目原则上资助额度的上限为 10 万元/生。

（三）申请条件

1. 具备第四条中规定的基本条件。

2. 平均学分绩点不低于 3.5 分（四分制）。

3. 英语水平达到雅思 6.5 分或托福 95 分，或符合拟实习国际组织的外语要求。

4. 获得被国际组织录取的实习资格。

第十条 世界名校夏/冬令营项目

（一）项目目的与内容

本子项目旨在资助我校全日制在读本科生及研究生参加学校组织的赴世界名校或国（境）外友好院校夏/冬令营项目。本子项目优先资助学分类夏/冬令营项目。

（二）资助额度

本子项目原则上资助额度的上限为 1 万元/生。

学校对以国际联盟成员身份或依据校际对等原则，按要求选派的夏/冬令营项目，原则上对限定全额资助名额范围内的申请人予以全额资助；对限定全额资助名额以外、选拔名额以内的申请人按该项目全额资助金额的 50% 予以资助。

限定全额资助项目及名额，由项目组织单位在每年 12 月 31 日前提出申请，经国际合作与交流处（以下简称"国际处"）审核，并报分管校领导批准后，于下一年度执行。

（三）申请条件

1. 具备第四条中规定的基本条件。

2. 平均学分绩点不低于 3.0 分（四分制）。

3. 英语水平达到雅思 6.0 分或托福 80 分，或符合拟访学高校的外语要求。

4. 获得国（境）外大学的录取信。

第十一条 项目资助额度结合学校年度经费情况，参照国家留学基金委公派资助标准执行。项目资助范围包括学生出国（境）访学期间的学费、每次出国（境）外访学期间一次往返国际旅费、住宿费、注册费、书籍资料费、保险费、签证费等相关费用，具体资助内容视学校年度经费情况而定。

学校根据年度经费情况确定资助名额。本科生和研究生的名额原则上参照当年本科生和研究生占在校全日制学生比例分配，并可根据实际情况相互调剂。

学校鼓励学生申请国家留学基金委出国留学奖学金及其他机构的出国（境）访学资助，并优先资助已获得国家留学基金委出国公派留学项目资格的学生。

已经获得其他各类经费资助的，学校将相应扣减已获得资助部分的经费。

第十二条 学校成立高水平大学建设学生出国（境）访学项目评审委员会（以下简称"评审委员会"），由分管国际合作与交流工作的校领导担任评审委员会主任，国际处主要负责人担任副主任，学生工作部（处）、研究生工作部、研究生院、教务处、财务处各1名负责人担任委员。

国际处代表学校受理申请，并根据申请材料组织评审工作。

第十三条 所有子项目均采取个人申请、单位推荐、专家评审、择优录取的方式进行选拔。

其中，创新型人才国际合作培养项目的所在单位应制定项目选拔办法，经国际处与学生工作部（处）、教务处或研究生工作部、研究生院等部门会签后报校长办公会审议通过。

除创新型人才国际合作培养项目外，原则上同类型的项目每个学生每个学历培养阶段只能申请1次。

第十四条 申请人须按有关要求准备申请材料，并报所在单位初审。提交材料包括：

1. 《广东外语外贸大学高水平大学建设学生国（境）外访学项目申请表》；

2. 经所在单位和相关部门签章认定的上一学年的平均学分绩点、专业排名及其他证明学业情况的材料，研究生学分绩点参照教务处本科生学分绩点换算办法进行换算；

3. 外语水平证明材料。

第十五条 在上一年项目申报截止之日起至上一年12月31日期间派出但未申请该年度项目的，申请人可在本年度补报申请资助，申请条件以出访当年的要求及具备条件为准。

第十六条 申请人所在单位对申请人提交的材料进行初审后，将有关申请材料、推荐意见报国际处。

第十七条 创新型人才国际合作培养项目由项目所在单位根据具体项目的评审办法确定学生排序，其他项目由国际处根据学生的上一学年平均学分绩点和专业年级排名的综合评分结果排序确定拟资助人员名单，评分计算公式如下。

世界顶尖大学访学项目：（申请人平均学分绩点－3.7）÷3×1000＋（1-申请人专业排名年级百分比）×100。

世界知名大学访学项目、国际组织实习项目：（申请人平均学分绩点-3.5）÷5×1000+（1-申请人专业排名年级百分比）×100。

非通用语种国家知名大学访学项目：（申请人平均学分绩点-3.2）÷8×1000+（1-申请人专业排名年级百分比）×100。

世界名校夏/冬令营项目：（申请人平均学分绩点-3.0）÷10×1000+（1-申请人专业排名年级百分比）×100。

在综合评分排名相同的情况下，由项目评审委员会根据申请人综合条件评议决定。

第十八条 国际处向评审委员会提出年度资助方案，评审委员会讨论确定拟资助人员名单及拟资助金额。

第十九条 国际处将拟资助人员名单公示 5 个工作日。

经公示无异议后，国际处将拟资助人员名单及拟资助金额报校长办公会审议。

第二十条 校长办公会确定正式资助名单和资助金额后，国际处将最终录取结果通知项目获得者所在单位，并向项目获得者颁发证书。

第二十一条 申请人专业排名全年级第一名，且符合其他申请条件的，可自动获得有关项目的资助资格。

第二十二条 项目获得者应在项目入选通知发布后 20 个工作日内与国际处签订《广东外语外贸大学高水平大学建设学生国（境）外访学项目担保协议》（以下简称"担保协议"）和《广东外语外贸大学高水平大学建设学生国（境）外访学项目协议》（以下简称"项目协议"）。

第二十三条 项目获得者必须在出国（境）前购买涵盖出国（境）期间的符合学校要求的保险。

第二十四条 各项目发生的费用须经国际处核准。项目获得者应在国际处发出报账通知之日起 30 个工作日内提供相关单据，由国际处工作人员按学校出国（境）有关经费管理规定到财务处办理有关报销手续，在标准限额内凭票据据实报销。报销凭证主要包括：

1. 申请人获得项目批准的国外大学及国际组织正式录取信等有效文件；

2. 护照/通行证（包括签证/签注和出入境记录）复印件；

3. 有效费用明细及原始票据（包括航空运输电子客票行程单、学费发票等）。

各种报销凭证须用中文注明开支内容、日期、数量、金额等，并由经办人签字。

第二十五条 入选项目学生的派出及管理依照《广东外语外贸大学国际交换生管理规定》（广外校〔2011〕27 号）和《广东外语外贸大学国际联合培养学生管理办法》（广外校〔2009〕81 号）执行。

第二十六条 项目获得者在国（境）外访学、实习期间应认真学习，获得项目资助的研究生应积极主动开展科学研究，完成相关研究任务。

项目获得者在出国（境）执行本项目期间或回国（境）后发表相关论文和研究成果时，应注明受本项目资助。

项目获得者应在结束国（境）外学业返校后 30 个工作日内，向国际处及所在培养单位提供书面总结。

项目获得者回国后 2 年之内有义务为学校招生宣传等工作提供支持。

第二十七条 项目获得者出国（境）参加本项目期间因正当理由需要提前回国，应提供书面申请，获得其所在单位和国际处批准后方可回国。提前回国的，应退回已领取而未发生的相关费用。

第二十八条 项目获得者如发生以下情况，学校将取消或追讨已发放的费用，并作出相应处理：

1. 未参加已成功申请的项目；

2. 出国（境）期间违反国家法律法规或外事纪律；

3. 出国（境）期间，违反所在国家（或地区）法律或没有完成学习和交流任务（符合本办法第二十七条的情况除外），学习成绩不合格；

4. 无正当理由，未经批准提前或逾期返校；

5. 回校后未按期提交海外学习成果和报告；

6. 在选拔之后、派出之前有不及格、补考、重修以及违法、违规、违纪记录；

7. 获得项目资助资格后至回国（境）期间被学校及有关部门界定有失信行为；

8. 违反本办法规定或担保协议、项目协议约定的其他事宜。

第二十九条 本办法自发布之日起施行，《广东外语外贸大学高水平大学建设学生国（境）外访学项目管理办法》（广外校〔2016〕48号）同时废止。

第三十条 本办法由国际合作与交流处负责解释。

附录9 广东外语外贸大学本科学生出国（境）
学习奖学金管理办法

第一章 总 则

第一条 为加快我校教育国际化进程，鼓励优秀学生出国（境）学习，加强对学生出国（境）学习奖学金（以下简称"奖学金"）的管理，制定本办法。

第二条 本办法所称本科学生是指取得我校学籍，在我校注册的接受普通高等学历教育的本科生。

第三条 学校拨款设立本科学生出国（境）学习奖助学金专项资金，用于对出国（境）的学生进行奖励或资助。

第二章 奖励范围、申请条件及奖励标准

第四条 奖学金奖励对象：

（一）《广东外语外贸大学国际交换生管理规定》（广外校〔2011〕27号）和《广东外语外贸大学国际联合培养学生管理办法》（广外校〔2009〕81号）中规定的，参加国际交换生项目和国际联合培养项目的学生。

（二）经学校同意派出参加上级行政管理部门或学校组织的赴国（境）外实习的学生。

（三）经学校同意派出到国（境）外参加各类国际大赛的学生。

（四）经学校同意派出到国（境）外参加各种学术交流活动的学生。

第五条 奖学金申请者应符合以下基本条件：

（一）热爱社会主义祖国，拥护中国共产党的领导。

（二）自觉遵守宪法和法律，遵守学校各项规章制度。

（三）诚实守信，道德品质优良。

（四）上一学年度校内必修或限选等纳入综合测评科目成绩无不及格记录，无违规违纪行为。

（五）按期缴清本校学宿费等应缴费用。

第六条　已通过其他途径获得出国（境）奖励或资助的学生不能同时申请本奖学金。

学生应在出国（境）前申请奖学金。学生在校期间，本奖学金只能申请一次。

第七条　奖学金奖励等级及标准如下：

（一）一等奖学金。上一学年综合测评获一等奖学金或校长奖章者可提出申请。赴国（境）外学习 1 年以上者，给予 30000 元奖励；赴国（境）外学习 3 个月以上、1 年以内者，给予 15000 元奖励。

（二）二等奖学金。上一学年综合测评获二等以上奖学金者可提出申请。赴国（境）外学习 1 年以上者，给予 20000 元奖励；赴国（境）外学习 3 个月以上、1 年以内者，给予 10000 元奖励。

（三）三等奖学金。上一学年综合测评获三等以上奖学金者可提出申请。赴国（境）外学习 1 年以上者，给予 10000 元奖励；赴国（境）外学习 3 个月以上、1 年以内者，给予 8000 元奖励。

（四）短期出国（境）奖学金。适用于赴国（境）外学习 3 个月以内学生，上一学年综合测评获一、二、三等奖学金或校长奖章者可提出申请，给予 5000 元奖励。

第三章　申请、评审程序及发放

第八条　奖学金申请及评审程序如下：

（一）信息发布。学生工作部（处）于每学期第 15—18 周发布奖学金申请信息。

（二）学生申请。符合条件的学生在规定时间向学院提出申请。

（三）学院初审与公示。各学院组织初审与公示，公示时间为3个工作日。学院需在公示结束后5个工作日内将公示无异议的初审结果报送学生工作部（处）。

（四）复审与公示。按照公平、公正、公开的原则，学生工作部（处）会同国际合作与交流处对初审结果进行复审，并将复审合格名单在全校范围内公示5个工作日。

（五）学校审批。对公示无异议的名单，由学生工作部（处）报分管校领导审批。

第九条　奖学金分两次发放。学生获得国（境）外合作高校或活动组织单位的正式邀请函并办理出国（境）手续后，发放奖学金的50%；剩余部分，在学生回国后予以发放。

第十条　如因各种原因无法赴外交流的，学校将取消其奖学金资格；已发放奖学金的，需同时追回已发放的奖学金。在境外学习、交流期间违反所在国家（地区）或我国法律法规的，学校有权追回已发放的奖学金。

第四章　附　则

第十一条　本办法所述"以上"均包含本数，所述"以内"均不包含本数。

第十二条　本办法自发布之日起施行，原《广东外语外贸大学学生出国（境）学习奖学金管理办法》（广外校〔2012〕79号）同时废止。

第十三条　本办法由学生工作部（处）会同国际合作与交流处负责解释。

附录 10 广东外语外贸大学本科学生出国（境）学习助学金管理办法

第一章 总 则

第一条 为加快我校教育国际化进程，资助家庭经济困难学生出国（境）学习，加强对学生出国（境）学习助学金（以下简称"助学金"）的管理，制定本办法。

第二条 本办法所称本科学生是指取得我校学籍，在我校注册的接受普通高等学历教育的本科生。

第三条 学校拨款设立本科学生出国（境）学习奖助学金专项资金，用于对出国（境）的学生进行奖励或资助。

第二章 资助范围、申请条件及资助标准

第四条 助学金资助对象包括：

（一）《广东外语外贸大学国际交换生管理规定》（广外校〔2011〕27号）和《广东外语外贸大学国际联合培养学生管理办法》（广外校〔2009〕81号）中规定的，参加国际交换和国际联合培养项目的学生。

（二）经学校同意派出参加上级行政管理部门或学校组织的赴国（境）外实习的学生。

（三）经学校同意派出到国（境）外参加各类国际大赛的学生。

（四）经学校同意派出到国（境）外参加培训或学术交流活动的学生。

第五条 助学金申请者应符合以下基本条件：

（一）热爱社会主义祖国，拥护中国共产党的领导。

（二）自觉遵守宪法和法律，遵守学校各项规章制度。

（三）诚实守信，道德品质优良。

（四）生活朴实，不铺张浪费。

（五）上一学年校内必修或限选等纳入综合测评科目成绩无不及格记录，无违规违纪行为。

（六）按期缴清本校学宿费等应缴费用。

（七）根据《广东外语外贸大学家庭经济困难学生认定工作实施办法》（广外校〔2017〕5号）认定为提出申请当学年度家庭经济困难的学生，或经学校同意派出到国（境）外学习并需同时缴纳对方学校及本校学费的学生。

第六条 已通过其他途径获得出国（境）资助或奖励的学生不能同时申请本助学金。

学生应在出国（境）前申请助学金。学生在校期间，本助学金只能申请1次。

第七条 助学金资助等级及标准如下：

（一）一等助学金。学校对当学年度家庭经济情况评定为"特殊困难"等级的申请者给予一定的国际往返旅费和生活费资助。赴国（境）外学习1年以上者，最高给予30000元资助；赴国（境）外学习3个月以上、1年以内者，最高给予20000元资助；赴国（境）外学习3个月以内者，最高给予10000元资助。具体资助额度参照国家留学基金管理委员会相关标准执行。

（二）二等助学金。学校对当学年度家庭经济情况评定为"困难"等级的申请者给予一定的国际往返旅费和生活费资助。赴国（境）外学习1年以上者，最高给予20000元资助；赴国（境）外学习3个月以上、1年以内者，最高给予15000元资助；赴国（境）外学习3个月以内者，最高给予8000元资助。具体资助额度参照国家留学基金管理委员会相关标准执行。

（三）三等助学金。学校对当学年度家庭经济情况评定为"一般困难"等级的申请者给予一定的国际往返旅费和生活费资助。赴国（境）外学习1

年以上者，最高给予 10000 元资助；赴国（境）外学习 3 个月以上、1 年以内者，最高给予 8000 元资助；赴国（境）外学习 3 个月以内者，最高给予 5000 元资助。具体资助额度参照国家留学基金管理委员会相关标准执行。

（四）专项出国（境）助学金。申请对象为经学校同意派出到国（境）外学习并需同时缴纳对方学校及本校学费的学生。按每学期 3500 元予以资助。

第三章　申请、评审程序及发放

第八条　助学金的申请及评审程序如下：

（一）信息发布。学生工作部（处）于每学期第 15—18 周发布助学金申请信息。

（二）学生申请。符合条件的学生在规定时间向学院提出申请。

（三）学院初审与公示。各学院组织初审与公示，公示时间为 3 个工作日。学院需在公示结束后 5 个工作日内将公示无异议的初审结果报送学生工作部（处）。

（四）复审与公示。按照公平、公正、公开的原则，学生工作部（处）会同国际合作与交流处对初审结果进行复审，并将复审合格名单在全校范围内公示 5 个工作日。

（五）学校审批。对公示无异议的名单，由学生工作部（处）报分管校领导审批。

第九条　助学金在学生获得国（境）外合作高校或活动组织单位的正式邀请函并办理出国（境）手续后，一次性发放给学生。

第十条　如因各种原因无法赴外交流的，学校将取消其助学金资格；已发放助学金的，需同时追回已发放的助学金。在国（境）外学习、交流期间违反所在国家（地区）或我国法律法规的，学校有权追回已发放的助学金。

第四章 附 则

第十一条 本办法所述"以上"均包含本数，所述"以内"均不包含本数。

第十二条 本办法自发布之日起施行，原《广东外语外贸大学学生出国（境）学习助学金管理办法》（广外校〔2012〕78号）同时废止。

第十三条 本办法由学生工作部（处）会同国际合作与交流处负责解释。

参考文献

一、著作

1. 安双宏：《印度教育战略研究》，浙江教育出版社 2013 年版。

2. 程星：《大学国际化的历程》，商务印书馆 2014 年版。

3. 陈万柏、张耀灿主编：《思想政治教育学原理》，高等教育出版社 2007 年版。

4. 高宗鲁译注：《中国留美幼童书信集》，传记文学出版社 1986 年版。

5. 《顾维钧回忆录》第一分册，中华书局 1987 年版。

6. 黄利群：《中国近代留美教育史略》，辽宁大学出版社 1990 年版。

7. 刘中国、黄晓东：《珠海历史名人·中国留学之父容闳》，珠海出版社 2006 年版。

8. 黄新宪：《中国留学教育的历史反思》，四川教育出版社 1991 年版。

9. 李书纬：《少年行——晚清留学生历史现场（1840—1911）》，广东人民出版社 2016 年版。

10. 李喜所：《近代留学生与中外文化》，天津人民出版社 1992 年版。

11. 李喜所主编，元青等著：《中国留学通史（民国卷）》，广东教育出版社 2010 年版。

12. 李滔主编：《中华留学教育史录（1949 年以后）》，高等教育出版社 2000 年版。

13. 潘亚玲：《美国爱国主义与对外政策》，上海人民出版社 2008 年版。

14. 庞皓：《计量经济学（第三版）》，科学出版社 2014 年版。

15. 钱钢、胡劲草：《大清留美幼童记》，当代中国出版社 2010 年版。

16. 容闳：《西学东渐记》，恽铁樵、徐凤石译，珠海出版社 2006 年版。

17. 石霓：《观念与悲剧——晚清留美幼童命运剖析》，上海人民出版社 2000 年版。

18. 舒新城编：《近代中国留学史》，中华书局 1927 年版。

19. 舒新城编著：《近代中国留学史 近代中国教育思想史》，商务印书馆 2014 年版。

20. 王辉耀、苗绿编著：《中国留学发展报告（2016）》，社会科学文献出版社 2016 年版。

21. 王奇生：《中国留学生的历史轨迹：1872—1949》，湖北教育出版社1992年版。

22. 吴坚：《当代高等教育国际化发展》，人民出版社2009年版。

23. 武汉大学思想政治教育系组编，王玄武等著：《比较德育学（第二版）》，武汉大学出版社2003年版。

24. 武小悦、刘琦编著：《应用统计学》，国防科技大学出版社2009年版。

25. 谢长法：《中国留学教育史》，山西教育出版社2006年版。

26. 杨建义：《大学生文化认同与价值引领》，社会科学文献出版社2016年版。

27. 杨雪冬等：《风险社会与秩序重建》，社会科学文献出版社2006年版。

28. 章开沅、余子侠主编：《中国人留学史》下册，社会科学出版社2013年版。

29. 《美洲留学报告》，上海作新社印刷1904年版。

30. 中华人民共和国教育部计划财务司编：《中国教育成就统计资料（1949—1983)》，人民教育出版社1984年版。

31. 朱正编：《大家小集：傅斯年集》，花城出版社2010年版。

32. 邹鲁编著：《中国国民党史稿》第二册，中华书局1960年版。

33. ［日］大里浩秋、孙安石：《中国人日本留学史研究之现阶段》，（东京）御茶水书房2002年版。

34. ［美］托马斯·沙兹：《旧好莱坞/新好莱坞：仪式、艺术与工业》，周传基、周欢译，中国广播电视出版社1992年版。

35. ［美］本尼迪克特·安德森：《想象的共同体——民族主义的起源与散布》，吴叡人译，上海人民出版社2005年版。

36. ［美］H.S.康马杰：《美国精神》，南木等译，光明日报出版社1988年版。

37. ［美］罗伯特·N.贝拉等：《心灵的习性：美国人生活中的个人主义和公共责任》，周穗明等译，中国社会科学出版社2011年版。

38. ［英］安东尼·吉登斯：《现代性与自我认同：晚期现代中的自我与社会》，夏璐译，中国人民大学出版社2016年版。

39. ［英］尼古拉斯·默里：《卡夫卡》，郑海娟译，国际文化出版公司2006年版。

40. ［法］托克维尔：《论美国的民主》，董果良译，商务印书馆1988年版。

二、史料

1. 《约章成案汇览》乙篇卷三十二上。

2. 《光绪六年十一月十六日江南道监察御史李士彬奏》，载中国史学会主编：《中国近代史资料丛刊·洋务运动》（五），上海人民出版社1961年版。

3. 《论幼童出洋肄业（致总理衙门函）》（同治十年五月初九日），载李鸿章撰，吴汝伦编：《李文忠公全书 译署函稿》第一卷，清光绪三十一年（1905）刻李文忠公全集本。

4. 《华人留学美洲之今昔》，《东方杂志》1917 年第 12 期。

5. 北平故宫博物院文献馆编印：《清光绪朝中日交涉史料》卷五十二，1932 年版。

6. 《陆军部发给就学日本陆军学生训谕并章程》，载《大清新法令》，商务印书馆 2011 年版。

7. 陈学恂、田正平：《中国近代教育史资料汇编·留学教育》，上海教育出版社 2007 年版。

8. 秦孝仪主编：《中华民国重要史料初编——对日抗战时期》第三编，中国国民党"中央委员会"党史委员会编印 1981 年版。

9. 刘真主编，王焕琛编著：《留学教育——中国留学教育史料》，台北编译馆 1980 年版。

10. 《吴宓自编年谱》，生活·读书·新知三联书店 1995 年版。

11. 《中山大学外语学科 90 年史稿（1924—2014）》，中山大学出版社 2014 年版。

12. 《交通大学校史资料选编》第一卷，西安交通大学出版社 1986 年版。

13. 《清华大学史料选编》第一卷，清华大学出版社 1991 年版。

14. 中国第二历史档案馆编：《中华民国史档案资料汇编》第五辑第二编，江苏古籍出版社 1998 年版。

15. 全国政协暨北京上海天津福建政协文史资料委员会编：《建国初期留学生归国纪事》，中国文史出版社 1999 年版。

16. 《留美学生季报》，中华书局 1914 年第 1 期。

三、论文

1. 程星：《以学生为中心的学术咨询及其管理：一个案例研究》，《苏州大学学报（教育科学版）》2013 年第 1 期。

2. 程希、苗丹国：《出国留学六十年若干问题的回顾与思考（1949—2009 年）》，《东南亚研究》2010 年第 1 期。

3. 崔新建：《文化认同及其根源》，《北京师范大学学报（社会科学版）》2004 年第 4 期。

4. 崔志胜：《美国价值观建设及其对中国社会主义核心价值体系建设的启示》，《江西师范大学学报（哲学社会科学版）》2010 年第 2 期。

5. 丁玲：《从联邦政府的行动透视 21 世纪美国高等教育国际化》，《高等教育研究》2011 年第 4 期。

6. 黄金贤、陆瑾：《交换生事务及流程探讨》，《广西民族大学学报（哲学社会科学版）》2008 年第 S1 期。

7. 蒋凯、徐铁英：《近代以来中国留学教育的历史变迁》，《大学教育科学》2007 年第 6 期。

8. 江丽容：《跨文化交际：文化冲击与应对》，*Sino-Us English Teaching*，2007 年第 3 期。

9. 姜彦君：《中外合作办学模式下思政课管理理念的新发展》，《宁波大学学报（教育科学版）》2010 年第 6 期。

10. 吉兆麟、钱小龙：《21 世纪美国高等教育国际化新动向》，《南通大学学报（社会科学版）》2013 年第 1 期。

11. 梁永艺：《美国学校价值观教育及其对我国青年学生社会主义核心价值观教育的启示》，《河池学院学报》2010 年第 1 期。

12. 李光贞、苗丹国、覃云云：《留学安全问题与中国留学安全战略的构建》，《中国高教研究》2012 年第 8 期。

13. 李国宏等：《浅谈留学生思想政治教育的必要性》，《时代教育（教育教学版）》2010 年第 2 期。

14. 李明：《社会主义核心价值观贯穿大学生思想政治教育研究》，《学校党建与思想教育》2017 年第 17 期。

15. 李喜所：《百年留学潮与中国现代化》，《河北学刊》2006 年第 2 期。

16. 李喜所：《留学生与近代中国社会变革的良性互动》，《社会科学研究》2004 年第 5 期。

17. 李又宁：《中国留学生的历史使命与贡献》，《徐州师范大学学报》2004 年第 2 期。

18. 凌小萍、邓伯军：《大数据时代高校思想政治教育探究》，《广西师范大学学报（哲学社会科学版）》2015 年第 1 期。

19. 刘国福：《近三十年中国出国留学政策的理性回顾和法律思考》，《浙江大学学报（人文社会科学版）》2009 年第 6 期。

20. 刘玲、谢勇：《影响思想政治教育接受的环境因素分析》，《学理论》2011 年第 3 期。

21. 刘琪、薛卫洋：《美国弱势学生群体出国留学资助体系探析——以"本杰明·吉尔曼"国际奖学金为例》，《复旦教育论坛》2017 年第 1 期。

22. 刘婷：《印度高等教育国际化历史、现状及特点》，《世界教育信息》2016 年第 18 期。

23. 刘云山：《推动形成实现中国梦的强大精神力量》，《党建》2013 年第 15 期。

24. 陆文、谢林鸿：《高校国际交换生党员教育管理工作中的问题与对策》，《科教导刊（中旬刊）》2014 年第 3 期。

25. 吕振华：《试论建立高校思想政治教育信息反馈机制》，《学校党建与思想教育》2005 年第 5 期。

26. 莫岳云：《抵御境外宗教渗透与构建我国意识形态安全战略》，《湖湘论坛》2010 年第 4 期。

27. 莫岳云、李娜：《境外宗教渗透与高校意识形态安全的几个问题》，《湖湘论坛》2014 年第 2 期。

28. 牛群：《中外合作办学中优质教育资源的引进》，《煤炭高等教育》2010 年第 5 期。

29. 潘馨星：《文化冲击与有效应对》，《琼州学院学报》2009 年第 3 期。

30. 潘熙宁：《旗帜鲜明开展意识形态领域的斗争》，《党建》2018 年第 2 期。

31. 阮天：《基于西方意识形态渗透隐蔽性的高校思想政治教育研究》，《亚太教育》2016 年第 27 期。

32. 盛斌、黎峰：《"一带一路"倡议的国际政治经济分析》，《南开学报（哲学社会科学版）》2016 年第 1 期。

33. 史泽华：《美国对外政策的"悖论"及其成因》，《红旗文稿》2011 年第 8 期。

34. 孙建青、赵春娟：《美国大学生核心价值观教育特点分析及启示》，《山东青年政治学院学报》2014 年第 3 期。

35. 覃辉银：《新时期境外宗教渗透及其对策思考》，《华南理工大学学报（社会科学版）》2010 年第 4 期。

36. 汪霞、钱小龙：《美国高等教育国际化的现状、经验及我国的对策》，《全球教育展望》2010 年第 11 期。

37. 王留栓：《欧盟国家的高等教育国际化——从大力发展留学生教育谈起》，《外国教育研究》2000 年第 2 期。

38. 王永怡、陈文、张玲霞：《关注全球疫情，思考我国的传染病防控热点》，《传染病信息》2009 年第 1 期。

39. 吴晓黎：《国家、公民社会与市场：以印度教育领域为例》，《广西民族大学学报

（哲学社会科学版）》2008 年第 1 期。

40. 向采发：《市场研究中样本量的确定》，《上海统计》2001 年第 8 期。

41. 薛晓源、刘国良：《全球风险世界：现在与未来——德国著名社会学家、风险社会理论创始人乌尔里希·贝克教授访谈录》，《马克思主义与现实》2005 年第 1 期。

42. 杨琳：《海外大学生党员教育与管理探析》，《学校党建与思想教育》2014 年第 19 期。

43. 杨启光：《当代不同国家高等教育国际化政策发展模式》，《现代大学教育》2008 年第 5 期。

44. 姚明、赵净：《中国海外留学生思想政治教育刍议》，《东南亚纵横》2006 年第 5 期。

45. 姚锐：《新千年美国高等教育国际化动向及其政策背景》，《高等工程教育研究》2010 年第 1 期。

46. 周棉：《论中国留学教育的产生》，《教育评论》2002 年第 6 期。

47. 朱华、王丹：《高校出国（境）党员教育管理状况调查研究——以武汉大学为例》，《思想教育研究》2016 年第 7 期。

48. 庄孝林：《国际化背景下出国学生思想政治教育与党建工作》，《环球市场信息导报》2016 年第 33 期。

49. 芭芭拉·M. 柯姆：《大学生国际流动对人力发展和全球理解的贡献》，程化琴译，《北京大学教育评论》2005 年第 1 期。

四、学位论文

1. 崔紫娟：《文化多元化对大学交换生政治认同的影响研究》，大连理工大学硕士学位论文，2015 年。

2. 江乐园：《高校院系学生思想政治教育评估指标体系研究》，华中师范大学硕士学位论文，2006 年。

3. 雷鸣：《中美两国核心价值观教育比较研究》，东南大学博士学位论文，2015 年。

4. 李冬安：《文化渗透在新闻传播领域的表现及对策》，华中师范大学硕士学位论文，2001 年。

5. 李俊义：《思想政治教育视域下大学生消费教育研究》，吉林大学硕士学位论文，2012 年。

6. 李联明：《后"9·11"时代美国高等教育国际化新发展研究》，南京大学博士学位论文，2012 年。

7. 刘筱：《印度工程技术教育发展研究》，西南大学博士学位论文，2012 年。

8. 陆宝军：《境外中方人员遭袭事件的规律性及预防方法研究》，中国矿业大学博士论文，2016 年。

9. 马毅飞：《中美国际教育政策研究》，华东师范大学博士学位论文，2014 年。

10. 仇妍：《"博洛尼亚进程" 及对中国留学生的影响》，华东师范大学硕士学位论文，2009 年。

11. 陶春丽：《中国高校输出国际交换生思想政治教育研究》，中南民族大学硕士学位论文，2010 年。

12. 唐平：《中国留学工作管理研究及其信息系统开发》，重庆大学硕士学位论文，2003 年。

13. 田梅：《多元文化背景下大学生理想信念教育研究》，中北大学硕士学位论文，2014 年。

14. 王言法：《近代中国高等教育与社会的嬗变》，山东大学博士学位论文，2011 年。

15. 翁文斌：《网络舆情演进的周期性特征及其监管体系研究》，浙江工商大学硕士学位论文，2012 年。

16. 夏江南：《我国境外交换生教育质量管理研究》，南昌大学硕士学位论文，2013 年。

17. 庄会晓：《从全民传播的发展趋势分析话语权转移》，中国海洋大学硕士学位论文，2011 年。

五、英文文献

1. *All India Surver on Higher Education* （*2015-2016*），Ministry of Human Resource Development Department of Higher Education, New Delhi, 2016.

2. "Best Global Universities Rankings", *U. S. News*, 2017-06-05, https：//www. usnew. com/education/best-global-univerisities/rangkings? int=a27a09.

3. Fred M. Hayward, *Internationalization of U. S. Higher Education Preliminary Status Report*, American Council on Education, January, 2000.

4. Guinard, J. X., *Reciprocal Exchange：Internationalizing the Blue and Old*, 2016-04-09, http：//senate. university of california. edu/committees/ucie/Reciprocity_ white_ paper. pdf.

5. *Indian Students Mobility-Latest Trends from India and Globally：MMA（2016）*, M. M

Advisory Services.

6. "International Student Enrollment in U. S. Rebounds", *Open Doors Report*, 2017 - 07-01, http：//www. ie. org/Resrarch-and-Insights/Open-Doors/Fact-Sheets-and-Info- graphics/Fast-Facts.

7. NASFA, *International Education：The Neglected Dimension of Public Diplomacy*, 2016-04-09, http：//www. nafsa. org/public policy. sec/public diplomacy internation- alizing.

后 记

2011年3月,日本发生大地震,广东外语外贸大学有30多位学生在日本交换留学,留日学生的应急安全牵动师生、家长的心。经过积极地联系和快速的反应,这30多位学生最终安然无恙。包括应急安全在内的交换生思想政治教育第一次进入笔者的研究视野。

近年来,我国高校派出交换生人数急剧增长,交换项目种类繁多,交换生的教育管理成为高校国际化发展过程中重要环节。以广东外语外贸大学东方语言文化学院为例,该院三分之二大三学生赴境外高校交换留学半年或一年,这种人才培养模式拓宽了学生的国际视野,提高了学生的跨文化交际能力和外语水平。另外,交换生远离祖国和学校,思想政治教育处于缺失的状态,容易受到对象国文化和意识形态的影响,导致世界观、人生观和价值观有所改变,加强交换生的思想政治教育成为亟待解决的问题。有鉴于此,我们将交换生作为研究对象,有计划地开展交换生思想政治教育的实践探索。2015年底,广东外语外贸大学副校长、博士生导师刘海春教授来东方语言文化学院调研学生思想政治教育工作提出,要研究式开展学生工作,理论研究和实践育人双管齐下,探索学生工作国际化研究的新路径。在刘海春教授的鼓励下,我们组织科研团队于2016年7月成功申报教育部人文社科思政专项辅导员骨干项目"我国高校海外交换生思想政治教育对策研究"(项目编号:16JDSZ3015)。

刘海春教授确定了本书的框架结构,调动一批有理论和实践经验的辅导员老师组成思想政治教育国际化研究团队，进一步做了分工。为了使研究更加客观科学，研究团队分别组队赴北京大学外国语学院、北京语言大学、北京第二外国语大学、云南大学、云南民族大学等高校调研交流，获得兄弟院校交换生思想政治教育的第一手资料。我们也曾赴日本札幌大学等境外高校与交换生进行交流座谈。课题组成员设计且反复修改了问卷，并在 2017 年 3—4 月针对广州、北京、上海、武汉等地十几所高校发放了 1000 多份线上线下调查问卷。与此同时，课题组成员也对广州大学城高校的交换生做了一系列的访谈。实证调查的结果进一步确证了课题论证时的框架和逻辑的合理性，从而使课题研究能够顺利推进，避免了反复和曲折。

经过近 10 次的研讨和修改，历时一年半，终于完成了这本国内第一部针对交换生思想政治教育的专著。沈永英组织研讨、修改，尚丹、李蒙蒙、费俊慧、万东方参与修改、校对，最后由刘海春修改、统稿、定稿。具体分工如下：刘海春撰写了前言和绪论，陈思、刘海春撰写了第一章，李蒙蒙、丁旋旋撰写了第二章，沈永英、叶开、吴培晖撰写了第三章，尚丹、殷毅山撰写了第四章，唐静、谢铭威撰写了第五章，沈永英、万东方撰写了第六章，费俊慧、曾超文、沈永英撰写了第七章，朱浩文、沈永英撰写了第八章。

本书在撰写过程中参阅了国内外专家学者的有关成果，受到很大的启发，在此顺致谢忱。由于时间仓促，本书还存在一些缺憾和不足，有待进一步完善和深入，敬请批评指正。

感谢课题组成员的辛勤付出，感谢广东外语外贸大学统计学专业张立新副教授针对问卷设计和调查的专业指导，感谢北京大学外国语学院阿拉伯语系主任林丰民教授，广东外语外贸大学阿拉伯语系主任劳凌玲副教授、印尼语系主任肖莉娴老师、惠州学院外国语学院翟文颖博士等为本课题的调研提供的支持和帮助。

沈永英

2019 年 1 月 20 日于白云山麓黄婆洞

责任编辑:韦玉莲
封面设计:林芝玉
版式设计:王欢欢

图书在版编目(CIP)数据

我国高校交换生思想政治教育研究/刘海春 等著. —北京:人民出版社,
　2019.8
(高校思想政治工作研究文库)
ISBN 978－7－01－021095－7

Ⅰ.①我…　Ⅱ.①刘…　Ⅲ.①高等学校-思想政治教育-研究-中国
　Ⅳ.①G641

中国版本图书馆 CIP 数据核字(2019)第 156417 号

我国高校交换生思想政治教育研究
WOGUO GAOXIAO JIAOHUANSHENG SIXIANG ZHENGZHI JIAOYU YANJIU

刘海春　沈永英 等著

人民出版社 出版发行
(100706　北京市东城区隆福寺街 99 号)

中煤(北京)印务有限公司印刷　新华书店经销

2019 年 8 月第 1 版　2019 年 8 月北京第 1 次印刷
开本:710 毫米×1000 毫米 1/16　印张:21.25
字数:320 千字

ISBN 978－7－01－021095－7　定价:59.80 元

邮购地址 100706　北京市东城区隆福寺街 99 号
人民东方图书销售中心　电话 (010)65250042　65289539